Julia Kospach
Elisabeth Schweeger
(Hrsg.)

Salz

Seen

Land

Julia Kospach
Elisabeth Schweeger
(Hrsg.)

Salz

Seen

Land

Das Salzkammergut von
Anarchie bis Ziehharmonika

PRESTEL

MÜNCHEN · LONDON · NEW YORK

INHALT

EINLEITUNG

Das Salzkammergut – so schön, so widersprüchlich, so eigensinnig. Und nun Kulturhauptstadt Europas. Zum ersten Mal findet damit 2024 eine Kulturhauptstadt Europas im alpin-ländlichen Raum statt; in einem Zusammenschluss von 23 Gemeinden des österreichischen Salzkammerguts, die sich programmatisch ihrer Geschichte stellen, das Heute abschreiten und das Morgen andenken.

Historisch gesehen hat Salz, das „weiße Gold", lange den Natur- und Wirtschaftsraum, die Gesellschaft, die Kultur und die Menschen des Salzkammerguts geprägt. Der Salzhandel hat die Region ernährt, bereichert und mit der Welt vernetzt. Er hat auch Vermögende und Mächtige ins Land gezogen, die ihre Spuren hinterlassen haben. Durch den Wiener Hof und sein Gefolge avancierte das Salzkammergut zum Synonym für Sommerfrische. Mit dem Einzug der Städter*innen und ihrer Kultur wurde es zum begehrten Sehnsuchtsort.

Mit seiner natürlichen Kompaktheit, abgeschirmt durch Berge, Seen und Flüsse, die gleichzeitig trennen und verbinden, steht das Salzkammergut auch exemplarisch für viele andere Weltregionen. Das global zu beobachtende Gefälle von industrialisiertem Norden zu touristisch wie agrarwirtschaftlich genutztem Süden ist hier auf kleinem Raum verdichtet und dient gleichermaßen als Paradebeispiel wie auch als Labor, um die zunehmenden politischen, kulturellen, ökonomischen und ökologischen Herausforderungen Europas und der Welt zu reflektieren.

Eine so geschichtsträchtige Region mit ihrer Natur, ihrer Kulturgeschichte und ihren Menschen in ihrer ganzen Vielschichtigkeit abzubilden, ist ein Unterfangen, das nie Anspruch auf Vollständigkeit erheben kann. Dieses Lese- und Bildbuch hat es sich daher vielmehr zum Ziel gesetzt, in Essays und Fotografien, Gedichten und Zeichnungen, Comics und Malereien, literarischen Erzählungen und Lebensberichten, Gesprächen und Bildwerken, Fundstücken und Entdeckungen, Zukunftsweisendem und Geschichtlichem das Salzkammergut aufs Neue zu vermessen – informativ, aufklärerisch, schwärmerisch, kritisch, überraschend, humorvoll. In der Zusammenschau entsteht eine große kaleidoskopische Erzählung über das Salzkammergut, die der Seele dieses lebendigen, ruralen Raums nachforscht. Beleuchtet werden dabei sowohl die strahlende Pracht der Gegend wie auch ihre dunklen Winkel. Die Beiträge dieses Buchs gehen für sich jeweils ins Detail, in der Gesamtschau aber lesen sie sich wie eine pointillistische Malerei: Im Idealfall eröffnet sich so ein Blick auf das Salzkammergut, der – befreit von Postkartenidyllen und hartnäckigen Klischees, die ihn so häufig überfrachten – überraschend frisch und anders ist. Es wird erkennbar, wie das Kleine, nämlich 23 sehr unterschiedliche Kulturhauptstadtgemeinden, auf das Große wirkt, und zwar auf die am Salzkammergut teilhabenden drei Bundesländer Oberösterreich, Steiermark und Salzburg, wie auch auf Österreich und über seine Grenzen hinaus.

Die Kapitelthemen dieses Lese- und Bildbuchs sind wie lexikalische Einträge alphabetisch von A bis Z geordnet. Sie dienen als Stichworte zum Salzkammergut, die Alltägliches reflektieren, Historisches beleuchten und Hintergründiges vordergründig machen möchten – von Anarchie bis Enge, von Dirndl bis Lederhose, von See bis Schnee, von Habsburg bis Overtourism und von queerem Fasching bis zur Ziehharmonika. Sie spüren dem Atem des Salzkammerguts nach und erlauben, es aus der Nähe zu belauschen, um es dann wieder distanziert aus der Vogelperspektive zu betrachten. Die Beiträge dieses Buchs stammen von Menschen, die ein Naheverhältnis zur Region haben, von ihr geprägt wurden oder hier aufgewachsen sind. Aber auch von solchen, die von außen auf sie blicken und sie mit anderem vergleichen. Und schließlich sind da auch jene, die überhaupt erst durch die Kulturhauptstadt in einen Austausch mit dem Salzkammergut kamen oder sich in ihren künstlerischen Arbeiten mit Werkstoffen und Themen befassen, die auch für diese Gegend eine Rolle spielen. Die Bilder, mit denen wir die Textbeiträge kombiniert haben, sind dabei nur selten direkte Illustration des Erzählten. Stattdessen stehen sie als eigenständige handwerklich-künstlerische Positionen für sich, wobei sie die Texte mal ergänzen, mal ironisieren, mal kontrastieren, mal erweitern, mal einfach nur lose mit ihnen assoziiert sind. Sie erzählen ihre eigenen Bilder-Geschichten über das Salzkammergut und die weit gefächerten, nationalen und internationalen Künstlerwelten, die im Rahmen des Kulturhauptstadtjahres hier zusammenfinden.

Himmelhochjauchzend, zu Tode betrübt, ist dieses Buch zum Schmunzeln, zum Staunen, zum Schämen, zum Schwärmen, zum Lachen, zum Weinen – eine kritisch differenzierte Liebeserklärung an das Salzkammergut, seine Bewohner*innen und seine Gäste. ∎

Julia Kospach   Elisabeth Schweeger

Anarchischer Geist

René Freund

Betrachtungen über die wilden Blüten, die
Eigensinn, Widerstandslust und Brauchtum
im Salzkammergut treiben

▶ Protestplakat zur Verteidigung des lokal tief
verwurzelten Vogelfangs,
Bad Goisern 2005

In allen Orten des Salzkammerguts werden am 30. April die Maibäume aufgestellt. Einem alten Brauchtum zufolge müssen die Bäume bis zum Morgen des ersten Mai bewacht werden. Nicht nur die Hexen der Walpurgisnacht könnten ihnen Schaden zufügen, auch schneidige Burschen aus einem anderen Dorf könnten den Baum entwenden, was natürlich als große Schmach für die Bestohlenen gilt.

Das Maibaumstehlen findet außerhalb des gesetzlichen Rahmens statt, ist also per se schon anarchisch. Tollkühn wurde diese Anarchie, als ein eingeschworener Trupp aus einem kleinen Ort im Salzkammergut auf die Idee kam, den Linzer Maibaum zu stehlen. Die jungen Männer setzten sich in einen Sattelschlepper, fuhren mit großer Selbstverständlichkeit zum Linzer Hauptplatz, kappten den unbewachten Baum, verluden ihn und nahmen ihn mit. Der Legende nach soll der Linzer Bürgermeister anderntags getobt haben. Ein paar Kisten Bier zum Auslösen des Baums musste er dennoch zahlen.

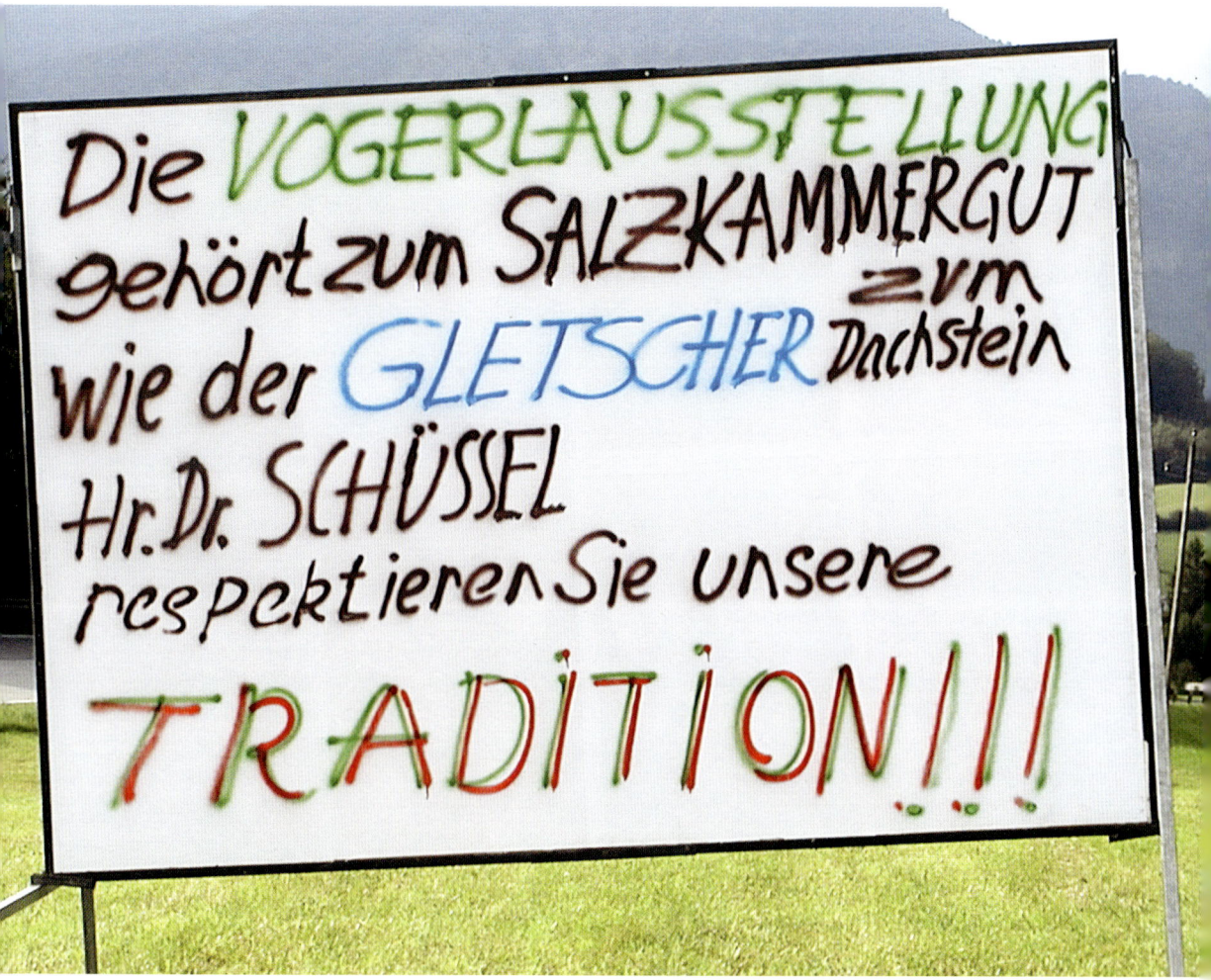

Die VOGERLAUSSTELLUNG gehört zum SALZKAMMERGUT wie der GLETSCHER zum Dachstein Hr. Dr. SCHÜSSEL respektieren Sie unsere TRADITION!!!

GEHÄNGTE WEIHNACHTSMÄNNER

Wir wechseln die Jahreszeit, wir bleiben beim anarchischen Geist. Es geschah im Advent. Die Bewohnerinnen und Bewohner eines Ortes am Traunsee staunten ganz ordentlich, als sie eines Morgens Weihnachtsmänner vorfanden, die an Straßenlaternen baumelten. Es handelte sich um diese fassadenerklimmenden, beleuchteten Weihnachtsmänner, die man im Baumarkt erwerben kann und mit denen geschmacksbefreite Menschen in der Adventzeit ihre Häuser dekorieren. Aus Protest gegen die Hässlichkeit, vielleicht auch gegen den Imperialismus des US-Weihnachtsmanns, hatten lokale Geschmacksexperten die Figuren entführt und im öffentlichen Raum hingerichtet. Hohoho, das war kein schöner Anblick! Die Weihnachtsmänner an den Hausfassaden sind es allerdings auch nicht.

Natürlich gilt es zwischen politischem Anarchismus und persönlicher Anarchie zu unterscheiden. Der anarchische Geist des Salzkammerguts gehört ganz klar zur zweiten Kategorie, stellt gern den privaten Protest in den Mittelpunkt und tut das häufig auf originelle Art und Weise. Allerdings muss man sich auch immer ein bisschen in Acht nehmen, denn die Grenzen zwischen anarchischer Intervention und Selbstjustiz sind hier ziemlich fließend.

Es geht dabei auch nicht immer ganz gewaltfrei zu. Ich kenne die Geschichte eines Bauern, der ein Stück Grund an eine Supermarktkette verkaufen wollte. Als sich das herumsprach, fanden sich Leute zusammen, die dem Bauern kurzerhand einen Sack überstülpten und ihn so lange traktierten, bis er von seinem Vorhaben abließ. Ein Forstmeister wiederum, der die Einhaltung der geltenden Jagdregeln einforderte, fand seinen Gartenzaun eines Morgens dekoriert vor: Man hatte ihm abgetrennte Hirschköpfe auf die Latten gespießt.

SCHOCKIERENDE UNVERBLÜMTHEIT

Diese – euphemistisch ausgedrückt – vorherrschende Direktheit bei der Kommunikation im Salzkammergut war für mich in den ersten Jahren ein wenig irritierend. Mittlerweile habe ich ihren großen Vorteil zu schätzen gelernt: Ich kann nämlich selbst auch direkt sein. Ich musste mich erst daran gewöhnen, nicht wienerisch herumzulavieren, genauso, wie ich mich erst an die schockierende Unverblümtheit gewöhnen musste, mit der mich etwa ein hiesiger Veranstalter nach einer meiner Lesungen wissen ließ, dass die Performance diesmal „ein Schas" gewesen sei. Beleidigt ist nicht so schnell jemand in diesem Landstrich, im Gegenteil, es gehört durchaus zum guten Ton, ein wenig dissonant zu sein.

Die gewisse genussvoll-trotzig praktizierte Gesetzlosigkeit gehört im Salzkammergut zur Normalität. Ich habe oft den Eindruck, dass alle tun, was sie wollen. Auch das ist eine Form von Anarchie: Rasenmähen am Sonntag, das macht man einfach, wenn einem gerade danach ist. Auch rattert und schreit im Salzkammergut immer irgendwo eine Motorsäge, egal, zu welcher Tages- und Nachtzeit, egal, ob Feiertag oder Wochenende. Auch der Mopedfahrer, der es mir jeden Tag erspart, den Wecker zu stellen, weil er um 6:30 Uhr mit seinem selbst getunten Gerät tosend an meinem Haus vorbeirast, wäre in Wien binnen zehn Minuten aus dem Verkehr gezogen. Eine engagierte Nachbarin, die bei einer Bürgermeister-Diskussion einst Tempo 30 im Grünauer Ortskern gefordert hatte, wäre fast geendet wie die Weihnachtsmänner am Beginn dieser Geschichte. Tempo 30, das geht in Paris, aber sicher nicht bei uns! In Bad Ischl wiederum geht das schon! Der Geist des lokalen Eigensinns ist eben unergründlich.

HÖHEPUNKTE INSTITUTIONALISIERTER ANARCHIE

Im gesetzlichen Graubereich befinden sich auch Brauchtumsveranstaltungen wie der Krampustag. Da werden Kinder noch geschlagen, was ja eigentlich – wie sich mittlerweile partiell herumgesprochen hat – verboten ist. Der Krampus, zwischen mythologischer Anarchie und schwarzer Pädagogik beheimatet, übte auf meine Kinder jahrelang eine große Faszination aus. Einerseits fürchteten sie sich vor den unheimlichen Gesellen, die mit ihren Ruten durchaus herzhaft zuschlagen konnten. Andererseits suchten sie die Mutprobe, am 5. Dezember in den Ort zu gehen, die „Kramperln" aus der Ferne mit Spottversen zu bedenken – und dann sehr schnell wegzurennen.

Ihren Höhepunkt findet die institutionalisierte Anarchie, logischerweise eine *contradictio in adjecto,* im Fasching: Vor allem Männer im mittleren Alter bekommen schon vor Weihnachten glasige Augen vor lustvoller Vorfreude, wenn sie an den kommenden Fasching denken. Da dürfen sie für drei Tage so sein, wie zu sein sie es üblicherweise unschicklich finden: laut und unerzogen. Da dürfen sie für drei Tage das sein, was zu sein sie sonst am Stammtisch kritisieren: ein Prinz aus Arabien, einer aus dem fahrenden Volk oder am Ende gar eine Transgender-Person.

Im Fasching sieht man hochseriöse Männer, die plötzlich mit langen blonden Perücken in Frauenkleidern herumwanken, in der rechten Hand eine Zigarette, in der linken eine Flasche Bier, oder im normalen Leben als „anständig" zu bezeichnende Frauen, die alle Formen ansonsten männlich konnotierter Promiskuität ausleben. Das anarchisch Bedrohliche des Ebenseer Fetzenmontags wusste auch die US-Army nicht einzuschätzen, weshalb man dem bedrohlich wirkenden Treiben im Fasching 1946 eine schwer bewaffnete Einheit gegenüberstellte.

ALKOHOL STATT ANARCHIE
Meist findet der Fasching jedoch auf der bier- und schnapsseligen Seite jener nicht immer ganz klar umrissenen Linie statt, die zwischen Emotion und Sentimentalität verläuft: trüber Gefühlsdusel statt Klarheit des Herzens. Alkohol statt Anarchie.

Manchmal gibt man sich im Salzkammergut aber auch sehr regelbewusst. Ein Schild an einer Straßenabzweigung im hinteren Almtal amüsiert mich immer wieder. Ab hier gibt es nichts mehr als Tiere, Berge, Seen, Wälder und Bäche. Das Schild gemahnt, durchaus höflich, aber in großen Buchstaben: „Wir bitten um Ruhe und Ordnung!" Anarchie, ja – aber keinesfalls in unserer schönen Natur! ■

▶
Brauchtum 26
Queer 182
Vereinskultur 234
Eine Vogelgeschichte 240

Attersee

Gerhard Haderer

Zeichnerischer Spott über einen Prachtsee, der sich seiner Nähe zu Klimt, Mahler & Co rühmt und zu dessen Ufern es kaum mehr öffentliche Zugänge gibt. ∎

Die Susi isst die Suppe nicht.

Die Suppe ist ihr zu süß.

Dann soll die Susi die Soße essen.

Die Soße ist ihr zu sauer.

Oder zu kalt.

Was ist der Susi zu kalt?

Die Soße.

Dann soll sie sie in die Sonne stellen.

Oberösterreicher.

Genau.

ZUSI ISST ZUPPN NED.
ZUPPN IS IHR ZIASS.
DONN SOI ZUSI ZOSS ESSN.
ZOSS IS IHR ZAUER.
ODA ZKOID.
KLIMT
Suppe
PRIVAT

Der Berg spricht

Hans Reschreiter und Kerstin Kowarik

Was die Geschichte des Hallstätter Salzbergbaus über 7000 Jahre Menschheitsgeschichte erzählt und wie Handel und Migration seit jeher Motor der Zivilisation sind.

▶ 3000 Jahre alte Holzstiege im Hallstätter Salzberg. Konstruktion und Erhaltungszustand sind weltweit einzigartig.

Der Hallstätter Salzberg spricht – und erzählt seine einzigartigen Geschichten. Er spricht über seine Entstehung aus dem Meer vor über 250 Millionen Jahren, und er spricht über die letzten Jahrtausende. Es ist recht einfach, dem Salzberg zuzuhören, denn es gibt nichts, was einen stören würde. Hundert Meter unter der Oberfläche herrscht fast absolute Stille. Nur an manchen Stellen surren große Ventilatoren, um Frischluft durch den Berg zu leiten. Sonst ist es still, ungewohnt still. Neben der Stille fördern auch das Fehlen von Mobilfunk- und Internetempfang die Konzentration auf den Berg und seine Erzählungen.

Und dann ist da noch die allumfassende Dunkelheit. Nur dort, wo der Lichtkegel der Stirnlampe hingelenkt wird, ist es hell. Auch im Augenwinkel gibt es keinerlei Ablenkungen. Der Fokus liegt im Zentrum des eigenen Lichtkegels. Unter diesen ganz besonderen Bedingungen kann man dem Berg ganz genau zuhören und lauschen, was er zu erzählen weiß über die Bergleute, die hier in den letzten Jahrtausenden gearbeitet haben.

DER SALZBERG – EINE ZEITKAPSEL

Seit über 60 Jahren gehen Archäologinnen und Archäologen vom Naturhistorischen Museum in Wien gemeinsam mit Bergleuten der Salinen Austria AG ins Hallstätter Salzbergwerk. Sie horchen nicht in einen gewöhnlichen Berg hinein. Sie erforschen den ältesten Salzbergbau der Welt. Seit 7000 Jahren wird hier Salz abgebaut – bis heute. Der Hallstätter Salzberg mit seiner einzigartigen Salzproduktion stellt das Zentrum der ältesten Industrie- und Kulturlandschaft der Welt dar, in der immer noch produziert wird – dem Salzkammergut.

Der Berg gibt seine Geschichten in ungeheurer Detailgenauigkeit preis. Durch die konservierende Wirkung des Salzes ist alles, was Bergleute vor Jahrtausenden im Zuge ihrer Arbeit in den Stollen und riesigen Abbaukammern zurückgelassen haben, bis heute perfekt erhalten geblieben. Der Salzberg ist wie eine Zeitkapsel, in der die Zeit stillsteht. Es ist ein ganz besonderes Gefühl, inmitten eines solchen Orts zu stehen und die völlig unveränderten Spuren der Jahrtausende rund um sich wahrzunehmen. Vergleichbare Salzbergwerke gibt es weltweit nur noch am Dürrnberg bei Hallein, in Chehrabad im Nordwestiran und in Duzdağı in Aserbaidschan.

GLOBAL HERAUSRAGEND UND ERSTAUNLICH NACHHALTIG

Abertausende von Werkzeugen, Geräten und Verbrauchsmaterialien, die im Salzberg erhalten geblieben sind, lassen die Welt der Bergleute der Bronze- und der Hallstattzeit wieder auferstehen. Die Arbeits- und Lebenswelten, die hier rekonstruiert werden können, überraschen immer wieder. Vor 3000 Jahren waren die Bergleute perfekt organisiert, errichteten ihre Infrastruktur vorausschauend für kommende Generationen und verwendeten hochwertig produzierte Sonderanfertigungen. So kamen hier im bronzezeitlichen Bergbau ausgeklügelte Treppenkonstruktionen und Transportsäcke zum Einsatz, die weltweit von keinem anderen Platz bekannt sind. Schon vor über 3000 Jahren erreichten die Bergleute bereits gewaltige Tiefen und benötigten gewaltige Mengen an Holz, um die Stollen und Schächte abzusichern und ihre Werkzeuge und Leuchtspäne herzustellen. Trotz des enormen Holzverbrauchs schafften es die Hallstätter Forstleute, ihre Wälder nachhaltig zu bewirtschaften, und akzeptierten die Grenzen, die ihnen die Landschaft setzte – bis heute. Damit sind die Hallstätter absolute Vorreiter*innen in puncto Nachhaltigkeit, denn die zeitgleich entstandenen Kupferabbaureviere setzten auf Raubbau und Zerstörung der eigenen Ressourcen.

HALLSTATT – NAMENSGEBEND FÜR EINE GANZE EPOCHE

Der Hallstätter Bergbau wurde in prähistorischer Zeit mehrfach durch gewaltige Erdrutsche unterbrochen. Auch davon erzählt der Berg. 100 Meter unter der Oberfläche finden sich etwa komplette Bäume mit Wurzelstock oder noch grüne Grasbüschel, die während dieser Erdrutschungen in das Innere des Berges gespült wurden. Nach solchen Unterbrechungen wurde immer wieder neu begonnen. Der Bergbau um 700 v. Chr. – nun ist bereits das Eisen entdeckt, und die Archäologinnen und Archäologen nennen diese Zeit die Hallstattzeit – wird noch größer als die vorangegangenen Betriebe. Die Bergleute treiben Abbaukammern in den Berg, die über 300 Meter lang sind und über 20 Meter Höhe erreichen können, was der Höhe von siebenstöckigen Häusern entspricht. Weltweit sind keine größeren prähistorischen Bergbaue bekannt.

Durch das Salz werden die Hallstätter*innen zu einer der reichsten Gemeinschaften in Mitteleuropa, wie auch die außergewöhnlichen Grabbeigaben am Bestattungsplatz auf dem Salzberg anschaulich zeigen. Die Auswertung der Abnutzungsspuren an den Skeletten aus diesen Gräbern zeigt, dass trotz des immensen Reichtums alle mitarbeiten mussten: Kinder, Jugendliche, Frauen und Männer haben intensiv für das Salz geschuftet.

REICHTUM DANK SALZPRODUKTION UND VERNETZUNG

Die Abbaukammern der Bronzezeit und der Hallstattzeit sind so gewaltig, dass im Schnitt weit über eine Tonne Salz pro Tag produziert werden konnte. Diese Produktionsmengen bedingen ein äußerst leistungsfähiges Transportnetzwerk rund um Hallstatt. Das Netzwerk ist über Knotenpunkte in der Landschaft organisiert und funktioniert ab 1000 v. Chr. perfekt. Über Handelsrouten wird aber nicht nur das Salz in halb Europa verteilt, sondern in umgekehrter Richtung auch der Bergbau in Hallstatt versorgt. Große Produktionszentren sind immer auch Verbrauchszentren. Rund um den Salzberg wurden logistische Meisterleistungen vollbracht. Die große Bergbaugemeinschaft wurde zuverlässig mit riesigen Mengen an Lebensmitteln, Werkzeugen, Geräten, Kleidung und Verbrauchsmaterialien wie Leuchtspänen oder Pickelstielen versorgt. Aber auch Bernstein aus dem Norden, Elfenbein aus Afrika, Luxusprodukte wie Wein aus Slowenien und Oberitalien oder Walnüsse und Weinbergschnecken aus dem Süden fanden ihren Weg in das enge Salzbergtal.

Das Netzwerk rund ums Salz und der Bedarf der Salzproduktion an Lebens-, Betriebs- und Transportmitteln führten dazu, dass durch viele Jahrhunderte, ja Jahrtausende eine allumfassende und total vernetzte Produktions- und Transportlandschaft bestand, in der alle Menschen, alle Nutztiere, alle nutzbaren Flächen, Wälder und Wasserwege nur einem Ziel unterworfen wurden: Salz zu produzieren und zu transportieren.

Um zu erfahren, welche Auswirkungen die intensive Landschaftsnutzung der Salzproduktion und des Salztransports durch Jahrtausende auf die Umwelt hatte, reicht es nicht, nur in den Salzberg hineinzuhören. Spuren der Umweltveränderungen sind in Sedimentschichten am Boden der Salzkammergutseen und -moore gespeichert. Auch diese werden seit etlichen Jahren erforscht und zeigen, dass das Salznetzwerk nicht nur nachhaltig aufgebaut, sondern gleichzeitig auch so stabil organisiert war, dass es über Jahrtausende hinweg Klimaveränderungen, Naturkatastrophen, politischen und sozialen Veränderungen trotzen konnte.

VON DER VERGANGENHEIT LERNEN, ZUKUNFT BESSER GESTALTEN

Durch das Horchen in den Salzberg und in den Boden des Salzkammerguts hinein erfahren wir nicht nur etwas über die Vergangenheit, sondern können auch viel darüber lernen, wie intensive Landwirtschaft und beinahe industrieller Bergbau über unheimlich lange Zeiträume hinweg nachhaltig funktionieren können, und auch, wie Netzwerke aufgebaut sein können, damit sie unterschiedlichsten Herausforderungen gewachsen sind. Gerade in Zeiten von Krieg, Umwelt-, Klima- und Ressourcenkrise werden wir dieses Wissen benötigen. Archäologie kann Forschung für die Zukunft sein: um aus der Vergangenheit zu lernen, die Gegenwart besser zu verstehen und damit die Zukunft sinnvoll mitgestalten zu können.

Im Inneren des Salzberges und im Boden des Salzkammergutes sind viele Geheimnisse und Weisheiten verborgen. Einen Teil davon haben sie schon preisgegeben. In den Museen der Region und in den Salzwelten Hallstatt kann schon vieles davon erlebt werden. Mit immer besseren Methoden und Techniken kann dem Berg und dem Boden noch genauer zugehört werden – und wir werden in den nächsten Jahren noch viel zu lauschen haben. ■

▶
Cum grano salis 30
Des Kaisers Geld 118
Kreislaufwirtschaft 135

Bernhard, Thomas

Rudolf Habringer

Ein satirisches Dramolett
in drei Stationen

1. STATION: THOMAS BERNHARD STEHT VON DEN TOTEN AUF

Sensationelle Rückkehr nach Österreich

Gmunden, Ohlsdorf. (Salzkammergut Rundschau, APA)
Die gesamte literarische Welt ist in Aufruhr: Mehr als fünfzehn Jahre nach sei-
nem angeblichen Ableben wurde vor wenigen Tagen bekannt, dass der österrei-
chische Schriftsteller Thomas Bernhard im Sommer 2004 für wenige Wochen in
seine ehemalige Heimat Oberösterreich zurückkehren wird. Bernhard, der offi-
ziell im Jahre 1989 in Gmunden verstorben und in Wien beigesetzt worden war,
hatte sich, wie in einem Kommuniqué der oberösterreichischen Landesregie-

rung mitgeteilt wird, 1989 aus „gesundheitlichen und künstlerischen" Gründen, wie es heißt, auf eine abgelegene Finca der Baleareninsel Mallorca zurückgezogen und dort seither seinen Lebensabend verbracht. Angeblich sind auf der Mittelmeerinsel auch eine Reihe von literarischen Werken entstanden, die bei Bernhards Rückkehr in die Traunseeregion der Öffentlichkeit vorgestellt werden sollen. Ob der Autor nach seiner Rückkehr nach Österreich die Aufhebung seines Testamentes beeinspruchen wird, ist nicht bekannt.

In ersten Stellungnahmen reagierten der oberösterreichische Landeshauptmann sowie der Tourismusverband Salzkammergut „mit Stolz und Freude darauf, dass einer der großen Söhne dieses Landes in die Heimat zurückkehren wird". Das kulturelle und eventmäßige Sommerprogramm der Salzkammergutregion soll 2004 ganz auf die Person des Heimkehrers ausgerichtet werden.

2. STATION: THOMAS BERNHARDS ERSTER MALLORCATEXT TAUCHT AUF

Aus den geheimen Akten des Tourismusverbandes Salzkammergut:

10. Mai, Aktenvermerk
Heute Vorlage des ersten Entwurfes aus dem Textbüro.
Beiliegend die Geschichte im Wortlaut.

Gmunden. Eine Abreibung.
Gmunden ist der schönste, gleichzeitig der schäbigste Ort, den ich je gesehen habe. Tatsächlich erschreckt mich diese Gegend, mehr noch die Stadt, die von ganz kleinen, älplerisch gedrungenen Menschen bevölkert ist, die man ruhig schwachsinnig nennen kann. Nicht größer als ein Meter sechzig im Durchschnitt torkeln sie durch die Gassen, bevölkern sie die Esplanade, im Rausch rund um den Liebstattsonntag erzeugt. Alle tragen sie genagelte Goiserer an den Füßen, alle tragen sie – auf Erlass des Bürgermeisters! – graue Filzhüte auf dem Kopf, bei Regen laufen ausschließlich alle Bewohner in diesen entsetzlich grünen Wetterflecken herum.

Jedes Wochenende machen sich die Gmundner scharenweise auf und klettern auf den Traunstein, kein Sonntag ohne Begehung und Erkletterung des Traunsteins, bei jedem Wetter, gnadenlos, eine Geisteshaltung, die naturgemäß regelmäßig zu verheerenden und letztlich letal endenden Katastrophen führt. Stellen Sie sich vor, jedes Wochenende ziehen Myriaden von Gmundnern los, um den Traunstein zu erklimmen, am nächsten Tag werden hunderte von ihnen als an- und also aufgeschwemmte Leichen aus dem Traunsee gefischt, ganze Straßenzüge. Im Sommer stürzen sie vom Traunstein, im Winter brechen sie durch das zu dünne Eis des Traunsees und ertrinken, oder werden, wenn sie sich bis ans andere Ende des Sees durchkämpfen, von den als gewalttätig bekannten Ebenseern erschlagen, eine unheimliche, eine brutale Gegend, in der Mord und Totschlag, Körperverletzung und Unzucht, Perfidie und Verschlagenheit ein grausames Regiment führen. Alles hier ist parteipolitisch, etwas anderes gibt es

nicht, alle hier sind ausschließlich schwarz oder braun, entweder katholisch oder nationalsozialistisch oder beides zugleich, etwas anderes wird nicht geduldet. Niemals, habe ich mir geschworen, soll diese Gmundner Gesellschaft, diese Gmundner Schloss-Orth-Perfidie mehr mit meinem Werk und also mit meinem Leben zu tun haben, jetzt kehre ich nach einer beinahe fünfzehnjährigen Nachdenk- und also Erholungspause an diesen Ort zurück und sehe, dass in schamloser Weise ein testamentarischer Wille verletzt, ein Privathaus in obszöner Weise zu einem Museum, ein Lebenswerk zu einem Machwerk und also industriell genutzten Tourismusunternehmen heruntergewirtschaftet und in Festspielrosa eingefärbelt wurde.

Aktenvermerk Tourismusverband Salzkammergut
Das von Thomas Bernhard verfasste Prosastück *Gmunden. Eine Abreibung* muss im Gesamten als nicht zweckdienlich und kontraproduktiv für die Idee, Touristen an unsere schöne Destination zu binden, angesehen werden. Der Tourismusverband sieht sich außerstande, diese Textfassung zu akzeptieren und an die Öffentlichkeit weiterzuleiten. Um eine revidierte und korrigierte Fassung des Textes, die die wesentlichen Schwerpunkte der Salzkammergut-Touristik (Landschaft, Stadt, Festspiele, Schlosshotel) in ein positiveres Licht stellt, wird binnen Kürze gebeten.
Unsere Entscheidung wird dem Textbüro zur Kenntnis weitergeleitet. (...)

3. STATION: THOMAS BERNHARDS ZWEITER MALLORCATEXT TAUCHT AUF

Aus den geheimen Akten des Tourismusverbandes Salzkammergut:

9. Juni, Aktenvermerk
Heute Vorlage einer zweiten, revidierten Fassung des *Gmundentextes*. Der Tourismusverband Salzkammergut hat die Veröffentlichung des Textes einstimmig gebilligt. Der Wortlaut im Folgenden:

Gmunden. Eine Offenbarung.
Gmunden ist der schönste, gleichzeitig der vollkommenste Ort, den ich je gesehen habe. Tatsächlich beeindruckt mich diese Gegend, mehr noch die Stadt, die von großgewachsenen Geistesmenschen bewohnt wird, die man ruhig weltmännisch nennen kann. Alle tragen hier genagelte Goiserer an den Füßen, alle tragen hier – dem Bürgermeister sei Dank! – graue Filzhüte auf dem Kopf, bei Regen laufen ausschließlich alle Bewohner in beeindruckenden, für diese Gegend typischen grünen Wetterflecken herum. Ununterbrochen wird diese Stadt von kunstsinnigen Menschen aus aller Welt besucht und bewundert, ununterbrochen verströmt diese Stadt eine Aura der Kunst, der Musik, der Literatur, ununterbrochen herrscht hier eine Atmosphäre der Leichtigkeit und der höchsten Konzentration auf die Kunst, ununterbrochen beherrscht diese Stadt die Kunst der allerhöchsten Kunstkonzentration, also die höchste Kunstkonzentrationskunst, die Festspielstadt am Traunsee ist für den Geistesmenschen

nichts anderes als der Gipfel, der in der Kunst erreicht werden kann, das ist die Wahrheit.

Jedes Wochenende machen sich die Gmundner scharenweise auf und klettern auf den Traunstein, kein Sonntag ohne Begehung und Erkletterung des Traunsteins, bei jedem Wetter, beeindruckend, eine körperliche Geisteshaltung, die naturgemäß regelmäßig zu herausragenden und letztlich epochalen Gmundner Existenz- und Körperleistungshervorbringungen führt. Nichts ist hier, wie es anderswo ist, alles ist anders. Während anderswo wie überall in Österreich alles parteipolitisch ist, ist es in Gmunden so, als ob Gmunden nicht in Österreich läge. Während anderswo in Österreich alle ausschließlich schwarz oder braun, entweder katholisch oder nationalsozialistisch oder beides zugleich sind, wird die Unkultur hier in Gmunden nicht geduldet.

Jetzt kehre ich nach einer beinahe fünfzehnjährigen Nachdenk- und also Erholungspause an diesen Ort zurück und sehe, dass in vorbildlicher Weise mein Privathaus zu einem Museum, mein Lebenswerk zu einem epochalen Werk ausgebaut und also der geistigen und wissenschaftlichen Nutzung zugeführt wird. ∎

Brauchtum

Die Salzkammergütler*innen schätzen
ihr reiches Brauchtum und pflegen es
ausschweifend. Mit oder ohne Publikum.
Eine Auswahl.

A
Aberseer Schleuniger | Ahn'l-Sonntag, Vorchdorf und Grünau im Almtal
(1. Sonntag nach Ostern) | Almabtrieb (Mitte September) | Altausseer Kiritog
Bierzelt (Anfang September)

B
Bierzelte allerorten, z. B. St. Agather Bierzelt, Pfandler Bierzelt, Ramsauer Bierzelt Bad Goisern etc.

D
Dorfrichter Gößl am Grundlsee | Dreikönigsreiter Viechtau/Neukirchen bei Alt-
münster (9.1.)

E
Echoblasen, z. B. am Taferlklaussee, am Almsee, am Hallstättersee (Sommer)

F
Fasching im Ausseerland mit Flinserln und Trommelweibern (Februar) |
Faschingsumzüge vielerorts (Februar) | Fetzenverbrennen mit Brieftaschlwa-
schen, Ebensee (Februar) | Fetzenzug, Ebensee (Februar)

G
Geigentag, Bad Goisern (1. Sonntag im September) | Georgiritt mit Kranzlste-
chen und Blochziehen, St. Georgen im Attergau (24.4.) | Glöcklerläufe (5.1.) |
Goldhauben | Gstanzlsingen

K
Kaisers Geburtstag, Bad Ischl (Mitte August) | Kirtag, vielerorts | Krambamperl-
brennen, Hallstatt, Goisern, Obertraun, Gosau (Stephanitag, 26.12.) | Kripperlroas

Laakirchner Martinihtt (11./12.11.) | Leonhardi-Ritt in Weißenkirchen im Atter-
gau (nächster Sonntag zum 6.11.) | Lichtbratl-Montag, Bad Ischl (1. Montag nach
Michaeli, 29.9.) | Liebstatt-Sonntag in Gmunden und anderen Orten (4. Sonntag
der Fastenzeit)

M
Maibaum-Aufstellen (1.5. oder 30.4.)

N
Narzissenfest, Ausseerland (Anfang Juni) | Neujahrsblasen (30./31.12.) | Nikolo-
spiel mit Strohschab-Figuren, Bad Mitterndorf (5.12.)

O
Obertrauner Oaradln (Ostersonntag auf Ostermontag)

P
Palmsonntagsprozessionen mit Palmbuschen | Paschen | Pfeifertag (Mitte
August) | Portiunkula-Markt, Gmunden (2.8.)

R
Ratschen-Kinder | Ruabnfeldsunntag in Gößl am Grundlsee

S
Schafmusterung, Iglmoosalm Gosau & Hütteneckalm Bad Goisern | Schützen-
mahl der Stahelschützenvereine | Seekargottesdienst in Gosau (15.8.) | See-
prozession, Hallstatt am Hallstättersee (Fronleichnam) | Sirenenball, Bad Ischl
(Februar) | Sonnwendfeuer, z. B. am Feuerkogel in Ebensee (um den 21.6.) |
Stahelschießen: z. B. Bad Goisern, Gosau, Bad Aussee, Hallstatt, Lauffen, Ober-
traun etc. | Störibrot-Anschneiden, z. B. Pettenbach, Roitham am Traunfall, im
Almtal (Stephanitag, 26.12.)

T
Taubenschießen Altaussee (November – Fasching) | Tauplitzer Miglotog (5.12.) |
Traunkirchner Holzmarkt (1. Wochenende im September) | Traunkirchner
Mordsgschicht (Faschingsonntag)

V
Viechtauer Krupf-Krupf-Gehen um Neukirchen bei Altmünster (5.1.) | Vogelaus-
stellungen der Vogelfängervereine | Vogelfang

W
Wildererball, Bad Ischl (Februar) | Wirlinger Böllerschützen, St. Wolfgang ■

Walter Pilar
„Hyperglöckler", 1981,
Beilage zum Traunseher
Nr. 9, zweifärbiger Off-
setdruck, 43 × 62 cm
Tanskriptionen s. S. 276

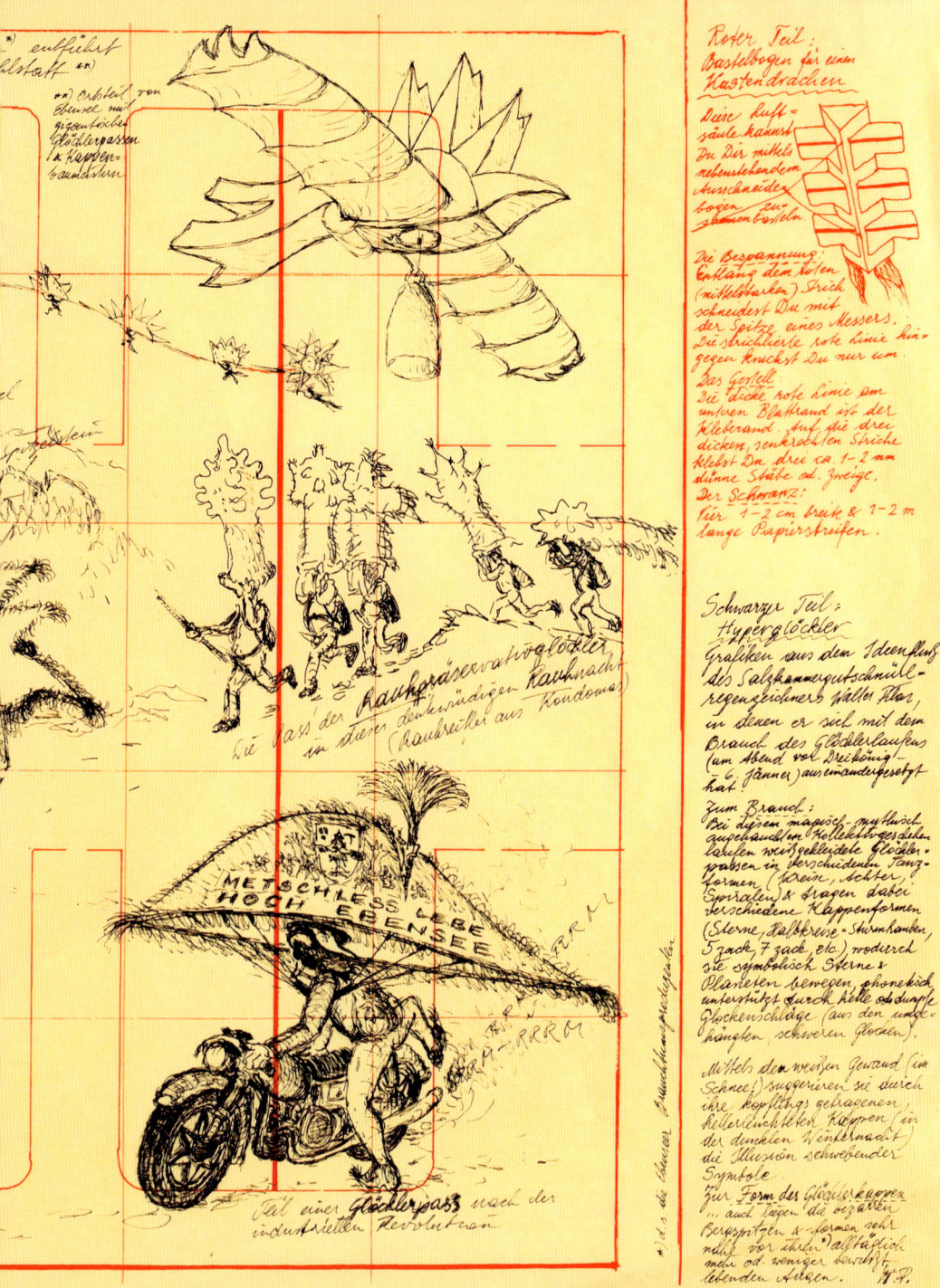

Cum grano salis

Julia Kospach

Das Salz versteckt sich nicht nur im Salzkammergut und im Salzberg, es prägt auch
Sprachbilder, Speisen und Redewendungen.

▶ Entwurf des deut-
schen Zeichners
Simon Schwartz für
die Kulturhauptstadt
Europas Bad Ischl
Salzkammergut 2024

Ob eine Rechnung nun „gesalzen" oder „gepfeffert" ist, macht eigentlich wenig
Unterschied. Die Bedeutung bleibt dieselbe: Eine solche Rechnung ist schwer
verdaulich wie eine überwürzte Speise. Als „sehr theuer im Preis" definiert
das Deutsche Wörterbuch der Gebrüder Grimm diese bildliche Verwendung
von „gesalzen". Auch ein Mensch kann, so die Grimms weiter, „gesalzen" sein,
und zwar „in Bezug auf Geist und Witz", was nichts anderes meint, als dass der
Gesalzene strohdumm ist. Mit dem Sprachbild „poco sale in zucca", zu Deutsch
„wenig Salz im Kürbis", legt es das Italienische zur Beschreibung desselben
Sachverhalts, nämlich Dummheit, nachgerade umgekehrt an. Beides sind allerdings sprachliche Wendungen, die – anders als das, was sie beschreiben –
etwas aus der Mode gekommen sind.

KULTURHAUPTSTADT 2024

SALZ & KULTUR

Nicht so der überaus anschauliche, gebräuchliche Ausdruck „jemandem Salz in die Wunde/n streuen". Man braucht das nicht erst im Konkreten zu versuchen, um zu wissen, dass damit im Metaphorischen gemeint ist, jemandes Kränkung, Schmerz oder Empfindlichkeit durch indiskrete Hinweise darauf ordentlich am Köcheln zu halten. „To add insult to injury", sagt man auf Englisch und meint damit, kurz und bündig, dasselbe.

DIE SUPPE VERSALZEN

Wie es kommt, dass eine versalzene Suppe sprichwörtlich mit einem verliebten Koch oder einer verliebten Köchin in Verbindung steht, ist schnell erzählt. Salz ist nicht nur seit Jahrtausenden als Gewürz und Konservierungsmittel im Einsatz. Schon in der Antike galt es auch als Aphrodisiakum, und zwar streng nach der Devise: mehr Salz, mehr Potenz. Entsprechend trachteten Verliebte danach, die Speisen ihrer Geschlechtspartner*innen mit viel Salz zu würzen.

Dass umgekehrt „zu viele Köche die Suppe versalzen" – häufig auch: „den Brei verderben" –, ist eine Redewendung, die selbsterklärend ist, weil ein jeder und eine jede schon erlebt hat, was passiert, wenn allzu viele Leute an ein und derselben Sache herumpfuschen: Diese wird dabei nicht besser; im schlimmsten Fall wird jemandem „die Suppe" sogar komplett „versalzen": auch das ein Sprachbild, das ohne weitere Erläuterungen verständlich ist.

Erstarrt man hingegen zur Salzsäule, mittelhochdeutsch sehr hübsch „salzsûl", ist man mitten im Alttestamentarischen, und zwar in der Genesis, wo Lots Frau zur Salzsäule erstarrt, als sie Gottes Warnung, sich auf ihrer Flucht aus der Stadt nicht nach dem brennenden Sodom umzudrehen, in den Wind schlägt. Wer vor Schreck erstarrt, wird sprach- und bewegungslos, und das ist es auch genau, worauf dieses salzige Sprachbild abzielt.

SALT OF THE EARTH

„Ihr seid das Salz der Erde" heißt es, nunmehr neutestamentarisch, im Evangelium nach Matthäus. Angesprochen sind damit die Jünger und die ihnen von Jesus zugedachten Aufgaben in der Welt. „Das Salz der Erde" heißt übrigens ein Wim-Wenders-Dokumentarfilm über den brasilianischen Magnum-Fotografen Sebastião Salgado, der die Fotografie als universelle Sprache gegen das Vergessen betrachtet. Auch der Rolling-Stones-Song „Salt of The Earth" ist ein Aufruf, die einfache arbeitende Masse hochleben zu lassen und nicht zu vergessen.

Mit dem Salz – Englisch, Schwedisch, Norwegisch: salt, Französisch: sel, Italienisch: sale, Spanisch und Portugiesisch: sal, Russisch: соль (sol'), Finnisch: suola, Ungarisch: só, Chinesisch: 食盐 (shíyán), Türkisch: tuz, Arabisch: milḥ –, mit dem Salz also verhält es sich so: Weder darf's zu viel, noch darf's zu wenig sein. Die Dosis macht es aus. Das französische „mettre son grain de sel", übersetzt: „sein Körnchen Salz dazugeben", bedeutet, dass man seinen Senf dazugibt und sich unaufgefordert in eine Angelegenheit einmischt. Da kann ein einzelnes Körnchen mitunter schon zu viel sein. Außer es gelingt einem, sich an Thomas Mann zu halten, der in „Lotte in Weimar" schrieb: „Ironie [...] ist das Körnchen Salz, durch welches das Aufgetischte überhaupt erst genießbar wird."[1]

DAS SALZ IM WORT SALÄR

Die Überzeugung, dass Salz – und auch Brot – Kraft spenden, ist uralt und verbirgt sich auch hinter dem Sprichwort „Salz und Brot macht Wangen rot". Dass diese beiden zugleich die Kraft besitzen, das Böse und all seine Repräsentantinnen und Repräsentanten – vom Teufel selbst über Dämonen, Geister und Hexen – in Schach zu halten, ist ein besonders hartnäckiger Aberglaube, auf den auch die Bräuche zurückgehen, neu Eingezogenen Salz und Brot als erstes Gastgeschenk mitzubringen, einer Braut Salz in die Schuhe zu streuen oder im Stall einen Salzbeutel als Abwehrzauber aufzuhängen.

Ganz anders verhält es sich, wenn man „noch einen Schinken bei jemandem im Salze hat". Dann hat man nämlich mit dem Angesprochenen noch eine alte Rechnung offen und nicht vor, auf den Showdown mit ihm zu verzichten. Liegt man hingegen „noch im Salz", ist man einfach nur faul und noch nicht aus dem Bett aufgestanden.

Fehlt „das Salz in der Suppe", herrschen Mangel und Fadesse – im bildlichen wie im konkreten Sinne. Wenn man solcher ungesunden Langeweile aus dem Weg gehen möchte, hält man sich sicherheitshalber an diese Binsenweisheit: „Freundschaft ist das Salz des Lebens."

Das Salz steckt auch im Wort Salär. Dieses geht auf das lateinische salarium mit der Bedeutung „Salzration" zurück. Salz war und ist nämlich nicht nur bei den Salinenarbeiterinnen und -arbeitern des Salzkammerguts traditioneller Teil ihres Lohns, sondern war es auch schon bei römischen Legionären.

SALZ, BUTTER, WEIN ODER FRAUEN

Spricht man schließlich von „attischem Salz", dann ist damit – nach Ciceros Werk zur Rhetorik „De oratore" – ein geistreicher Scherz oder eine witzige Rede gemeint, womit wir zu einem wunderbaren abschließenden Salz-Zitat des großen Theatermannes George Tabori überleiten, das man gewiss „cum grano salis", sprich: mit Abstrichen oder nicht ganz wortwörtlich, nehmen darf. Tabori sagte einmal in einem Interview[2]: „Mir ist es piepegal, ob Salz, Butter, Wein oder Frauen schlecht für mich sind; das Leben ist eine unheilbare Krankheit." ■

▶
Der Berg spricht 16
Himmel und Hölle 108
Des Kaisers Geld 118

Dachstein

Bodo Hell

brav bergwärts
Rap und Gstanzln

wann i auf da oima wa
und hiatad a goaß
in tag a moß milli
des wa ma a gschpoaß

brav bergwärts, in Maßen behende, ein bißchen benommen, doch ohne zu keuchen, begleitet zugleich und durchzogen von regelmäßigen Atemzügen, so stapfen wir freudig voran, schon warmgelaufen, und bleiben aufs Hoch oder Nieder zu Füßen zentriert, wir drehn uns mit folgender Biegung zur Seite und nehmen apart ein Stück der Tiefe samt Schotterwerk wahr, wir suchen den Tritt so sicher zu setzen, daß Abschub zum nächsten erfreulich rund und präzise gelingt, wir steigen den Hang in der Linie die Fußspitzen einsetzend hoch, wir suchen dann wieder auf Stufen mit ganzer Sohle Halt, wir winden uns schlängelnd auf Kurven in SteigSerpentinen empor, das lockere, lose Trittmaterial wird behutsam genommen, ist schon **mit den Zehen befühlt**, dann rutscht der Fuß im Schutt ein Stück zurück und gleicht die Irritation in der Folge mit rhythmischem Schritt wieder aus

und znagst hätts mi boid draht
hat ma's wegerl verwaht
und beim hellichten tag
daß grad möglich sein mag

gepflanzt von Vögeln, der Vogelbeerbaum und -busch des Jahres, geeignet zum Schnitzen, zum Drehen, Orakelstätten sind oft mit dem Sorbus gesäumt, im keltischen Baumhoroskop der Widder 2. Dekade die Waage, ihre scheinbare Zartheit trügt, sie ist stark und stellt sich den Stürmen des Lebens aufrecht entgegen, bescheiden, robust, aber nützlich sogar in den Alpen, im Harz, im Erz- und Fichtelgebirge, kann unten wie oben im Latschengürtel noch prächtig gedeihn, das einzige, was sie benötigt, **die Eber-/die Aberesche,** ist Licht, viel Licht, die gefiederten Blätter an Ziegen verfüttert, die Beeren zum Halsband gereiht, bevor die Vögel sie ausgehöhlt haben und nur mehr die bunten Schalen täuschend vom Baum herab leuchten, als Beerenbesucher bekannt: das Schnee-, das Stein-, das Birk-, das Auer- und Haselhuhn, man kennt den Häher als Schmied und Gärtner, man sieht mittels Drosseln die Beeren der Mistel verteilt, es kleben die künftigen Keime an Ästen, in Achseln, in Irxen, von Vögeln verschluckt und geschissen: so können die Samen im Jahr darauf keimen

haudidl pfaunz kikriki
gestern hamma howasser ghobt
ham d'Fisch von de Bam oba gsunga
da ham d'Leit gschaut

Karren im Karst, Korrosion, Erdfall und Großdoline, das Wasser strebt stets auf dem kürzesten Weg in die Tiefe, Blindtäler, Uvalas, Landschaftsniveaus, die gängigsten Karrentypen entstehn durch die LösKraft des Wassers auf selber löslichem Kalk, die **freien Karren** sind frei nach der freien Verteilung des rinnenden Wassers gebildet, bekannteste Formen auf schrägen Flächen im homogenen Gestein: als Tritte, als Rillen, als Rinnen, Firstrillen, Näpfchen und Dorne, **strukturgebundene Karren** sind solche, bei denen die lösende WasserKraft Schwachstellen angreift, und da solche Karren die vorgegebenen Stellen im Stein zu nützen verstehen (Strukturen, Texturen und Klüfte), so können sich solche sogar unter Wasser, an überhängenden Felsen (bei Nebel/Niederschlag) bilden, **bedeckte Karren** sind unter Bedeckung entstanden, entscheidend geformt, der Abtrag schwankt und beträgt im gemäßigten Klima bis 3 Zentimeter in eintausend Jahren, die Lösung erfolgt mittels hauchdünnem Feuchtigkeitsfilm, noch eben **gesättigtes Wasser** vermag nach Abtropfen/Durchfluß unter Bewuchs die Karstarbeit neu zu beginnen, doch wie sich die Tritt-Karren bilden, im Aufwärtsgang an den Platten hinauf, diese Erscheinung (ein Forschungsdesiderat) ist noch immer nicht schlüssig geklärt

auf da oim is koa bleibm
boid tuats regna boid schneibm
in da hittn is koa sei
geht da wind aus und ei ■

Dirndl

Julia Kospach

Original regional? Nein, eigentlich nicht.
Die Kulturgeschichte des Dirndls steckt
voller Mythen und Überraschungen.

Das Dirndl: ein „unglaublich anpassungsfähiges Stehaufmännchen" und ein
„Faktotum, das schon viel überstanden hat", wie es Daniela Müller und Susanne
Trettenbrein in ihrem Buch „Alles Dirndl"[1] ausdrücken. Ein paar historische Fakten gefällig, die gemeinhin nicht allzu bekannt sind und bezeichnende Schlag-
lichter auf die Geschichte des Dirndls werfen?

URBANES MODEPHÄNOMEN

Erstens: Das, was wir heute Dirndl nennen, war ursprünglich kein ländliches,
sondern ein urbanes Modephänomen und hat sich, so die Volkskundlerin Ulrike
Kammerhofer-Aggermann, bis 2019 Leiterin des Salzburger Landesinstituts für
Volkskunde und eine der intimsten Kennerinnen der wechselhaften und über-
raschungsreichen Geschichte des Dirndls, „vor allem in den letzten 150 Jahren als Kulturprodukt der Städter entwickelt". Denn es war die – besonders im
Salzkammergut – sommerfrischende Oberschicht aus der Stadt, die ab den
1870er-Jahren die beschürzten Arbeitsgewänder ihrer örtlichen Dienstmädchen
zur eigenen ländlichen Freizeitbekleidung uminterpretierte und sich auf diesem Wege – zumindest für ein paar kurze Sommerwochen – selbst von Korsett

und Fischbein befreite. Großbürgerlich-aristokratische Vereine veranstalteten verspielte Kostümbälle in ländlicher Adjustierung. Demgegenüber entstanden nach 1900 die ersten national geprägten Trachtenvereine, deren Mitglieder sich aus vom Land in die Stadt abgewanderten Arbeiter*innen und kleinen Ange-stellten rekrutierten und Dirndl und Lederhose bald zum „Ahnenkleid der Väter" stilisierten. Von da war der Schritt nicht weit zur Tracht als Vehikel der Ausgren-zung: Schon zu Beginn der 1920er-Jahre wurde das Trachtentragen jüdischer Sommergäste in der Bevölkerung zum Stein des Anstoßes.[2]

FESTSPIEL-GARDEROBE

Zweitens: Die mondäne, reiche Salzburger Festspielgesellschaft der 1920er- und 1930er-Jahre wählte Tracht und Dirndl als Standeskleidung für soziale Anlässe – allerdings nur untertags. Bei Max Reinhardt selbst, dem Zentrum des gesellschaftlichen Lebens im Salzburg dieser Jahre, war Tracht nur bis 18 Uhr erlaubt. Abends folgte große Garderobe. Erst in den frühen 1960er-Jahren wurde erstmals ein Dirndl auch zu einer abendlichen Festspiel-Aufführung getragen.

SAUBERE TRACHT DER NS-FRAU

Drittens: Originale regionale Dirndl gibt es überhaupt nicht. „Das ist eine absolute Fiktion", sagt die Volkskundlerin Kammerhofer-Aggermann. Die NS-Zeit bedeutete dabei einen echten Einschnitt. Denn die Nationalsozialisten bemächtigten sich des verspielten, luftigen Sommerfrische-Dirndls als Instru-ment zur Schaffung ihres neuen Frauentypus. Jetzt ging es um die „saubere Tracht". Die überzeugte Nationalsozialistin Gertrud Pesendorfer, die nach dem Anschluss Österreichs zur Leiterin der Mittelstelle Deutsche Tracht wurde, ent-warf ab 1938 Trachtenblätter, die das Dirndl nach Regionen normierten. His-torische Anleihen für ihre Entwürfe nahm sie bei Standes-Kleidervorschriften aus der Zeit um 1800. Und was geschah später mit diesen Trachtenblättern? „Sie sind ab 1945 die Vorbilder für die Entwürfe der Heimatwerke", erklärt Ulrike Kammerhofer-Aggermann.

Dieser historische Aspekt des Dirndls ist nicht sehr bekannt. Im Gegen-teil: Wenn es um die Themen Dirndl und Tracht geht, bestehen alle auf ihrer Meinung und wähnen sich im Besitz der Wahrheit. Dabei geht es unterschwel-lig auch viel darum, wer dazugehört und wer nicht. Das sei das Erstaunliche an Dirndl & Co, sagt Kammerhofer-Aggermann: „Es ist etwas Identitätsstiftendes, mit dem aber jeder etwas vollkommen anderes verbindet."

ALTERNATIVE ZUM GLOBALEN EINHEITSDRESS

Eines scheint unbestritten: Im Fahrwasser der Orientierungssuche angesichts von Globalisierung und Wirtschaftskrise erleben auch Dirndl & Co neue Höhen-flüge. Sie sind Teil der großen Gegenbewegung zum Einheitsbrei der globalen Konsumkultur. Dazu gehören auch der Garten- und Kochboom, die Raus-aufs-Land-Bewegung, die Nachhaltigkeits- und Bio-Debatte, das Neo-Biedermeier und die Do-it-yourself-Bewegung. Ein zweischneidiges Schwert, gerade was das

Dirndl anlangt: Denn dass es sich, so der deutsche Publizist, Film- und Popkultur-Kritiker Georg Seeßlen, bei diesem „textilen Reenactment einer ‚guten alten Zeit' eben immer auch um die Sehnsucht nach einer vor-modernen, vor-demokratischen und vor-aufgeklärten Gesellschaft handelt", ist ebenso deutlich, wie dass „der Verlust der Heimat durch die gnadenlose Ökonomie" umgekehrt „durch gnadenlose Ökonomisierung der Heimat beantwortet"[3] wird.

SEXY & FEMININ ODER OBSZÖN?

Was ein weiterer Grund dafür sein könnte, dass das Gewand aus Leib und Rock für Pin-ups und Hausfrauen, weibliche Festspielprominenz und Girlies im Teenageralter in den letzten Jahren gleichermaßen attraktiv geworden ist, erklärt Daniela Müller, Co-Autorin von „Alles Dirndl", unter Berufung auf Sexualexpertinnen und -experten so: Das Dirndl sei ein Kleidungsstück, „das entgegen üblichen Modetrends Weiblichkeit zulässt, ja sogar erfordert", und zwar „zur Freude vieler Frauen, denen die Modewelt sonst die androgyne Frau in Kleidergröße 34 als Maß aller Dinge vorsetzt". Sexy ist es dabei auf jeden Fall, denn im Dirndl, sagt Daniela Müller, „ist der Busen in der Auslage". Ein Umstand, den Georg Seeßlen deutlich zynischer kommentierte, als er einmal meinte: „Das Dirndl, gewiss in mehr oder weniger frei wählbarer Abstufung, ist eine akzeptierte Art, das Obszöne mit dem Ordentlichen zu verbinden." So kann man es natürlich auch sagen.

„Ich finde es sehr positiv und entpolitisierend", sagt dazu entspannt Volkskundlerin Ulrike Kammerhofer-Aggermann. „Etwas, das auf deutsch und national gepolt war, wird frei zugänglich gemacht. Nach dem Motto: ‚Trag's auf deine Art! Ich erhebe keinen Anspruch mehr darauf.'" ■

▶
Handwerk 104
Kitsch & Klischee 127
Parallelwelten 179
Salzburg-Connection 192
Vergessener Salon 236

Dreiundzwanzig für vierundzwanzig

Elfie Semotan

Für 2024 hat Elfie Semotan die Bürgermeisterinnen und Bürgermeister der 23 Kulturhauptstadt-Gemeinden des Salzkammerguts porträtiert. ■

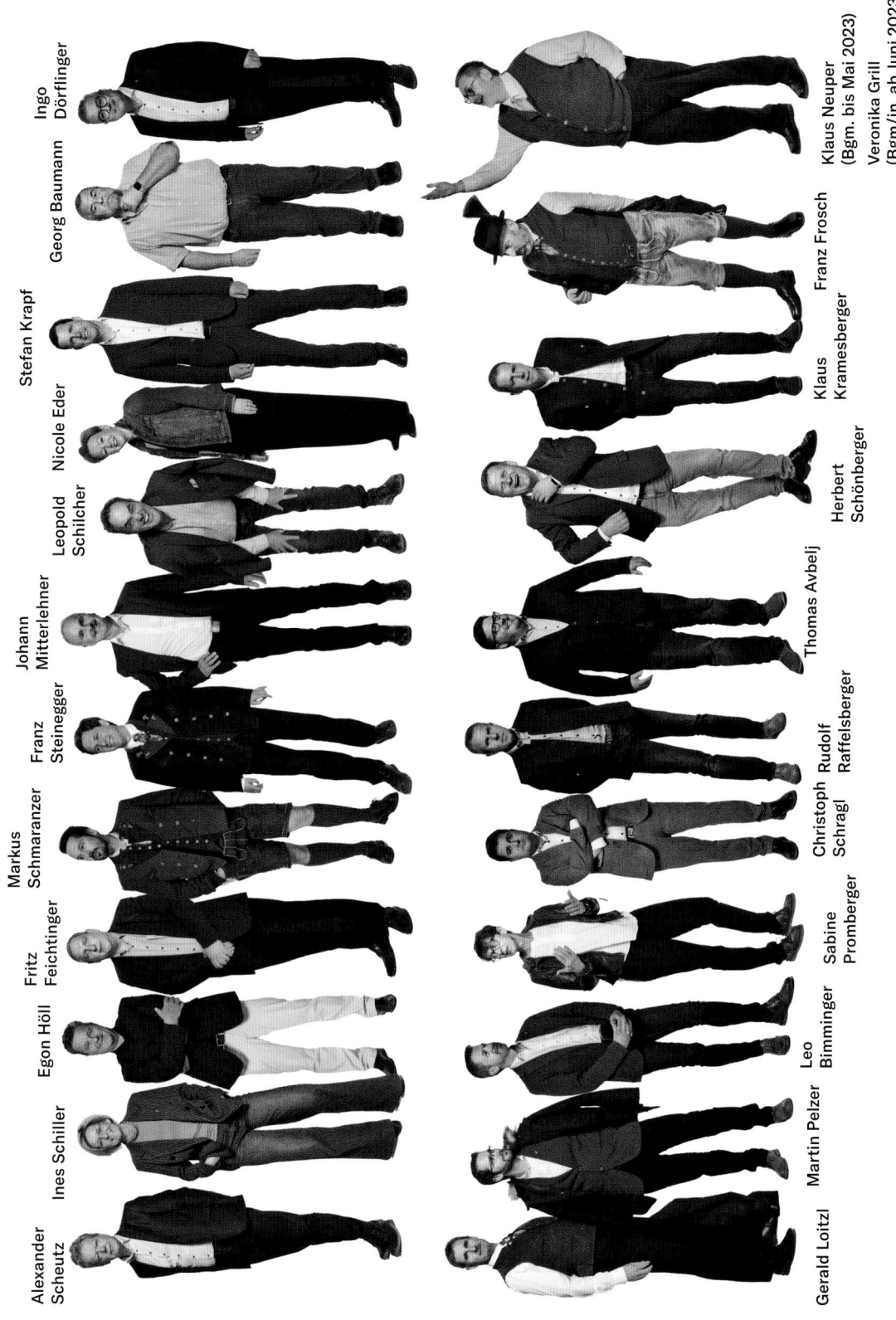

Alexander Scheutz · Ines Schiller · Egon Höll · Fritz Feichtinger · Markus Schmaranzer · Franz Steinegger · Johann Mitterlehner · Leopold Schilcher · Nicole Eder · Stefan Krapf · Georg Baumann · Ingo Dörflinger

Gerald Loitzl · Martin Pelzer · Leo Bimminger · Sabine Promberger · Christoph Schragl · Rudolf Raffelsberger · Thomas Avbelj · Herbert Schönberger · Klaus Kramesberger · Franz Frosch

Klaus Neuper (Bgm. bis Mai 2023)
Veronika Grill (Bgm/in. ab Juni 2023)

Die Ehrenwerten

Albert Lichtblau und Michael John

Höttl, Gogl, Haenel: Das „schlampige Verhältnis" des Salzkammerguts zu Nationalsozialismus und Erinnerung spiegelt sich auch in den Karrieren dieser drei Männer.

Nationalsozialismus, Erinnerung – ach Gott! Unlängst erhielten die Autoren dieses Beitrags seitens eines aus öffentlichen Mitteln finanzierten Vereins in Strobl auf die höfliche Anfrage zu NS-Aufarbeitungsthemen eine irritierende Antwort: Keines der Themen interessiere. Da es sich um prominente Fälle handle, wäre dies gleichsam verbunden mit Prahlerei, um ein bürgerliches „Sensationslüsterl" zu befriedigen. Mit der „Leichenfledderei" solle wohl „Reibach" gemacht werden, ein unangemessener Gewinn. Das jiddische Wort „Reibach" wurde für antisemitische Codes verwendet. So weit, so ungut. Wer es insgesamt nicht so sehr mit Texten hat, möge sich den Film „Schächten" aus dem Jahr 2022 ansehen. Regisseur Thomas Roth hat den Film, der auf wahren Begebenheiten rund um die Geschichte eines „Ehrenwerten" und einer Opferfamilie beruht, in St. Gilgen und Strobl am Wolfgangsee angesiedelt.

Nun aber zum Text – drei „ehrenwerte Bürger": Wilhelm Höttl (1915–1999), Johann Gogl (1923–1987) und Wilhelm Haenel (1891–1967). Alle haben mit dem Salzkammergut zu tun.

▶ Teil einer Performance im Rahmen des Creative Europe Projekts „Libertalia", Traunsee 2022

WILHELM HÖTTL

Der promovierte Historiker Wilhelm Höttl war Mitglied der SS und des Sicherheitsdienstes (SD). Nach der Machtübernahme leitete er in Wien die Abteilung für „Gegnerbekämpfung", darunter Juden und Freimaurer, später wurde er im Reichssicherheitshauptamt in Berlin eingesetzt. 1944, zur Zeit der Massendeportationen, befand sich der SS-Obersturmbannführer als Repräsentant des SD in Budapest. Als Adjutant von Ernst Kaltenbrunner, dem Leiter des Reichssicherheitshauptamtes, und Freund Adolf Eichmanns war er ganz nahe dran am Massenmord.[1] Nach Kriegsende kam er beim Nürnberger Prozess ungeschoren davon, da er als Zeuge der Anklage aussagte. Er wurde vom US-amerikanischen Geheimdienst als Agent angeworben und baute ein Netzwerk von Spionen aus „Ehemaligen" in Österreich und Ungarn auf. Damit hatte er ein gutes Einkommen, er bot sich zudem anderen Geheimdiensten an.[2]

Der flexible Akademiker wurde darüber hinaus als Betreiber einer Privatmittelschule in Bad Aussee bekannt, die er von 1952 bis zum Konkurs 1964 leitete. Dort traf er auf den späteren Wiener Multimediakünstler André Heller, der als Kind in diese Schule gesteckt worden war. Höttl beschrieb Heller als „Typen", an den er mit wenig Freude zurückdachte. Dass Heller Jude war, habe er nicht gewusst, er habe das einzige „Sehr gut" im katholischen Religionsunterricht erhalten.[3] Heller hingegen berichtete, dass er von Höttl als Schüler, in dessen Adern böses Blut fließe, vorgestellt wurde. Viele Lehrer waren ehemalige NSDAP-Mitglieder, „Ausseer Kellernazis". Am Tag der deutschen Burschenschaften, so Heller, wurde u. a. gesungen: „Die Gaskammern waren zu klein, wir bauen größere später, da kommt ihr alle hinein!"[4]

Höttl war in Bad Aussee hoch angesehen, im Salzkammergut, und nicht nur dort, wurde er hofiert. 1995 verlieh ihm der steirische Landeshauptmann Josef Krainer jun. das Große Ehrenzeichen des Landes Steiermark. Proteste der Lagergemeinschaft Mauthausen wurden abgeschmettert.[5] Höttl wurde als Historiker und Gründer des Ausseer Gymnasiums mit dieser Auszeichnung gewürdigt, so als sei nichts geschehen. Lange Jahre lebten ehemalige NS-Täter und -Täterinnen komfortabel und konnten sich integriert fühlen: NS-Untaten als Kavaliersdelikte.

JOHANN VINZENZ GOGL

Das Mitglied der Waffen-SS war Aufseher im KZ Mauthausen, am Loiblpass und in Ebensee.[6] Trotz einer Anzeige von Simon Wiesenthal kam es erst Jahre später zur Anklage wegen mehrerer Verbrechen, etwa der Ermordung von Häftlingen im KZ Ebensee. Die Überlebenden, die vor Gericht aussagten, sahen sich damit konfrontiert, dass ehemalige SS-Männer im Publikum sie mit Zwischenrufen lächerlich machen wollten: „Man hat gedacht, man ist nicht im Jahr 1971, sondern im Jahr 1942", meinte einer der Zeugen.[7] Der Angeklagte behauptete, von nichts zu wissen, es handle sich um Missverständnisse, um Verwechslungen. In Mauthausen und Ebensee sei in seiner Anwesenheit nie mutwillig geschlagen worden, er selbst habe bestenfalls eine „Watsche" verteilt. Die Geschworenen votierten 1971 im Landesgericht Linz mit einem einstimmigen Freispruch. Das Urteil führte international zu einem Skandal, es wurde vom Obersten Gerichts-

hof aufgehoben, das Verfahren in Wien neu verhandelt. 1975 wurde Gogl abermals freigesprochen. Er verließ den Gerichtssaal als der Ehrenmann, als der er schon vorher angesehen worden war. Nach dem Krieg hat er sich unter anderem in Bad Aussee aufgehalten, schließlich ließ er sich im Hausruckviertel nieder. Simon Wiesenthal schrieb über ihn in „Recht, nicht Rache" unter der lakonischen Kapitelüberschrift „Der Tierfreund": „Johann Vinzenz Gogl ist bis heute eines der sozial wertvollsten Mitglieder der Gemeinde Ottnang am Hausruck: Er hat zwei Kinder, ist ein hervorragender Uhrmacher, und seine ganze Liebe gehört den Tieren."[8]

WILHELM HAENEL, BAD ISCHLS „ARISEUR"

Ab 1938 war Haenel ein offensiver Vertreter der NS-Enteignungsmaschinerie, der mit böswilliger Kreativität jüdische Hausbesitzer*innen zwang, auf ihr Eigentum zu verzichten.[9] Kreativität meint etwa, dass im Salzkammergut Sonderregeln bei den „Arisierungen" der circa 120 Villen im Gebiet von Bad Ischl und Bad Aussee galten, darunter eine spezielle, eigenständige „Arisierungsabgabe". Haenel bezog Diensträume im Ischler Rathaus und wurde nach dem Novemberpogrom 1938 nach Wien beordert, um die in Wien lebenden jüdischen Immobilienbesitzer zum Verkauf zu zwingen. Dabei war er nicht zimperlich, sondern drohte mit dem KZ. Der *Kurier* bezeichnete ihn als „Nazi-Erpresser".[10] Ing. Wilhelm Haenel und der Rechtsanwalt Dr. Franz Konrad (1895–1971) können als Gespann bei den „Arisierungen" bezeichnet werden. Konrad genoss als „alter Kämpfer", der in den 1930er-Jahren wegen einer Bombenlegung der „Illegalen" inhaftiert war, NS-Privilegien. Er war Mitglied des Direktoriums der Sparkasse Bad Ischl, die bei den „Entjudungen" aktiv war, und wurde 1939 Beigeordneter des Ischler Bürgermeisters.[11]

Als sich die Ehefrau des Librettisten Fritz Beda-Löhner, Helene Löhner, über den Umgang von Haenel und Konrad bei Gauleiter Bürckel beschwerte, reagierte Haenel: „Unsere Formen waren, wie wir jetzt nachträglich feststellen müssen, viel zu nett ... Wir sehen nun, dass wir als wohlerzogene deutsche Männer mit Frau Beda Löhner zu anständig waren ..."[12] Wie in anderen Fällen wurde ihr und ihrem Mann mit dem KZ gedroht. Der erzwungene Verkauf rettete Fritz Löhner-Beda nicht, er wurde im Dezember 1942 im KZ Auschwitz-Monowitz ermordet. Helene Löhner und ihre beiden Töchter Liselotte und Evamaria wurden im September 1942 im Vernichtungslager Maly Trostinez ermordet. Haenel wurde nach Kriegsende festgenommen. Dass er sich selbst bereichert hatte, stand außer Frage. Haenel war bis 1949 interniert, er galt aber plötzlich als „minderbelastet". In den 1950er-Jahren wurde er rasch wieder zum ehrenwerten Bürger. 1958 stand ihm der Bad Ischler Bürgermeister als Trauzeuge zur Seite, man wollte sogar eine Volksschule nach ihm benennen. Viele Jahre lang war die Villa Haenel-Pancera ein Museum: Gezeigt wurden Kunstgegenstände aus aller Welt, deren Provenienz im Dunklen liegt.[13] Auch Haenels Partner Franz Konrad konnte nach 1945 seine Kanzlei wiedereröffnen, er vertrat Klienten, als sei nichts vorgefallen, und lebte als angesehener Bürger in Bad Ischl.

„STECKNADELN DER ERINNERUNG"

Wir befinden uns im Jahr 2024 und nicht im Jahr 1971 oder 1948. In den letzten Jahrzehnten ist vieles an Vergangenheitsbewältigung geschehen, in Österreich, im Salzkammergut, in Bad Ischl. Heute kann man sich etwa im Zuge des Kulturprojekts „Stecknadeln der Erinnerung" auf die Spuren Haenels begeben, die Verirrungen Franz Lehárs verfolgen, das „jüdische Ischl" erkunden oder dem Widerstand folgen: ein Projekt der Stadtgemeinde.[14] Dennoch, die jahrzehntelange Verdrängung, die Versäumnisse, das langjährige „schlampige Verhältnis" zum Nationalsozialismus wirken zweifellos bis heute nach. ◼

▶
Geniales Versteck 92
Überleben 231
Widerstand 262

Enge

Walter Pilar

Die Seepromenade im Trauneck in Ebensee
heißt „Seufzerallee". Der Ebenseer Schriftsteller Walter Pilar erklärt die Wortbedeutung:

▶ Der Landungsplatz
in Ebensee am Traun-
see mit einer Installa-
tion von Ella Raidel

„Das [Seufzerallee] könnte bedeuten: ich will & kann da nicht mehr bleiben,
möchte weg wie ein Vogel aus dem Käfig ins Freie hinaus, weg aus den Miß-
erfolgen (Gestalten des Mißverstehens, der Mißverständnisse, Mißkredite,
Mißgünste etc.), hinein in erfolgreichere Landstriche oder Städte. Denn-nach-
dem-letzten-Zug bin ich der Enge hier mit Leib & Seele, Herz & Hand ausgelie-
fert, während der Verstand nach Überland hinauszugrasen versucht." ■

▶
Es war einmal und sollte wieder sein 56
Filmwelten 74
Traunseher 226

Der Enthusiast

Günter Kaindlstorfer

Der Gastronom und Galerist Erich Spitzbart
hat die Marktgemeinde Vorchdorf zu einer
Pilgerstätte für Gourmets und Freund*innen
zeitgenössischer Kunst gemacht.

◀ Blick in die Rahmenwerkstatt von Erich Spitzbart

Man muss sich Erich Spitzbart als glücklichen Menschen vorstellen. Für den
kunstbegeisterten Gastronomen aus dem oberösterreichischen Alpenvorland
gibt es nichts Schöneres, als in seiner Rahmenwerkstatt im Zentrum der Marktgemeinde Vorchdorf zu sitzen und Grafiken der niederländischen Schule oder
Meisterzeichnungen der Wiener Moderne mit sachverständig ausgesuchten
Rahmen zu versehen. Spitzbart rahmt so gut wie alle Bilder selbst, die er dem
Publikum in seinen beiden Galerien präsentiert.

„Ich bin ein Wahnsinniger", behauptet der hagere Mittsiebziger mit dem
kurz geschnittenen weißen Haar von sich selbst: „Für eine Kubin-Ausstellung
vor einigen Jahren habe ich 330 alte Rahmen hergenommen, hauptsächlich Sil-
berrahmen, und jede einzelne Grafik persönlich eingerahmt." Eine keineswegs
unübliche Vorgangsweise: Erich Spitzbart macht das immer so, wenn er seine
mehrmals jährlich stattfindenden Ausstellungen vorbereitet. Beim Arbeiten mit
Bilderrahmen hat der Galerist seine Flow-Erlebnisse. Wenn er dann am späten Nachmittag zum Kühlschrank seiner Werkstatt schlapft, um eine Flasche
2017er Chassagne-Montrachet aufzumachen, einen seiner Lieblingsweißen aus
dem Burgund, ist für Erich Spitzbart der Gipfel irdischen Glücks erreicht.

ZWEI KUNSTGALERIEN, HAUBENKÜCHE UND „SCHLOSS HOCHHAUS"

Vorchdorf, zwanzig Kilometer nördlich des Traunsees gelegen, ist nicht gerade das, was man sich unter einer Kulturmetropole vorstellt. Aber seit der gelernte Hauptschullehrer Erich Spitzbart, ein querköpfiger Visionär mit sicherem Gespür für künstlerische Qualität, hier Mitte der 1980er zu schalten und zu walten begonnen hat, ist die Ortschaft zu einer bestens etablierten Adresse in kunstinteressierten Kreisen geworden.

Das hängt nicht nur mit den beiden Galerien zusammen, die Spitzbart im Ortszentrum betreibt, sondern auch mit dem Haubenrestaurant Tanglberg, das auf seine Initiative hin 1989 seine Pforten geöffnet hat. Das Restaurant, in den charaktervollen Renaissance-Gewölben eines ehemaligen „Bürgerspitals" untergebracht, lockt Genießerinnen und Gourmets mit französisch inspirierter Haute Cuisine. Der mit mehreren Gault-Millau-Hauben dekorierte Küchenchef Max Schellerer – er hat in jüngeren Jahren die eine oder andere Kunstgeschichte-Vorlesung belegt – pflegt seine Gäste mit „Foie gras an französischer Blutwurst" oder punktgenau gegarten Onsen-Eiern mit Lardo und Mais als Hors d'oeuvres zu berücken. Als Hauptgang hat Schellerer zarten norwegischen Winterkabeljau oder Languste mit Paprika, Melone und Physalis im Programm. Das Tanglberg gilt seit seiner Gründung vor dreieinhalb Jahrzehnten nach wie vor als eine der ersten Adressen der österreichischen Spitzengastronomie. Kunst und Kulinarik: Für Erich Spitzbart sind das zwei Seiten ein und derselben Medaille. Beides hat mit Sinnlichkeit, Genuss und Kreativität zu tun. So verwundert es nicht, dass er etwa hundert Meter vom Restaurant Tanglberg entfernt – in einem prachtvollen Renaissance-Bau, dem sogenannten „Schloss Hochhaus" – eine zweite Galerie und ein etwas einfacheres Wirtshaus betreibt, in dem ebenfalls erstklassig gekocht wird.

LOCKERER QUALITÄTSPURIST

Ob er sich mit dem Renovieren alter Häuser, dem Kuratieren von Ausstellungen oder dem Etablieren gastronomischer Qualitätsbetriebe beschäftigt: Erich Spitzbart legt in allem, was er in die Hand nimmt, Wert auf höchste Qualität: „Es ist noch gar nicht so lange her, da war eine Durchschnittssemmel noch vernünftig gebacken, knusprig und gschmackig", klagt er, „heute ist sie weich, backmittelverseucht, hohl, geschmacklos und belanglos." Solche Semmeln kommen Spitzbart nicht ins Körberl, weder im vornehmen Tanglberg noch im volkstümlicheren Gasthaus „Schloss Hochhaus", wo „Erdäpfelgulasch mit Würsteln" oder klassischer österreichischer Tafelspitz (allerdings mit Grammel-Erdäpfelschmarrn) auf der Karte stehen.

Erich Spitzbart ist ein Qualitätspurist. Das ist auch in der Galerie zu spüren, die er im zweiten Stock des Schlosses Hochhaus betreibt. Hier präsentiert der Oberösterreicher wechselnde Ausstellungen mit den Highlights seiner Kunstsammlung. Gern kombiniert er dabei Alte Meister mit zeitgenössischer Kunst – keinem kulturwissenschaftlichen Konzept, sondern einzig und allein seiner Intuition vertrauend. Da hängen dann Skizzen des niederländischen Barockmeisters Adriaen van de Velde neben Arbeiten des Neuen Wilden Gunter Damisch, Renaissance-Zeichnungen aus Italien und Frankreich korrespondieren mit Werken von HAP Grieshaber oder Bruno Gironcoli. In anderen Räumen wiederum zeigt Spitzbart Arbeiten von Hubert Schmalix, Anselm Glück, Ingeborg Strobl oder Josef Pillhofer. Ein Schwerpunkt der Spitzbart'schen Sammeltätigkeit ist dem schrägen Berliner Künstlerpaar Eva & Adele gewidmet, die ihr Leben als „selbsternannte Hermaphrodit-Zwillinge aus der Zukunft" in eine Never-Ending-Performance verwandelt haben.

Eine ordnungsgemäße Museumsinfrastruktur mit Kassenschaltern und Saalaufsicht und Ähnlichem gibt es im Schloss Hochhaus nicht. „Bei uns geht's locker zu", betont Spitzbart. „Jeder, der will, kann heraufgehen. Am Freitag hat die Galerie sowieso offen, aber man kann auch an anderen Tagen kommen. Nur bitte vorher anrufen. Es ist immer jemand da, der aufsperrt."

Dass die Vorchdorfer*innen das Treiben Erich Spitzbarts von Anfang an mit Sympathie verfolgt hätten, kann man wahrhaftig nicht behaupten. „Die meisten haben mich schlicht und einfach für einen Verrückten gehalten", erinnert sich der Galerist und Sammler. „Zeitgenössische Kunst – das war in den Achtzigern für viele im Ort noch ein Hobby für Geistesgestörte. Das hat sich in der Zwischenzeit Gott sei Dank geändert. Heute sind die Leute offener."

„DIE ENTHUSIASTEN SCHAFFEN DAS NEUE"
Ein Hang zu konstruktiver Devianz hat Erich Spitzbart immer schon ausgezeichnet. Er sei im nahegelegenen Laakirchen aufgewachsen, erzählt der 75-Jährige, in seiner Hauptschulklasse sei er der einzige Evangelische gewesen. So etwas prägt. „Ich bin stolz darauf, evangelisch zu sein", bekennt er: „Das bedeutet mir etwas." Wobei es kein verkniffener, den Hintern ängstlich zusammenkneifender Protestantismus ist, der Spitzbart beseelt. Ganz im Gegenteil: „Mir ist ein hedonistischer Zugang zur Welt ganz, ganz wichtig. Ohne Sinnenfreude und Genuss könnte ich nicht leben." In Spitzbarts Augen ist das Genießen-Können kein Widerspruch zum Evangelisch-Sein, was er mit dem Hinweis auf ein prominentes Role-Model untermauert: „Ich bin ein leidenschaftlicher Liebhaber Johann Sebastian Bachs. Der hat das gute Leben auch nicht verachtet."

Man muss sich Erich Spitzbart nicht nur als glücklichen, sondern auch als leidenschaftlichen Menschen vorstellen. Nach außen hin wirkt der alte Herr zurückhaltend und manchmal fast schüchtern. Aber der äußere Eindruck täuscht. Erich Spitzbart, das spürt man hinter seiner ruhigen, bedächtigen Fassade, ist ein Enthusiast. Einer, der etwas bewegen will. Einer, der in seinem Leben auch schon eine Menge bewegt hat. Dabei gibt es allerdings ein Problem, wie der Philosoph Ludwig Marcuse völlig zu Recht festgestellt hat: Enthusiasten sind im Vergleich zu den Skeptikern immer im Nachteil. „Denn die Skeptiker haben immer Recht. Die Enthusiasten haben nie Recht. Aber nicht die Skeptiker, sondern die Enthusiasten schaffen das Neue."[1] Fast könnte man meinen, Ludwig Marcuse habe beim Niederschreiben dieser Sätze an Erich Spitzbart gedacht. ■

Es war einmal und sollte wieder sein

Johannes Jetschgo

Wasserwege, Dampfloks, Lokalbahnen: Der
Handel im Salzkammergut beflügelte Transport-
innovationen. Manches was es gab, fehlt heute.

Anhand des Salzkammerguts lässt sich das 19. Jahrhundert besonders gut als
das beschreiben, was es war: das „Jahrhundert Europas"[1], in dem Grenzöffnun-
gen und Innovationen wirksam wurden. Als produktive Gründerzeit, die – auch
für den eigenen Profit – über den Tellerrand hinausdachte. Berge und Seen
waren Schutz und Barriere. Letztere wurden durch beispielhafte Projekte überwunden.

  Daniel Defoe fragte sich 1724 beim Anblick der Kohlehalden in Newcastle,
wer denn den mineralischen Rohstoff überhaupt nutzen würde. Auch wenn die
Industrialisierung im Habsburgerreich erst ein Jahrhundert später ankommen
sollte: Im Salzkammergut hätte man Defoe seine Frage schon beantworten können. Denn die Holzvorräte der Saline gingen zur Neige, man suchte dringend
Ersatz für den Betrieb der Sudpfannen. Wie das Kronland Böhmen Salz, so sehr
brauchte das Kammergut Kohle.

NEUE VERKEHRSWEGE ENTSTEHEN

Handel und Energieversorgung verlangten nach neuen, besseren Verkehrsverbindungen. Der Anstoß kommt von außen. Franz Josef von Gerstner, der Gründer des Polytechnischen Instituts in Prag, erhält 1807 von der Böhmischen Hydrotechnischen Privatgesellschaft den Auftrag, den Verkehr zwischen Budweis und Oberösterreich – und bis ins Innere Salzkammergut hinein – zu verbessern.

Man denkt in Wasserwegen, zwischen Donau und Moldau. Gerstner aber verlässt dieses Schema, zeigt, dass für einen Kanal 290 Schleusen nötig wären, und schlägt stattdessen einen „Eisenweg" vor, dessen Transportleistung die Straße um das Fünffache übertreffen würde. Die Napoleonischen Kriege verzögern die Entscheidung. Aber nach dem Wiener Kongress drängen die Elbe-Anrainerstaaten auf Handelsoptimierung und Gerstners Sohn Franz Anton greift das Konzept des Vaters auf. Er erhält die Konzession für die erste Pferdeeisenbahn auf dem Kontinent, aber keine staatlichen Mittel und muss daher zuerst die Finanzierung aufstellen. Das gelingt ihm mithilfe einer Werbeaktion, einer Modellbahnstrecke im Wiener Prater. 1825 beginnt der Bau.

DIE ERSTE PFERDEEISENBAHN EUROPAS

Franz Anton Gerstner betritt in jeder Hinsicht Neuland. Es gibt Widerstand seitens der Frächter, die Baukosten werden überschritten. Gerstner denkt trotzdem voraus, plant nach Gesprächen mit dem englischen Eisenbahningenieur George Stephenson Kurvenradien, die künftigen Dampflokbetrieb erlauben, verwendet die neuesten „Schalengussräder", nimmt, um die Aktionäre zu motivieren, 1827 eine Teilstrecke in Betrieb, wird aber 1829 als Bauführer entlassen und kann sein Pionierwerk nicht selbst vollenden. Er wird von Matthias Schönerer abgelöst, der nun die Strecke billiger, technisch anspruchsloser und – weil für Dampfbetrieb nicht mehr geeignet – nicht vorausblickend fertigstellte. Es war eine Sparvariante.

Es fehlte, wie so oft in Österreich, an Kapital. Der Handel, Basis der Kapitalbildung und Industrialisierung in England, war im Habsburgerreich unterentwickelt. Innovative Köpfe mussten mehr Überzeugungsarbeit leisten.

Bereits während des Baus der Nordstrecke nach Budweis bemühte sich Francesco Zola, ein Vermessungsingenieur aus Triest im Team Gerstners, um die Bewilligung zum Bau der Strecke Linz–Gmunden, um auch hier einen Schienenweg für jährlich 600.000 Salzfässer und für den Personenverkehr zu errichten. Die Saline selbst stemmte sich dagegen, die Traunschiffer erst recht. Auch für Zola, übrigens der Vater des Schriftstellers Émile Zola, versiegen zunächst die Geldquellen. 1836 wird dann aber der Verkehr Gmunden–Budweis aufgenommen, die Bahn wird im wahrsten Sinn ein „Siegeszug" für Österreich.

DAMPFLOKS UND „FELSENSTRASSE"

Ab 1855 fahren Dampfloks zwischen Linz und Gmunden, die Fahrzeit verkürzt sich von einem Tag auf fünf Stunden. „Es ist wirklich ein Flug", hatte ein englischer Politiker schon ein Vierteljahrhundert vorher vermerkt, und Erzherzog

metropa

the european train network
le réseau européen des trains
das europäische bahnnetz

Cen Centropa
Pan Paneuropa
Med Mediterranea

GLASGOW **L 9**

DUBLIN
L 4

Liverpool
Birmingham
London **Pan B**
Amsterdam

OSLO

Göteborg
Stockholm
Turku

København
Hamburg

Berlin **Pan B**
Poznań

L 8
L 7

HELSINKI

Tallinn
Riga
Vilnius

L 2

St. PETERSBURG
С. Петербург

L 5

Weliki Nowgorod
Великий Новгород

Smolensk
Смоленск

Minsk
Мінск

L 8

MOSKWA
Москва

L 9

Bruxelles/
Brussel
Köln
Hannover

Cen

Warszawa

Pan

Homel
Гомель

PARIS **L 3 L 6**
Cen Pan

Frankfurt
Luxembourg
Nürnberg

Wrocław

Lwiw
Львів

Kyjiw
Київ

CHARKIV
Харків

L 6

Tours
Stuttgart
Zürich
Innsbruck

Plzeň
Praha

Kraków

Winnyzja
Вінниця

L 5B

München
Salzburg
Wien

Bordeaux
Genève

Verona
Bratislava

Chişinău
Кишинёв

Lyon
Milano

Ljubljana
Zagreb

Budapest

L 14

Cluj-
Napoca

L 7B

Bologna

Toulouse
L 15
Bilbao
Porto

Genova
Marseille

Pescara
Roma
Split

Sarajevo

Beograd
Београд

Bucureşti

Warna
Варна

BARCELONA
Med

Madrid
Sevilla

Niš
Ниш

Podgorica
Подгорица

L 34

Sofia
София

ISTANBUL
L 4

LISBOA
L 5

Algier
الجزائر

TUNIS
تونس

NAPOLI
L 7

PALERMO

Med B

Skopje
Скопје

Tiranë

Plovdiv
Пловдив

Ankara

Adana

Haleb حلب

Tanger
طنجة

L 1B

THESSALONIKI
Θεσσαλονίκη

L 34

Dimašq دمشق

Casablanca
الدار البيضاء

ATHINA
Αθήνα

Amman عمان

MARRAKECH
L 1
مراكش

L 2
Med L 3

TEL AVIV-JAFFA
תל-אביב-יפו
L 1

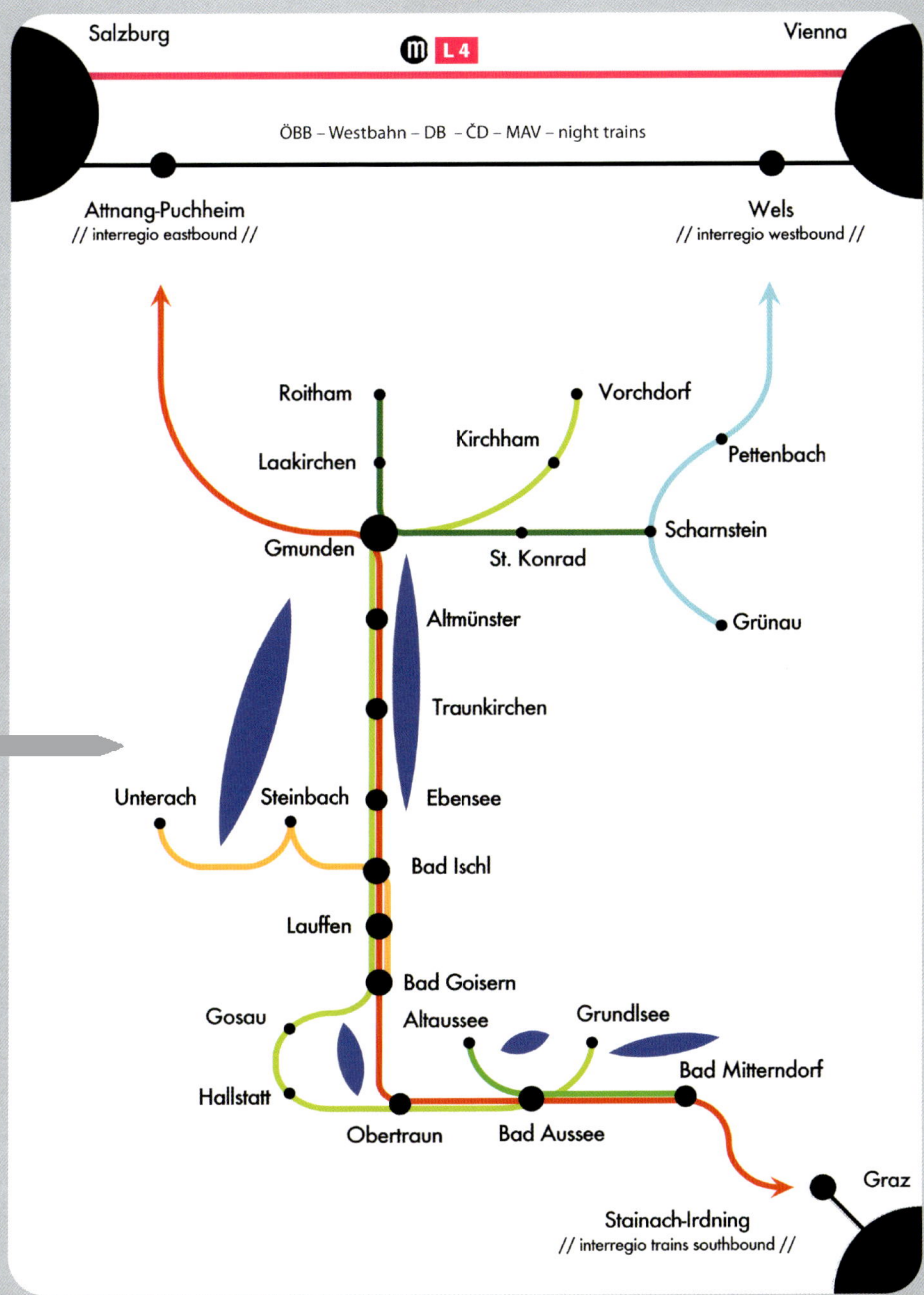

Salzburg — M L4 — Vienna

ÖBB – Westbahn – DB – ČD – MAV – night trains

Attnang-Puchheim
// interregio eastbound //

Wels
// interregio westbound //

Roitham
Laakirchen
Kirchham
Vorchdorf
Pettenbach
Gmunden
Scharnstein
St. Konrad
Grünau
Altmünster
Traunkirchen
Unterach
Steinbach
Ebensee
Bad Ischl
Lauffen
Bad Goisern
Gosau
Altaussee
Grundlsee
Hallstatt
Bad Mitterndorf
Obertraun
Bad Aussee
Graz
Stainach-Irdning
// interregio trains southbound //

Stefan Frankenbergers Vision
eines mit Europa vernetzten
Salzkammerguts

Johann, der Aufgeklärte unter den Habsburgern und Reformer seiner Wahlheimat Steiermark, hatte sich persönlich in Birmingham über technische Standards informiert.

1861 wird die „Felsenstraße", der Landweg zwischen Traunkirchen und Ebensee, eröffnet, gebaut von 600 italienischen Arbeitern. 1877 nimmt die Kronprinz Rudolf-Bahn von Attnang-Puchheim bis Stainach-Irdning ihren Betrieb auf und legt damit eine zweite Nord-Süd-Achse. Die Öffnung durch Straße und Schiene treibt Güter- und Personenverkehr voran, fördert die Mechanisierung, vor allem die Umstellung von Holzbefeuerung auf Hausruckkohle in der Salzproduktion.

DIE FAMILIE LANNA – INFRASTRUKTUR-PIONIERE

Das Salzkammergut bringt viele Infrastruktur-Pioniere hervor. Wenn man von den Baumeistern der Soleleitung und den Konstrukteuren ausgeklügelter Holztriften im Spätmittelalter absieht, ist es im 19. Jahrhundert vor allem die Schiffsbauerfamilie Lanna, die zu diesen Pionieren gehört. Sie war von Ebensee nach Budweis übersiedelt. Adalbert Lanna I. wurde ebenfalls Schüler des alten Gerstner und war als Unternehmer ein klassischer Selfmademan, der Moldau und Elbe schiffbar machte und sich auch für die Bahnstrecke nach Oberösterreich einsetzte. Sein Sohn Adalbert II. erweitert das Geschäft auf Stahlwerke, Kohlegruben und Eisenbahnen. Er wird ein großer Mäzen in Bildung und Kunst, baut eine Villa in Gmunden und eine in Prag-Bubeneč, wo er im „Traunsee-Salon" das Salzkammergut mit der Arbeitswelt und Landschaft seiner Vorfahren als Wandmalerei aufleben lässt.

UNTERNEHMER MIT VERANTWORTUNG UND LIBERALEM GEIST

Es handelt sich um eine Unternehmergeneration mit gesellschaftlicher Verantwortung. Schon Joseph Dierzer hatte mit seiner Theresienthaler Spinnerei in Gmunden Ersatz für schwindende Salinenarbeitsplätze geschaffen, denn es gab „Modernisierungsverlierer". Franz Christian Feurstein, der ehemalige Bahnarzt und Marketingpionier, macht Gmunden 1862 erfolgreich zum „Curort". Carl Clusemann und August von Barber gründen die Papierfabrik Steyrermühl, vor allem aber 1872, gemeinsam mit ihrem Kunden Moriz Szeps, die Steyrermühl AG, die Papierproduktion, Druckerei und Verlagsgeschäft vereint. Dieser Medienverbund publiziert Das *Neue Wiener Tagblatt*, das Organ der Liberalen, eine Plattform, die gegen Nationalismus und Antisemitismus Stellung bezieht. Ein engagierter Freund und Mitarbeiter, inkognito, war Kronprinz Rudolf. Er wurde nicht nur Namenspate der Eisenbahn zur Erschließung des Inneren Salzkammerguts, sondern trat journalistisch demonstrativ für Toleranz, Parlamentarismus und industriellen Fortschritt ein. All diese Namen sind wert, erinnert zu werden.

Es war also nicht allein das Netzwerk Eisenbahn, das als Inbegriff von Modernität Raum und Zeit neu definierte und in der „Salzbahn" in Österreich seine Premiere feierte. Im Zuge der Industrialisierung entstand auch hier ein weltoffener Geist. Erst Finanzspekulation und der Börsenkrach von 1873 haben diesen Liberalismus diskreditiert.

DIE ISCHLERBAHN NACH SALZBURG

„Es war einmal" eine Zeit innovativer Impulse. Sie hatte mit der Bahn begonnen. Sie wurde später von den Ingenieuren Stern & Hafferl und ihrem ersten österreichischen Elektrizitätsverbund weitergeführt. Zu deren Infrastrukturunternehmen gehörte auch die Lokalbahn zwischen Bad Ischl und Salzburg. An ihr statuierte die Verkehrspolitik der jungen Zweiten Republik ein Exempel der Kurzsichtigkeit. Obwohl die Bevölkerung für den Erhalt der gut ausgelasteten Strecke demonstrierte, obwohl Stern & Hafferl ein solides Investitionskonzept vorlegten und ein Kredit im Rahmen des Marshallplans bereits bewilligt war, ließen Landes- und Bundespolitik die „Ischlerbahn" 1957 kurzerhand stilllegen und abreißen.

„Es sollte wieder sein": Seit mehr als zehn Jahren bemüht sich ein Verein um die Wiedererrichtung als Regional-Stadtbahn. Als Alternative zum Individualverkehr, als Teil einer Energiewende, für die es im Salzkammergut – Linsinger Maschinenbau betreibt hier die erste wasserstoffbetriebene Bahnbau-Garnitur – handfeste industrielle Beispiele gibt. Die „Ischlerbahn" war mehr als das sentimentale Relikt, als das sie in Franz Antels Nachkriegsfilm „Kaiserball" mumifiziert wurde. ∎

▶
Der Berg spricht 16
Des Kaisers Geld 116
Kreislaufwirtschaft 135

Ex Libris

Entdeckung eines Museums: Das kleine „Schriftmuseum Bartlhaus" in Petten-
bach im Almtal beherbergt eine grandiose Sammlung von rund 60.000 Ex Libris.
Eine kleine Auswahl daraus.
Die Bildlegenden zu den nummerierten Ex Libris s. S. 278 f. ■

▶
Der Enthusiast 53
Vereinskultur 234
Warten auf Frau Wolf 258

EX LIBRIS HELGA SCHEICHER

1

EX LIBRIS PAULA BRULL

2

ALICE BIRNHOLZ

3

EX LIBRIS
WILHELM WISZKOCSIL

4

MEIN BUCH · V · R ·

Ich hasse die lesenden Müssiggänger

5

EXLIBRIS
KARDINAL
DR. F. G. PIFFL
FÜRSTERZBISCHOF

6

MEIN BUCH
LORE BEISSNER

7

EXLIBRIS
MIA
BUBNIK

8

L
EX LIBRIS

9

EXLIBRIS J. H. A. JANSEN

10

11

12

13

14

15

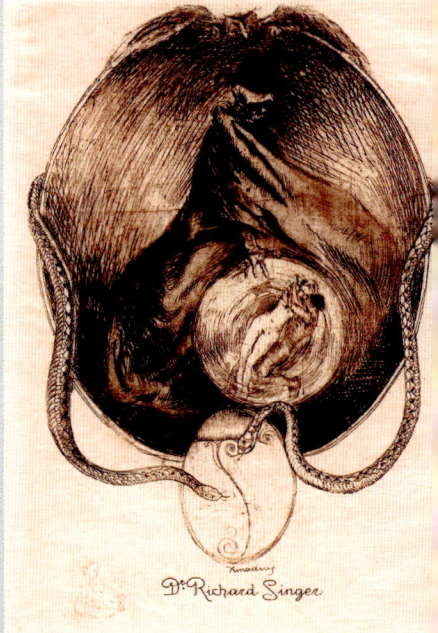

16

17

18

19

EX LIBRIS HANS FRANK

20

EX LIBRIS Dr LEO LIPPMANN

21

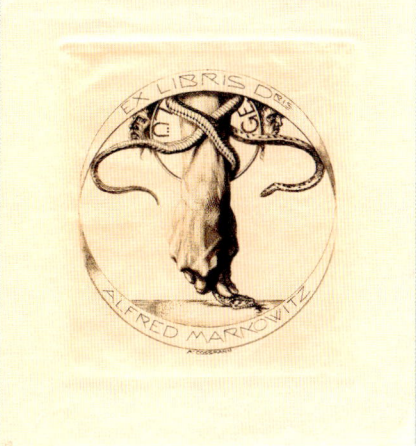

EX LIBRIS Drs ALFRED MARKOWITZ

22

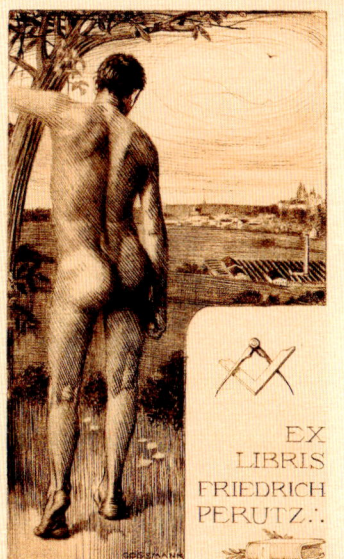

EX LIBRIS FRIEDRICH PERUTZ∴

23

EX LIBRIS HELMUT LANG

24

AUS DER BÜCHEREI HELMUT KOTHBAUER

25

BARBARA & WERNER DANIEL

26

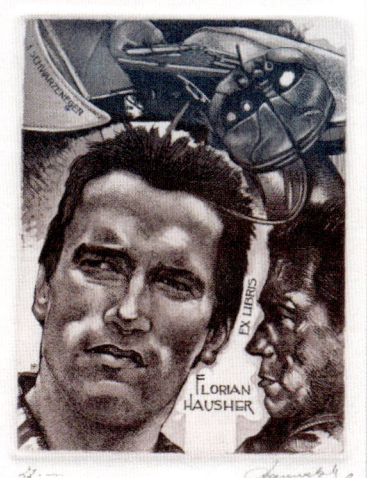

EX LIBRIS FLORIAN HAUSHER

27

EX LIBRIS HANS SACHSEL

28

Feministische Gstanzln

Markus Binder

Die Inhalte traditioneller Vierzeiler, auch Gstanzln genannt, sind oftmals witzig und widerständig, vielfach aber auch männerverherrlichend, grundkatholisch und frauenfeindlich. Nachdem nicht bekannt ist, dass bislang feministische Gstanzln verfasst worden sind, hat sich Markus Binder mit dieser Aufgabe auseinandergesetzt, weil er selbst Feminist ist und lieber in einer gleichberechtigten Gesellschaft leben möchte. Entstanden sind die folgenden 32 Vierzeiler, aufgeteilt in acht Kapitel. ∎

▶
Dirndl 38
Fest im Sattel 71
Frauenalltag im Salzgebirg 82

1 odrahn

wos der mau sogd über dfrau
des ged mi scho so au
jedes wort des er sogd
kaunst in mistküwi haun

er dirigiert und diktiert
und er paternalisiert
i hob scho so a wut
auf den deppadn dude

er kumt auf olles mögliche
er redt und redt und redt
dass er amoi sei pappm hoit
auf des kumt er ned

die oide maunaenergie
is laut und fett und breit
und wird jetzt endlich odrahd
is e scho hechste zeit

2 umdrahn

die maunaenergie
is destruktiv und dumm
drum drahma die verhältnisse
jetzt endlich amoi um

und mauna die verdienan
nur mehr hoib so vü wie fraun
deafn nimma wähln geh
und a ned autofoan

ka internet für mauna
ka mau im parlament
ka mau is mehr zum seng
bei irgendan event

auf bühnen nur mehr fraun
nur mehr fraun im te vau
es gibt jo wirklich niemand mehr
der mauna auschaun kau

3 umasunst

biacha haumma glesn
füme haumma gschaut
olle nur vo mauna gmocht
olle daunighaut

musi haumma aughoacht
uns einizong die kunst
olles nur vo mauna
olles umasunst

mia woan in so vü länder
und haum des ned kapiert
regian dan fost nur mauna
wean olle oserviert

mia woan in hundert firmen
in gschäftln auf da gossn
die schefs woan fost nur mauna
olle wean entlossn

4 oiwei des söbe

und die frau die hod gmocht
und hod gsogd und hod dau
und direkt nebm ihr
is er gschtaundn da mau

und die frau die hod gsogd
wos schausdn so bled
und da mau hod bled gschaud
owa gredt hod er ned

und wia er wos gsogd hod
des wüst goa ned hean
woa oiwei des söbe
und des woa zum rean

die frau die hod weidadau
duad oiwei nu weida
und da mau wos er sogd
wird nu oiwei ned gscheida

5 gewoit

seit hundertausend joa scho
seit der zeit im woid
mochn si die mauna wichtig
olles mit gewoit

die fraun de mochn des und des
sie dan wos eana gfoid
die mauna song des passt ma ned
olles mit gewoit

de frau die duad sie kümmern
olles unbezoid
der mau der fint des super
olles mit gewoit

er schaut dass er
des ungerechte aufrecht erhoit
für des hengt er sie eini
olles mit gewoit

6 kindergärtner

des ungerechte is die schlechte
geschlechterstruktur
die mauna gockln umanaund
und olle schaun zua

dass si des zügig ändert
und des scho möglichst boid
für des miassma wos mochn
wei sunst weama ned oid

gewoit is primitiv
is deppad und stupid
gewoit muas endlich weg
wie jeder femizid

a mau ois kindergärtner
is des wos olle gfoid
des kau jo ned so schwierig sei
gauns ohne gewoit

7 oghaut

er hod gmaand er is a liawa
hod a aungenehmes gmiad
dawei nervt er nur olle
hods bis heite ned kapiad

und er is aggressiv woan
er hod sie scho fost ghaut
und sie sie is oghaut
und er hod bled gschaut

die mauna de haum glaubt
sie haum olles richtig gmocht
haum auzahd ois wie
und jetzt is olles hi

die luft und da bodn
und die temperatur
und es kumt ma so vor
sie haum nu immer ned gnua

8 internationale

die fraun haum si versaumid
olle woan dabei
schluss mit da vaoaschung
des is jetzt ois vorbei

wos wüst mit deim matschismus
mentalprimitiver
des wü neamd mehr kapiastas
brutalnormativer

zaschdöaz die männerbünde
mitsaumt die kapitale
feministisch is sie jetzt
die internationale

die hülln kaust zerknülln
in denen wir nu steckn
die frauen üwanehman
die mauna höffm mit

▶ Zwei Frauen in
Tracht beim Narzissen-
fest in Bad Aussee

Fest im Sattel

Mareike Fallwickl

Eine kurze Erzählung über das Patriarchat, die
Alm, eine Frau namens Maridi und die inneren
Orte, an die Männer nicht können.

So ein Ausblick nutzt sich irgendwann ab. Der Ausblick ruft: Hier ist der Berg,
dort ist das Tal, ich bin die Tiefe und das Universum. Die Maridi hört nicht mehr
hin und sieht nicht mehr hin. Sie schaut nach innen. Und obwohl der Ausblick
eh schön ist, das muss man sagen, das muss man den Touristen lassen, ein bisserl ein Verständnis muss man haben für die Fotomacherei, innen in der Maridi
ist es noch viel schöner. Innen in der Maridi sind nämlich noch alle am Leben,
die draußen am Berg nicht mehr am Leben sind.

Seit die Maridi so tut, als wäre sie verrückt, hat sie ihre Ruhe. Die Ruhe
zu haben, ist beim Nach-innen-Schauen wichtig, weil es in einem Menschen
drinnen leise ist. Die Seele wohnt da und ist empfindlich. Die Maridi hat abgeschlossen mit der Sonne, die aufgeht und untergeht, mit dem Bacherl, das
sprudelt, mit den Wanderern, die raufkommen wegen der Brettljause und der
Auszeit vom Alltag. Wenn es viele Wanderer waren, hat der Gruber Hans gesagt:
Tu weiter, Maria, du Gfrast, was stehst mir im Weg, und gelacht hat er. Dabei hat
die Maridi viel schneller einen Kaiserschmarrn machen können als er, besser
geschmeckt hat der auch.

Die hat einen Unfall gehabt, hat er behauptet, wenn mal einer gefragt hat,
ist die wo ang'rennt?

So kann man das natürlich auch sagen. Aber Wahrheit ist es nicht mal die
halbe.

Inzwischen ist das wurscht, die Maridi hat sich befreit. Denn so weit nach innen in die Maridi, wo sie wirklich ist, so weit kann der Gruber Hans nicht. Er hat es versucht, freilich hat er das, mit den Fingern und mit dem Schwanz, aber so weit weg ist die Maridi, so weit in der Seele, dafür ist der Schwanz vom Gruber Hans zu kurz. Alle Männerschwänze sind zu kurz dafür, und keiner will es glauben. Sie tun, was ihnen einfällt, und mit Gewalt, um die eine Stelle zu erreichen in den Frauen, die anders ist und geheim und den Frauen zu eigen, sie tun, was ihnen einfällt, und mit Gewalt, damit die Frauen mürbe werden und fügsam, sie wissen, dass sie es nicht schaffen, nicht ganz. Man wird wütend, wenn man mit seinem kurzen Stummel keine Seele aufspießen kann. Bei dem Gedanken muss die Maridi lächeln, und darüber freut sie sich, weil das Lächeln ihr zeigt, dass das Gesicht noch da ist. Als der Gruber Hans sie immer angegriffen hat, in der Stube und unten im Skikeller, hat sie das nicht mögen, aber jetzt, wo niemand sie mehr angreift, ist es schwierig, zu wissen, ob sie eine Begrenzung hat.

Die geheime Stelle in den Frauen drin ist das Einzige, was den Männern nicht gehört. Sonst gehört ihnen in den Bergen alles, und na ja, unten im Tal auch. Im Tal können sie es nur ein bisserl besser verbergen, dass die Frauen keinen Schutz haben und keine Gerechtigkeit, hier oben ist das nicht nötig. Hört sie ja keiner. Die Höfe tragen die Namen der Männer und die Söhne auch, den Grund teilen sie untereinander auf und die Wiesen und die Steine, die Frauen haben einen Wert wie Kühe. Arbeitsviecher halt. Und wenn sich eine beschwert, sagen sie: Das handhaben wir seit Jahrhunderten so. Wegmachen wie das Kind kann der Gruber Hans die Maridi nicht, auch wenn er gern würde. Er ist ihr was schuldig, wegen der Mama.

Der Ausblick lockt die Leute an. Er ruft: Hier ist der Berg, dort ist das Tal, ich bin der Schweiß und die Sehnsucht. Die Wanderer schnaufen herauf und hoffen, dass die Einsamkeit auf dem Gipfel bleibt. Die Maridi hat viele Wanderer gesehen, die versucht haben, das Einsame abzuschütteln, mei, die frische Luft, haben sie gesagt, die tut gut, dann haben sie sich Erleichterung eingebildet, aber als sie wieder runtergegangen sind, ist ihnen die Einsamkeit am Rücken geklebt wie ein Spuckefleck. Die Maridi hat gekichert. Froh war sie, weil Einsamkeit haben sie selber. Sie haben sonst nicht viel, aber davon genug.

So zu tun, als wäre sie verrückt, gelingt der Maridi seit letztem Herbst, als der Gruber Hans sie mal wieder in der Wirtschaft verspottet hat. Die Klapperte, hat er gesagt, runterschubsen sollt ich sie, den ganzen Berg runter, um die ist es nicht schad, und da hat der Körper von der Maridi sie freigegeben. Aufgebäumt hat er sich und geknurrt, eh immer nur geschubst, eh immer nur geschubst!, verkrampft hat er sich, gezuckt und geschäumt. Die haben sich vielleicht erschrocken. Sie hat einen Anfall, haben sie gesagt, und stumm hat die Maridi gelacht vor Freude und sich nach innen fallen lassen. Der Gruber Hans hält seitdem sein Maul.

Mit dem Kind wär es nicht so einsam gewesen, das muss man schon sagen, das muss man der Maridi lassen, ein bisserl ein Verständnis muss man haben für diesen Gedanken. Mit dem Kind hätte die Maridi den Blick gleiten lassen können, weiter als bis zur Wiese, weiter als bis zum Bacherl, sogar bis zum Horizont, und am Ende hätte das Kind sie mitgenommen dorthin, wer weiß das schon so genau.

Die Maridi sitzt da zur Strafe. Nicht zu ihrer Strafe, sondern zu der vom Gruber Hans. Sie steht nicht mehr auf und hilft nicht mehr und gibt nicht mehr nach und lacht nicht mehr mit. So schaut das dann aus, wenn eine mürbe geworden ist, das habt ihr davon. Die Männer können sie sehen durchs Fenster, wenn sie vorbeigehen, dann verstummen sie. Die Maridi ist ein atmendes Mahnmal und macht ihnen Angst. Zu Recht, würde sie sagen, wenn sie noch was sagen würde, zu Recht. Hättet ihr halt nicht alle so fest. Hättet ihr halt nicht alle so rein. Hättet ihr halt nicht alle auf einmal.

Die Maridi spielt gern mit dem Schrecken der Männer. Mit den Augen rollt sie, und sie schafft ein Stöhnen, das kommt aus der hinteren Schicht vom Bauch. Ein bäriges, ergebenes Stöhnen ist das, wirklich schön. Die Männer kippen dann hastig einen Schnaps, und die Maridi weiß, dass er ihnen lange brennt im Hals. Weil so viel aufsteigt, das sie runterwürgen müssen. Weil sie sich fürchten, es könnte jemand merken, wie ihnen die Hände zittern. Wie ihnen die Hände zittern und die kleinen Schwänze.

Die Mama hat der Maridi oft die Wange gestreichelt, da hat sie noch gewusst, dass sie eine Begrenzung hat. Im Gesicht hat sie es gespürt und im Herzen auch, das ist jetzt aber eingeäschert. Die Finger von der Mama waren rau, Bauersfraufinger, aufgerissen, hinnig. Die Stimme von der Mama war warm, wie Butter, die auf frischem Brot schmilzt, hat sie geklungen, und innen, im Seelentunnel, gibt es die Stimme von der Mama noch, dort geht nichts verloren. Die Maridi kann sich kaum satthören daran.

In der Seele ist die Mama noch am Leben und das Kind. In der Seele ist es leise und trotzdem nie einsam. Da muss die Maridi nichts sehen, keinen Berg und kein Tal, keinen Ausblick, keine Wanderer und schon gar keine Kühe, sie hat sich befreit, denn drinnen in der Maridi, ganz, ganz weit drinnen in den Frauen, da gibt es eine geheime Stelle, da können die Männer nicht hin. ■

Filmwelten

Bernadette Wegenstein

Das Salzkammergut als Filmkulisse ist vor allem mit zwei Arten von Geschich-
ten assoziiert: mit romantischen Liebesgeschichten und, seit Neuestem, mit
Kriminalgeschichten. Das Thema der romantischen Liebe wird seit den 1950er-
Jahren vor allem in Komödien und Seifenopern aufgegriffen, während sich die
Kriminalgeschichte kürzlich zum Thriller weiterentwickelt hat und vorwiegend in
Fernsehproduktionen zu sehen ist.

Gleich zu Beginn möchte ich klarstellen, dass ich beide Genres als klassische Thematisierung von Motive der Verdrängung verstehe, vor der Kulisse der
atemberaubenden Schönheit dieser Region, die insbesondere durch ihre mys-
teriösen Seen repräsentiert wird. In anderen Worten: Liebe und Verbrechen sind
beliebte Motive einer Form des Eskapismus, der es dem Publikum erlaubt, kurz
in eine Welt mit Happy Ends und unmöglichen oder im echten Leben zumindest
unwahrscheinlichen Auflösungen einzutauchen. So werden im Genre des „Heimatfilms" Klassenunterschiede überwunden, wenn zum Beispiel der Kaiser von
Österreich einen ungestümen Teenager aus einer bayerischen Adelsfamilie heiraten kann („Sissi", 1955), wenn ein österreichischer Baron eine Nonne heiratet

1   2   3

(„Die Trapp-Familie", 1956, und „The Sound of Music", 1965) oder wenn ein charmanter Kellner (gespielt vom legendären Schauspieler Peter Alexander) zum Wirt eines Luxushotels am See aufsteigt („Im weißen Rößl", 1960). Im Thriller- und Horrorgenre werden wiederum andersartige Grenzen überschritten, zum Beispiel wenn es Teenagern gelingt, eine Mordserie nach jahrelanger vergeblicher polizeilicher Ermittlung aufzuklären, indem sie die Serienmörderin mitten auf dem Traunsee auf einem wackeligen Boot festzusetzen versuchen und dabei ertränken („In 3 Tagen bist du tot", 2006), oder in einer jüngeren Folge der Fernsehserie „Tatort" („Wahre Lügen", 2019), in der eine Leiche in einem Auto im Wolfgangsee die polizeilichen Ermittlungen mysteriöserweise in die dunkle Welt des illegalen Waffenhandels führt.

„SISSI" – KITSCHIGER HEIMATFILM-PROTOTYP

Eingangs wollen wir uns nun dem Film widmen, der meines Erachtens den Grundstein der „Heimatfilm"-Melodramen legt. Es handelt sich um den ersten Teil der klassischen „Sissi"-Filmtrilogie (1955), „Nach Ischl", der, wie der Titel schon anklingen lässt, in der Szenerie des Salzkammerguts angesiedelt ist. In dieser märchenhaften Geschichte bittet kein Geringerer als der Kaiser von Österreich um die Hand einer jungen Prinzessin (oder richtiger: Er *fordert* ihre Hand). Doch seine Mutter, die Erzherzogin Sophie, ist dagegen, weil sie Sissi nicht für würdig hält, Kaiserin zu werden. In einer Szene des Films sehen wir Ludovika von Bayern, gespielt von Magda Schneider (der Mutter von Romy Schneider), die ihre Töchter Helene (Nene) und Elisabeth (Sissi[1]) auf ihre Abreise nach Bad Ischl vorbereitet, wo der junge Kaiser Franz Joseph seinen Geburtstag feiert. Im Hintergrund der Szene spielt ein Dienstmädchen Chopins romantischen Walzer As-Dur, op. 69 Nr. 1, den sogenannten „Abschiedswalzer"; eine musikalische Vorankündigung, dass dies auch der Abschied von Sissis Kindheit sein könnte.

Nachdem die sechszehnjährige Sissi und ihre Entourage in Bad Ischl angekommen sind, schleicht sich der Teenager heimlich davon, um angeln zu gehen – und „fängt" sich versehentlich den Kaiser höchstpersönlich, wie sie es nennt, in dessen Jacke sich ihr Angelhaken verhakt (Bilder 1–2). Als der Kaiser bemerkt, dass dieser Angelhaken zu der schönen, jungen Sissi gehört, steigt er aus seiner Pferdekutsche und schlägt ihr einen Spaziergang vor, mit ihr allein, ohne ihre Entourage, um ihr die Schönheit der Natur in Bad Ischl zu zeigen (Bild 3): „Machen wir einen kleinen Umweg und ich zeig' Ihnen bei der Gelegenheit gleich ein bisschen von der schönen Umgebung von Ischl." Als humorvolle Einlage folgt der von Josef Meinrad gespielte Polizist Major Böckl seinem Kaiser heimlich, denn er vermutet in Sissi eine Terroristin.

4 5 6

In diesen Szenen ist die Schönheit des Salzkammerguts sowohl Kulisse als auch Teil der romantischen Handlung, da Franz Joseph seiner neuen Bekanntschaft die atemberaubende Landschaft zeigen will. Die Natur Bad Ischls bleibt unlöslich mit den Figuren verwoben und wird nicht für sich gezeigt, denn es gibt nur wenige Establishing Shots der Umgebung, während die Figuren nahtlos in die Landschaft integriert werden und durch die Farbwahl, die Komposition und die Kameraeinstellungen mit ihrer Umgebung verschmelzen.

Nach dieser ersten Zufallsbegegnung vereinbart das Paar ein geheimes Rendezvous (Bilder 4–6), bei dem Sissi dem Kaiser Gedichte vorträgt und Zither spielt, ein beliebtes, traditionelles lokales Instrument. In den ruhigen Wäldern und nur bezeugt von unbemerkt vorbeihuschenden Rehen verliebt sich das junge Paar vor der Kamera ineinander. Die romantische Atmosphäre wird farblich durch die sanften Agfacolor-Pastellfarben untermalt, in denen diese Szene gedreht wurde; ein Kontrast zum kräftigen Technicolor der Hollywood-Filme der 1950er-Jahre.

„IM WEISSEN RÖSSL" – SEXISTISCHE HEIMATFILM-MUSIKKOMÖDIE

Die musikalische Komödie „Im weißen Rößl"[2] (1960), die im gleichnamigen Hotel am Wolfgangsee spielt, das heute noch existiert, setzt die Tradition der im Salzkammergut spielenden „Heimatfilme" fort. Gleich zu Beginn des Filmes gibt es mehrere Anspielungen auf Kaiser Franz Joseph, der im berühmten „Kaiserzimmer" des Hotels zu wohnen pflegte, wie den ankommenden Gästen laut verkündet wird. Auch das Boot, das sie über den See bringt, heißt „Kaiser Franz Joseph". In dieser romantischen Komödie in Technicolor-Farben finden gleich mehrere Paare vor der Kulisse der prächtigen Landschaft die Liebe. Dazu zählen Klärchen Hinzelmann (gespielt von Estelle Blain[3]) und Sigismund Sülzheimer (gespielt vom berühmten Komödien-Star Gunther Philipp), der ihr Vater hätte sein können, die sich vor der Kulisse des Sees, in dessen Wasseroberfläche sich nahezu unschuldig die Kirche spiegelt, ineinander verlieben (Bild 7). Dr. Otto Siedler (gespielt von Adrian Hoven) entbrennt in Liebe auf den ers-

7 8 9

ten Blick für Brigitte Giesecke (gespielt von Karin Dor), die Tochter des wohlha-
benden Fabrikanten und seines Erz-Geschäftskonkurrenten Wilhelm Giesecke.
Wie Sissi und Franz bei ihren Abenteuern in Ischl wird auch dieses Paar vor der
Kulisse des Bergpanoramas und der typischen Architektur des Salzkammerguts
inszeniert, sodass man meinen könnte, trotz der angespannten Geschäftsbezie-
hung gibt die Natur dem Paar ihren Segen, was sich auch in der Farbkomposi-
tion ihrer Kostüme spiegelt (Bilder 8–9).

Der Sexismus dieser Epoche, der 1960er-Jahre, sorgt in „Im weißen Rößl"
für so manch lustige Szene. Zum Beispiel wenn Klärchen, die immer nur mit
verniedlichendem Diminutiv gerufen wird, Sigismund warnt: „Wenn Sie versuchen, mich zu küssen, dann erleben Sie etwas!", woraufhin er antwortet: „Das
ist genau das, was ich möchte." Auch Klärchens Vater, die Figur Wilhelm Giesecke (gespielt von Erik Jelde), sorgt für humorvolle Szenen. Der Berliner steigt
in Lederhosen auf den Schafberg und erreicht außer Atem den Gipfel, wo er auf
eine zünftige Frau in typisch österreichischer Kleidung trifft, deren Hut ein Teil
der hochalpinen Landschaft sein könnte (Bild 10). Als sie ihn auf die Schönheit
der Seen hinweist, gibt er sarkastisch zurück: „Glauben Sie, ich bin hier oben
raufgeklettert, um zu sehen, wie schön es da unten ist?"

Wie in der „Sissi"-Trilogie werden die dramatischen und humorvollen Aussagen der Figuren mit der Landschaft sowie, in anderen Szenen, Liedern oder
traditionellen Tänzen hinterlegt, die an Leni Riefenstahls Propagandaästhetik
gemahnen, die Populismus und athletische Sportler-Körper in Szene setzte und
glorifizierte (Bild 11). Der Hauptdarsteller Peter Alexander in der Rolle des Ober-
kellners Leopold Brandmeyer, der sich unsterblich in seine Chefin, die Rößl-
wirtin Josepha Vogelhuber (gespielt von Waltraut Haas), verliebt hat, tritt oft
an der Seite seines treuen Sidekicks Franzl auf (gespielt von Frithjof Vierock),
des „Piccolo", also des Hilfskellners. Als der Piccolo Leopold erzählt, dass er
glaube, dass Fräulein Vogelhuber sich in Dr. Siedler verliebt habe, ist dieser
zutiefst enttäuscht und fragt: „Was will denn eine Wirtin mit einem Doktor?"
Piccolo pflichtet ihm schnell bei, was seine Beziehung zu seinem Chef spiegelt,
den er bewundert und zu dem er aufschaut, was auch durch die zwei Berge in
der Seekulisse im Hintergrund verbildlicht wird (Bild 12): „Das wär' direkt eine
Mischehe." Hier wird das Salzkammergut zum Zeugen der Bagatellisierung und
Verdrängung, mit denen in Österreich nach dem Zweiten Weltkrieg Rassismus
und Antisemitismus normalisiert wurden.

„Im weißen Rößl am Wolfgangsee, da steht das Glück vor der Tür", ver-
heißt eine Zeile der berühmten Titelmelodie des Kultfilms. Ein höchst proble-
matischer Aspekt, wie der österreichische Schriftsteller Daniel Kehlmann 2014
in der Antrittsrede seiner Frankfurter Poetikdozentur beschrieb. Er findet, dass

13   14   15

diese Nachkriegsfilme und -musicals fast noch schauerlicher anzusehen seien als die Nazipropagandafilme selbst, dass über Kriegsverbrechen „im Nazipropagandafilm geschwiegen und verdrängt werde, dass in den deutschen Nachkriegsfilm dieses Verdrängen aber ‚aktiv eingeht' und erst hier eine ‚Fratze des Wahnsinns' sichtbar werde".[4]

„SCHLOSSHOTEL ORTH" – SEIFENOPER-EPIGONE DES HEIMATFILMS

Die österreichisch-deutsche Seifenoper „Schlosshotel Orth" wurde zwischen 1996 und 2004 gedreht. Sie spielt vor allem am Traunsee, in Gmunden, zeigt in den drei Staffeln aber ebenfalls zahlreiche andere Schauplätze, wie zum Beispiel den Attersee. Auch diese Fernsehserie tritt zweifellos in die Fußstapfen ihrer berühmten Heimatfilm-Vorgänger. In der allerersten Folge gibt Christine, die Ehefrau des Hotelbesitzers, ihrem jüngsten Sohn stolz einen Kuss auf die Stirn, weil dieser sich zum ersten Mal verliebt hat. Dieses romantische Statement wird durch die romantische Szenerie des Sees im Hintergrund untermalt (Bild 13) (am Ende der Folge kommt Christine bei einem fatalen Bergunglück ums Leben). Die wohlsituierten Hotelgäste, Herr Bodin (Sky du Mont) und seine sexy Ehefrau Gundel Bodin (Ricci Hohlt), finden im Schlosshotel Orth heraus, dass sie sich gegenseitig mit jüngeren Partnern betrügen. Doch ganz im Sinne einer Seifenoper versöhnt sich das Paar bei einem romantischen Bootsausflug auf dem Traunsee (Bild 14). Die Farben wurden digital nachbearbeitet und erinnern an die alten Agfacolor-Pastellfarben aus „Sissi" und das Technicolor aus „Im weißen Rößl". Der See selbst fungiert in zahlreichen Szenen als Hintergrundkulisse und wird zwischendurch oft für sich allein in sorgfältig komponierten Bildausschnitten in Szene gesetzt (Bild 15). Doch aufgrund der starken Farbkorrekturen und des übermäßigen Einsatzes von Sonnenuntergangsstimmung kann sich die natürliche Schönheit der Szenerie nicht so recht entfalten.

„DIE TRAPP-FAMILIE" – ULTIMATIVER HEIMATFILM-ESKAPISMUS

Der deutsche Spielfilm „Die Trapp-Familie" (1956) des westdeutschen Regisseurs Wolfgang Liebeneiner inspirierte den US-amerikanischen Regisseur Vincent D. Donehue zum Bühnenmusical „The Sound of Music" von 1959 (Musik von Richard Rodgers und Text von Oscar Hammerstein II). Das mit dem Tony-Award ausgezeichnete Musical wurde kurz darauf, im Jahr 1965, von Robert Wise (der zuvor bei erfolgreichen Musical-Filmen wie „West Side Story", 1961, Regie geführt hatte) unter gleichnamigem Titel verfilmt.[5] Eskapismus ist die

Essenz des Musical-Genres – das gilt für Bühnen- oder Filmmusicals –, doch in diesem Fall erreicht dieser Eskapismus vielleicht seinen Höhepunkt: Immerhin wird hier *mit Gesang* gegen Nazi-Österreich gekämpft. Während die deutsche Adaptation „Die Trapp-Familie" keine Aufnahmen aus dem Salzkammergut verwendet, da der Film in Ateliers in Bayern, Salzburg und in der Nähe der Benediktinerinnenabtei Nonnberg in Salzburg gedreht wurde, beginnt „The Sound of Music" seine Handlung mitten in den Bergen des Salzkammergutes, hoch über dem stimmungsvollen Wolfgangsee (Bild 16). „The hills are alive with the sound of music", singt die Figur Marie (gespielt von Julie Andrews) in der berühmten Eröffnungsszene des Films, also auf Deutsch: „Die Berge erwachen beim Klang der Musik zum Leben." Sie entführt die Zuschauer*innen in die eskapistische Pracht der Natur des Salzkammerguts (Bild 17); eine Schönheit, die Maria und der Familie von Trapp die Kraft gibt, Nazi-Österreich am Ende des Filmes zu verlassen, indem sie zu Fuß in die Schweiz auswandern, von Salzburg über die Alpen (Bild 18). Wir wissen, dass das im wirklichen Leben nicht möglich gewesen wäre, denn die Villa der echten Familie von Trapp lag in der Nähe der deutschen, nicht der schweizerischen Grenze. Doch „The Sound of Music" sollte nie ein realistischer Film sein, sondern stattdessen die fantastische Illusion heraufbeschwören, dass man Nazi-Österreich nach 1938 einfach und singend verlassen konnte.

„IN 3 TAGEN BIST DU TOT" – SALZKAMMERGUT-HORROR

Der erfolgreiche Horrorfilm „In 3 Tagen bist du tot" (Regie: Andreas Prochaska) aus dem Jahr 2006 zeigt das Salzkammergut und einen seiner Seen, den Traunsee, in neuem Licht. Die Handlung spielt in Ebensee und in Bad Ischl (zum Beispiel die Eröffnungsszene), dem Geburtsort des Regisseurs. Es ist eine Geschichte über Rache, die eine Mutter in eine Serienmörderin verwandelt. Zuerst bedroht Erika Haas (gespielt von Susi Stach) die Teenager bloß, die sie verdächtigt, etwas mit dem Tod ihres Sohnes zu tun zu haben, der als Kind beim Eislaufen auf dem Traunsee eingebrochen und ertrunken ist. Dann versucht sie, sie bei ihrer Maturafeier zu ermorden. Am Ende töten die Protagonistin Nina und zwei Überlebende Erika in einer unwahrscheinlichen Konfrontation auf einem Ruderboot mitten auf dem See. Hier mutieren der See und die Schönheit der Region zu einem Horrorelement: Sie sind der Schauplatz des tragischen Todes von Erikas Sohn sowie der Ort, an dem zahlreiche Teenager sterben (Erika ertränkt ihre Opfer im See) und an dem sie schlussendlich selbst ertrinkt. Die Bilder 19–20 zeigen, inwiefern der Traunsee als der Ort inszeniert wird, der die Angst der Teenager symbolisiert. Die Rolle, die der See hier spielt,

18

19

unterscheidet sich fundamental von seiner Funktion in den romantischen Komödien über die Lieb- und Leidenschaften der österreichischen Aristokratie. Hier wird er zum Stimmungsbild der Figuren, die durch Komposition und Farbgebung untrennbar mit ihm verbunden sind (wie die Spiegelung in Ninas Augen zeigt), als dem Ort des Grauens selbst. Nachdem das Grauen ein Ende gefunden hat, treibt die Leiche der Serienmörderin Erika friedlich unter der Wasseroberfläche (Bild 21).

„TATORT" – KRIMIKLASSIKER IM SALZKAMMERGUT

In einer der neuesten Folgen der beliebten deutsch-österreichischen Fernsehserie „Tatort", „Wahre Lügen" (2019), tauchen wir erneut buchstäblich in einen der Seen des Salzkammerguts ein. In der stark digital nachbearbeiteten Eröffnungsszene wird eine weibliche Leiche aus einem Auto aus dem Wolfgangsee geborgen. Wie in „In 3 Tagen bist du tot" nähern wir uns dem See durch die dunkle, befremdliche Unterwasserwelt statt über die Schönheit seiner Oberfläche.

Als die beiden Wiener Sonderermittler mit dem Auto ins Salzkammergut fahren, tauchen die Zuschauer*innen in die sonst so idyllische Gegend ein, die nun in abgedunkelter Farbgebung und in strömendem Regen gezeigt wird (Bild 22), was erahnen lässt, dass dieser pittoreske See nicht nur ein Paradies, sondern auch ein Höllenschlund sein könnte. Als Kommissarin Bibi Fellner (gespielt von Adele Neuhauser) bemerkt: „Es muss unglaublich schön sein, in der Gegend Urlaub zu machen", gibt ihr Kollege Moritz Eisner (gespielt von Harald Krassnitzer) lakonisch zurück: „Ja, und unglaublich teuer." Als sie am Tatort ankommen, sehen wir, wie das Auto im Regen aus dem See geholt wird. Moritz wiederholt ironisch: „Na wirklich, unglaublich schön da", und spielt dabei nicht nur darauf an, dass sich die Region in diesem Moment von ihrer schlechtesten Seite zeigt, sondern auch auf ihren Ruf als Schlechtwetter-Region (Bild 23).

20

21

22

23

Der Anblick des Autos, aus dem Wasser strömt, als würde es weinen, enthüllt eine neue Facette der Kulisse des Salzkammerguts und seiner Geheimnisse. Sie bringt zum Vorschein, was Werner Herzog die „ungeheure Gleichgültigkeit der Natur" nannte, nachdem er in die gleichgültigen Augen des Grizzlybären geblickt hat, der einen seiner größten Bewunderer, den Umwelt- und Bärenschützer Timothy Treadwell („Grizzly Man", 2005), brutal getötet und gefressen hat. Herzog will damit sagen, dass die wahrgenommene „Schönheit" der Tiere und der Natur ein rein menschliches Konzept ist. Die Natur folgt keinen Regeln und Werten außer ihren eigenen.

EINE REINE KULISSE

In diesem Sinn wird das Salzkammergut mit Gewissheit noch in anderen Filmgenres als reine Kulisse fungieren, in denen die Landschaft nichts als die ominöse, stumme Zeugin ihrer eigenen Schönheit ist, zu der sie nur schweigen kann. Wir Menschen bewundern die Repräsentation der Landschaft dieser Region im Film und werden sie weiterhin nutzen, um zu verdrängen und zu vergessen, dass im wirklichen Leben selten reiche Menschen arme Menschen heiraten, Serienmörder nicht immer gefasst werden, die meisten Jüdinnen und Juden und Widerstandskämpfer*innen in Nazi-Österreich getötet wurden und viele Träume nicht in Erfüllung gehen. Doch *einige* Träume gehen tatsächlich in Erfüllung – und daran erinnert uns das Salzkammergut als Filmkulisse. ■

▶
Geniales Versteck 92
Habsburg Forever 99
Sisi 1 Romyfizierung einer Kaiserin 214

Frauenalltag im Salzgebirg

Andrea Grill

Eine Geschichte über zwei Freundinnen,
Care-Arbeit, Beruf und Familie und die Dinge,
die als Frauenangelegenheiten gelten.

Unsere Mütter sind befreundet. Sie kennen sich, seit sie in dieselbe erste Klasse der Volksschule kamen. Die Häuser ihrer Eltern lagen kaum zweihundert Meter voneinander entfernt in einer sogenannten Siedlung, die von den aus dem Zweiten Weltkrieg heimgekehrten Vätern eigenhändig erbaut worden waren, so auch von meinem Großvater. Er baute sogar noch einen Pool in den Garten neben den Zwetschgenbaum, grub, mauerte, verputzte und strich ihn himmelblau. Später würden die Kinder dieser Eltern die selbstgebauten Häuser samt Gärten veraltet finden und baufällig; als unsere Mütter Freundinnen wurden, waren sie luxuriös. Die zwei trafen sich jeden Tag nach der Schule, zum Spielen und Herumstreunen, durch die Siedlung, in den Wald, an den Fluss. Als sie größer wurden, fuhren sie im Morgengrauen mit dem Bus in die Bezirkshauptstadt in die Handelsschule. Sie hassten den Bus, die Stadt, die Schule, lachten aber oft Tränen, während sie nebeneinandersaßen.

Die eine ging später nach Wien, die andere blieb im Ort.

Eine arbeitete bald in einer großen Mineralölfirma in der Bundeshauptstadt, die andere bei der Sparkasse im Ort. Beide hatten mit zwanzig den Führerschein und ein Auto. Diejenige, die in der Sparkasse arbeitete, bekam bald zwei Kinder, eins davon war ich. Die Tochter der Freundin wurde erst vierzehn Jahre später geboren. Entzückt standen wir dabei, wenn sie gewickelt wurde, betrachteten ihren herzigen Po, bewunderten die strampelnden Beinchen.

Im nächsten Moment sind wir in Amsterdam auf einem Ringelspiel. Ihre langen dunklen Haare flattern im Wind. Es ist Nacht, der Himmel sternklar.

Sie studiert, ist begabt, klug, sorgfältig, liebenswürdig. In den Ferien und an vielen Wochenenden fährt sie mit ihrer Mutter in den Ort. Es ist auch der schönste Ort. Dort gibt es das beste Wasser, die beste Luft. Was willst du mehr von einem Ort? Sie wohnen in dem Haus in der Siedlung mit dem Garten, in dem unsere Mütter gespielt haben. Was spielten sie? Ich weiß von einer dunkelhäutigen Puppe, die so kostbar war, dass die Mutter meiner Mutter angeblich mehr Sorge um ihr Intaktbleiben hatte als um das der Mädchen. Dass meine Mutter einmal an einer tieferen Stelle in den Fluss sprang, ohne vorher jemandem Bescheid zu sagen; sie wollte ausprobieren, ob sie schwimmen konnte. Sie konnte nicht schwimmen, schaffte es aber zum Ufer.

Bei den Vorbereitungen des Begräbnisses ihrer Großmutter lernt die Tochter der Freundin meiner Mutter den Sohn des Bestatters kennen. Der Bestatter hat alle unsere Verwandten begraben, ausnahmslos. Wer hier lebt, wird von ihm zu Grabe getragen, vielleicht ist das, was den Ort am grundlegendsten unterscheidet von einer großen Stadt, du kannst dir hier nicht aussuchen, wer dich eingräbt.

Die junge Frau heiratet den Sohn des Bestatters. Sie ist eine bezaubernde wunderschöne Braut, er ist ein fürsorglicher fescher Bräutigam. Schneller, als sie dachte, ist sie schwanger. Oder dachten nur wir, dass es schneller war, als sie gedacht hatte? Weil sie ihr Studium noch nicht abgeschlossen hatte? Weil sie noch gar nicht so viele Reisen unternommen hatte wie die meisten, die es sich leisten können, bevor sie eine Familie gründen?

Das Kind wurde sieben Monate vor meinem geboren.

Die beiden Buben kamen im gleichen Jahr in die Schule, ähnlich ihren Großmüttern vierundsechzig Jahre vorher; aber dreihundert Kilometer voneinander entfernt. Sie sind trotzdem dicke Freunde, als wäre Freundschaft etwas wie Verwandtschaft, das sich über Generationen vererbt, eine kleine Veränderung in der Reihenfolge der Aminosäuren der DNA.

Meine vierzehn Jahre nach mir geborene Freundin hat mittlerweile zwei weitere Kinder. Sie kamen schneller, als sie dachte, oder sind das wiederum wir, die das von außen betrachten, denen das schnell erscheint? Hat sie das geplant oder ihr Glück das für sie ganz ideal eingefädelt? Inzwischen hat sie ihr Studium abgeschlossen, zwischendurch ihren Beruf ausgeübt, eine Ausbildung als Bestatterin absolviert. Ihr Mann hat das Unternehmen vom Vater übernommen, sie unterstützt ihn.

Die Menschen sterben nämlich immer in den falschen Augenblicken.

Sie sterben an Feiertagen, wenn die Kinder Geburtstag haben, wenn der Nikolaus kommt und genau dann, wenn der Osterhase die Eier versteckt hat. In den Momenten, da der Mann sich an den gedeckten Mittagstisch setzt, in der Minute, wenn er gerade dabei wäre, den Kleinsten ins Bett zu bringen – da läutet das Telefon und lässt ausrichten, der Tod war da und lässt sich nicht vertrösten.

Meine Freundin ist geduldig. Sie ist eine exzellente Grabrednerin geworden, kann ihren Mann jederzeit vertreten. Sie kocht köstliche Mahlzeiten; die Kinder sind hungrig, gut erzogen, höflich, hübsch. Sie holt die Kinder ab, bringt sie hierhin und dorthin. Es liegt alles nah beisammen, aber ein wenig zu weit weg, um sie alleine zu Fuß hingehen zu lassen. Öffentlich organisierte Nachmittagsbetreuung nach der Schule gibt es kaum. Kindergarten bis sechs Uhr abends? Also wirklich nicht. Dafür gibt es keinen Bedarf. Die Kinder sind noch zu klein, so lange auswärts betreut zu werden, oder schon selbständig genug, um keine Betreuung mehr zu brauchen. Selbständig genug, um daneben Grabreden zu schreiben? Ärztin zu sein, Bücher zu verfassen, Symphonien zu komponieren, als Wissenschaftlerin zu arbeiten?

Heute wollte der Mann die Kinder übernehmen, damit sie einmal einige Stunden für sich hat. Auf der Wiese vor dem Haus haben sie aus Ästen und Steinen zwei Fussballtore gebaut, sie stehen bereit fürs erste Tor. Da klingelt das Telefon. Ein Wanderer ist verunglückt, ein junger Mensch, seine Eltern kommen, um ihn zu identifizieren. Papa muss sofort los.

Seit der Geburt des dritten Kindes lebt die Mutter meiner Freundin bei der Familie. Sie ist Hort, Nachmittagsbetreuung, Babysitterin. Käme noch ein viertes Kind, sagt sie, würde man von ihr nur mehr einen Zettel vorfinden, auf dem stünde: Sucht mich nicht. ■

▶

Feministische Gstanzln 66
Fest im Sattel 71
Widerstand 262

Geheimsache

Julia Kospach / Michael Kurz

Interview mit dem Regionalhistoriker Michael
Kurz über die lange, wechselvolle Geschichte
des Protestantismus im Salzkammergut

In vielen Ortschaften des Inneren Salzkammerguts gibt es neben einer katholischen auch eine evangelische Kirche – und das im Herzen des eigentlich erzkatholischen Österreich! Wie kommt das?
Das Salzkammergut wurde im Laufe des 16. Jahrhunderts evangelisch. Ein Zitat dazu lautet: „Kein anderes Gebiet des Landes wurde so vollständig und gründlich protestantisch, wie das Kammergut des Kaisers und Landesfürsten."[1]

Welche Folgen hatte das?
Eine wichtige Folge war sicher die auffallend frühe Alphabetisierung vieler Salzkammergütler. Im Sinne von Luthers „sola scriptura", wörtlich übersetzt „allein durch die Schrift", wollten die Evangelischen selber in der Bibel lesen können und dürfen, um sich deren Bedeutung auch selber auszulegen. In vielen Verlassenschaften von Salzfertigern finden sich umfangreiche Bibliotheken. Ein 1588 verstorbener Ischler besaß sogar eine von seinem Vater vererbte deutsche Lutherbibel.[2] Diese Einstellung zum Lesen und Selbststudium änderte sich auch im Zeitalter der Gegenreformation nicht. Im Gegenteil: Der Wunsch, sich unabhängig von der in der Kirche gelehrten Meinung zu machen, wuchs.

Denn der neue Glaube wurde ja schnell wieder verboten.
Mit der Niederschlagung des Salzaufstandes 1601/1602 war die Rekatholisierung des Salzkammergutes – scheinbar – abgeschlossen.

Wie reagierten die einheimischen Evangelischen?
Viele Unbeugsame wanderten aus, so auch zum Beispiel die Eltern des Gelehrten Matthias Bernegger aus Hallstatt, die wie viele andere in Regensburg bzw. Straßburg eine neue Heimat fanden[3]. Das alte Kloster Traunkirchen am Traun-

▶ Schwarzenbach-
lochhöhle bei Goisern,
ehemals Ort geheim-
protestantischer
Zusammenkünfte

see, das seit 1573 verwaist gewesen war, wurde 1622 den
Jesuiten überantwortet, die die Bekehrung vorantreiben sollten. Bis circa 1770 stellten sie die Pfarrer im Salzkammergut. 1636 folgten die Kapuziner. Die Wiedereinführung des Fronleichnamsfests
in der besonders feierlichen Form von Seeprozessionen am Traunsee und am
Hallstättersee, wie sie auch heute noch stattfinden, war ursprünglich eine Maß-
nahme der Jesuiten, um die Rekatholisierung zu untermauern.

Die Protestanten gingen allerdings eher in den Untergrund.
Die Salzkammergütler hatten sich mit den neuen Verhältnissen bald arrangiert,
zeigten sich nach außen hin katholisch, blieben jedoch im Inneren evangelisch
und lebten ihren Glauben im Geheimen. Hie und da trafen sie sich zu heimlichen Gottesdiensten in Höhlen wie der Schwarzenbachlochhöhle oder der Kal-
mooskirche in Bad Goisern, der Seekarkirche in Gosau oder auch am Sarstein,
Koppen oder auf dem Dachsteinplateau.

Und sonntags besuchten sie brav die – katholische – Kirche?
Brav nicht! Manche Pfarrer kamen mit der Mentalität der heimlichen Evangelischen gar nicht zu Rande, was zu heftigen Protesten, 1712 in Goisern sogar
zu tumultähnlichen Aufläufen führte. Da mischten sich religiöse und soziale
Spannungen. Der Vermittler in diesen Streitigkeiten, der Jesuit Ignatius Querck,
beschwerte sich, „dass ihm die Geusarer ins Gesicht gelobt, dass sie den Pre-
digttext der Schrift aufnotieren und zu Hause aufsuchen". Das heißt, die Evangelischen trauten den Pfarrern nicht und überzeugten sich lieber selbst von der
Richtigkeit der Bibelstellen.

Weil sie ja allesamt lesen konnten?
In dieser hohen Lese-Fähigkeit der Protestanten erkannte der Jesuitenpater
auch klar das eigentliche „Übel" für die Rekatholisierung: „[Es] ist eine wichtige
Frag, ob es nicht besser wäre in diesen Umbständen, wann diese Leuth nicht
kunthen lesen. Denn woher kombt dieses Ketzerfeyr als aus dem Bücherlesen?"[4]

Die lesekundigen Ketzerinnen und Ketzer!
Nach dem Auflauf in Goisern 1712 wanderten circa 70 Personen, die sich offen
zu ihrer Religion bekennen wollten, nach Nürnberg aus. Die Evangelischen forderten auch – was aus Sicht der Behörden eine freche Provokation war – die
Einrichtung einer protestantischen Kirche, die sie natürlich nicht bekamen.

Nach und nach spitzte sich die Lage zu?
Ja, ab den 1730er-Jahren. Angefacht wurde das Feuer durch die Vertreibung
aus dem angrenzenden Erzstift Salzburg, von wo viele Evangelische zu ihren
Glaubensgenossen ins Salzkammergut flohen. Natürlich war die Sympathie der
Salzkammergütler ganz auf Seiten der Ausgewiesenen, und so waren sie nur
halbherzig zur von der Obrigkeit geforderten Bewachung und Verschanzung
des Grenzübergangs am Pass Gschütt bereit. So konnten an die 200 Personen
heimlich nach Regensburg fliehen, und angeblich wanderten einige Salzkammergütler mit den Salzburgern sogar bis nach Amerika aus.

Was geschah weiter?

Die Protestanten des Salzkammerguts forderten freien Abzug, wie er nach den Bestimmungen des Westfälischen Friedens gewährt werden müsse. Im März 1734 warnte die Reformationskommission den Kaiser vor einem Flächenbrand. Schlussendlich rang sich Karl VI. zur Entschließung durch, 30 bis 40 Rädelsführer samt Familie zu verschicken. Im Juli 1734 wurde der erste Transport mit knapp 260 Personen abgefertigt, sie kamen im Oktober in Siebenbürgen an. Bald begannen die Behörden, die Evangelischen über dieses Exempel hinaus zu vertreiben. In insgesamt sieben Transporten, die sich bis 1737 hinzogen, belief sich die Zahl der Transmigranten auf über 600 Personen.[5]

Aus ihnen wurden die sogenannten „Siebenbürger Landler" in Rumänien. Ihre Vertreibung bedeutete aber längst nicht das Ende der Evangelischen im Salzkammergut ...

In keiner Weise. Zum Beispiel stellten die Vorarbeiter die Teams im Bergwerk und im Holzwald geschickt so zusammen, dass immer die Evangelischen gemeinsam waren. Den Jesuiten fiel auch auf, dass sie zur letzten Ölung meist erst so spät gerufen wurden, dass die Person bei ihrer Ankunft schon verstorben war. So konnten die Evangelischen ihre Verpflichtung erfüllen, den Sterbenden von einem katholischen Priester segnen zu lassen, während sie gleichzeitig vermieden, dass dieser doch noch „bekehrt" werden konnte.[6]

All das geschah trotz des harten Vorgehens der Behörden gegen die Geheimprotestanten?

Ja, so kommt es auch, dass viele es anfangs für eine Finte hielten, als im Herbst 1781 überall das Toleranzpatent von Joseph II. kundgemacht wurde.

Damit konnten die Evangelischen endlich ihren Glauben frei leben?

Und ihn auch offiziell registrieren lassen, wobei die Behörden über die große Anzahl der Lutheraner entsetzt waren, denn sie belegte, dass alle Anstrengungen der Rekatholisierung und Vertreibung der Protestanten vergeblich gewesen waren.

Verbotene Bücher spielten in dieser ganzen Zeit eine zentrale Rolle?

Ja, und auch im Vormärz ging das so weiter. Hier ist besonders der Goiserer „Bauernphilosoph" Konrad Deubler hervorzuheben, der schon in den 1840er-Jahren in Hallstatt eine Art Leseverein betrieb, wo zum Teil auch verbotene Bücher verborgt und vielfach rezipiert wurden. Die Literatur gelangte oft nur, wie zuvor die geheimprotestantischen Schriften, als Schmuggelgut ins Salzkammergut[7]. Einem Angeklagten in der sogenannten Hochverratsaffäre von 1853 wurde vorgeworfen, dass er „schon von Jugend auf eine große Wissbegierde und Hang zum Lesen hatte, und sich mit großer Mühe selbst das Lesen und Schreiben eigen machte". Auch die „schlechte Presse des Auslandes" über die k. u. k.-Monarchie machte im „verderbten" Salzkammergut besonders unter den kaiserlichen Berg- und Holzarbeitern rasch die Runde, und zwar „ungeachtet der sorgfältigen Überwachung von seite der Behörde".

Fachten die Ereignisse von 1848 den Oppositionsgeist der Protestanten im Salzkammergut aufs Neue an?

Das überrascht nicht, denn den an „Umtrieben" beteiligten Salzarbeitern sperrte der Salinendirektor das Gehalt und drohte, „daß jeder, der im mindesten in politische[r] oder religiöse[r] Beziehung bedenklich erscheint", augenblicklich aus dem Dienste entlassen werde. Das erinnert wieder frappierend an die Zeit der Gegenreformation, wo den Geheimprotestanten ebenfalls mit Entlassung gedroht und kranke Lutheraner sogar aus dem Salinenspital entfernt wurden, weil sie als „Ketzer" ja nicht im Sinne der Stiftung für den Stifter beten konnten.

Was geschah dann?

1855 schloss Kaiser Franz Joseph das Konkordat mit dem Vatikan ab, wobei viele Anordnungen Josephs II. unwirksam wurden. Viele Evangelische aus Oberösterreich und der Steiermark fürchteten erneut um ihre Glaubensfreiheit, weshalb sie in die USA auswanderten, vor allem nach Missouri, Wisconsin, Illinois oder West-Virginia. Zwei Drittel dieser Emigranten waren evangelisch.[8] Schon gegen Ende des Jahrzehnts entspannte sich die Lage aber. Die evangelischen Bethäuser durften nun Türme bauen, und als eine der ersten Kirchen Oberösterreichs erhielt Goisern 1857 einen Turm.

Warum konnte sich gerade im Salzkammergut der Geheimprotestantismus, der in anderen Regionen wie etwa dem Waldviertel im Zuge der Gegenreformation vollends ausgerottet wurde, so lange und erfolgreich halten?

Dafür gibt es mehrere Gründe. Ein wichtiger ist sicher, dass die größtenteils evangelischen Salzarbeiter hochspezialisierte Fachkräfte waren, auf die die Monarchie im Letzten nicht verzichten konnte.

Stimmt es, dass sich – ein paar Jahrzehnte später – gerade unter den Protestantinnen und Protestanten des Salzkammerguts besonders viele sehr früh und sehr feurig den Nationalsozialisten anschlossen?

Am Ende des 19. Jahrhunderts hatten die Evangelischen des Salzkammerguts ihre politische Heimat in den aufkommenden Massenparteien gefunden, und zwar bei den Deutschliberalen, also den späteren Deutschnationalen, und bei den Sozialdemokraten, jedoch kaum unter den Christlich-Sozialen, die ja katholisch-klerikal ausgerichtet waren. In der Diktatur des Ständestaates befanden sie sich daher in einer deutlichen Opposition. Viele Protestanten drifteten ins Lager der Nazis ab, vom mehrheitlich evangelischen Deutschland erwartete sich die Minderheit in Österreich – gerade nach dem Abschluss des Konkordates 1933 – Unterstützung. Katholische Geistliche sprachen von einer „neuen Gegenreformation". ∎

▶
Geniales Versteck 92
Himmel und Hölle 108
Des Kaisers Geld 118

Geniales Versteck

Anton Thuswaldner

Ob Nazi oder Deserteur, Wilderer oder Widerstandskämpfer, Geheimprotestant oder
Räuber – die Berglandschaft des Salzkammerguts bietet und bot Verstecke für alle.

Die Natur kennt keine Moral. Sie ist zu Diensten, wer immer sie gerade für
seine Zwecke in Anspruch nimmt. Sie unterscheidet nicht zwischen Richtig und
Falsch, den Guten und den Bösen. Wer gute Gründe hat, sich verstecken zu
müssen, findet in den Gebirgslandschaften des Salzkammerguts Gelegenheit,
sich dem Zugriff der Verfolger zu entziehen. Widerstandskämpfer oder Nazi,
Deserteur oder Zwangsarbeiter, Geheimprotestant, Räuber oder Wilderer: Der
Natur ist es einerlei, wer sich unter ihren Schutz begibt.

DER WALD ALS ZUFLUCHTSORT FÜR WIDERSTÄNDLER
Die Geschichte des Widerstands der Österreicher*innen gegen das Nazi-Regime
ist überschaubar. Und doch hat sich im Salzkammergut ein renitentes Potenzial
an Gegnern gegen jede Form von Herrschaft herausgebildet, das, je länger der
Krieg dauerte, sich in widersetzlichen Handlungen bemerkbar machte. Deser-
teure und Wehrdienstverweigerer nahmen sich aus dem Spiel, indem sie sich in
den Wäldern ein Versteck suchten. Ohne Unterstützung durch die Bevölkerung
wären sie nicht durchgekommen. Sie wurden versorgt und auf dem aktuellen
Stand der Dinge gehalten. Ein unausgesprochenes Stillhalteabkommen garantierte ihnen Schutz.

    1944/45 hatten sich drei Oppositionelle im Toten Gebirge verschanzt, um
nicht Freunde zu gefährden, bei denen sie kurzfristig untergekommen waren. In
einer schwer unzugänglichen Mulde, zu der sie der Revierjäger führte, bauten sie
sich einen Unterschlupf, Deckname „Igel", der von nirgendwo einsehbar war. Bis
zu fünfzehn Männer kamen dort im Lauf der Zeit unter, durch Wildern sicher-

ten sie ihren Lebensunterhalt. Aus den Dörfern im Tal wurden ihnen Grundnahrungsmittel, Waffen und Munition geliefert. Vor allem den Frauen kam eine Hauptrolle bei der Unterstützung der Versteckten zu. Überliefert sind auch Fälle von Einzelnen, die Regimegegner in ihrem privaten Bereich versteckt hielten. Christiane Bahar, Tochter von Leni Egger, die maßgeblich an illegalen Unterstützungsaktionen beteiligt war, berichtet von solch einem Fall: „Da gibt es zum Beispiel eine ganz einfache Frau, die hat den ganzen Krieg jemanden versteckt gehabt, und da hat natürlich niemand geschaut und gedacht, dass da jemand ist!"

Was ist von den Flüchtigen zu halten? Sie machten nicht länger mit, sie akzeptierten die Regeln des verhassten Regimes nicht, entzogen sich dem Befehl einzurücken oder desertierten, in jedem Fall Vergehen, die mit dem Tode bestraft wurden. Und doch standen mehr als rein subjektive Entscheidungen dahinter, es gab über alle ideologischen Unterschiede hinweg als Minimalkonsens die Idee eines nicht autoritär kontaminierten Staatswesens.

Die sich in die Wälder abgesetzt haben, sind als Helden in die Geschichte eingegangen, ein Bild, das selbst die Forschung bestätigt. Das ist auch dem Umstand geschuldet, dass im Abstand von Jahrzehnten Zeitzeug*innen befragt wurden. Die Kulisse in den Wäldern, wo kühne Männer allen Widrigkeiten trotzen, liefert tatsächlich alle Ingredienzien für eine Abenteuergeschichte. Weil Dokumente fehlen, gehen Legende und Geschichtswissenschaft einen Pakt ein. Wenig ist die Rede von Zwangsarbeitern, die von mutigen Menschen versteckt wurden. Immerhin erzählt Barbara Frischmuth in ihrem Roman „Woher wir kommen" von solch einem – fiktiven – Fall. Lilofee ist eine von drei Frauen, an deren Beispiel Frischmuth das Wirken von Zeitgeschichte im Privaten nachweist. 1944 nimmt sie aus Liebe einen ukrainischen Zwangsarbeiter bei sich auf. Ihr Vater verrät ihn an die Gestapo, die ihn festnimmt und in ein Lager deportiert, wo er umkommt.

DER WALD ALS LETZTER RÜCKZUGSORT DER NAZIS

Als der Krieg an ein Ende kam, dämmerte selbst den hartnäckigsten Nazis, dass ihre Zeit abgelaufen war und sie kaum ungeschoren davonkommen würden. Also war es jetzt an ihnen, sich in den Wäldern zu verstecken. Die übelsten Gestalten der Geschichte wie Adolf Eichmann und Ernst Kaltenbrunner flohen gegen Kriegsende ins Salzkammergut. Sie wollten ihre Haut retten und hatten einiges zu verstecken. Mythos und historische Wahrheit sind auch in diesem Fall schlecht zu trennen, wenn von den Bestrebungen der Nazis die Rede ist, unermessliche Schätze an geheime Orte zu verfrachten, um sie dem Zugriff der Siegermächte zu entziehen. Schon 1943 lagerte man zum Schutz vor alliierten Bombenangriffen geraubte Kunstschätze in den Stollen von Altaussee und Hallstatt. Sie hätten das geplante „Führermuseum" in Linz bestücken sollen. Hartnäckig halten sich Gerüchte, wonach im Toplitzsee Nazigold versenkt worden sein soll. Gesichert ist, dass erhebliche Mengen gefälschter Pfund-Noten im See entsorgt wurden, die eigentlich die britische Wirtschaft hätten schädigen sollen. Keine Frage, die Nazis hatten eine Menge zu verbergen, und dass sie dabei, unter Druck geraten, nicht planvoll vorgingen, ist nicht schwer zu verstehen.

Überhaupt waren sie recht gut im Verschwindenlassen und darin, die Menschen mit Fantasie-Verstecken zu täuschen: Nazi-Gold, eine Chimäre. Die Alpenfestung, ein Phantomprodukt. Die Alpenfestung war eine Erfindung, um der nachlassenden Kampfmoral neue Energien zuzuführen. Es sieht nicht gut aus, im Moment, sollte das heißen, aber vom Salzkammergut ausgehend findet der definitive Gegenschlag zum unausweichlichen Endsieg statt, eine Wunderwaffe sollte den Ausschlag dazu geben. Dass die Propaganda auf fruchtbaren Boden fiel, lässt sich im Roman „Edelweiß" von Günter Wels nachlesen, der sich eng an die Fakten hält. Die Alliierten schicken Fallschirmjäger auf Erkundungstour, um herauszubekommen, was es mit der Alpenfestung tatsächlich auf sich hat. Die Geschichte des Nationalsozialismus ist immer auch eine der Heimlichtuerei.

DER WALD ALS REFUGIUM DER WILDERER

Auf Verstecke waren die Menschen auch im Zeitalter des Feudalismus angewiesen, wenn sie sich gegen Gesetze, die sie als ungerecht empfanden, auflehnten. Wilderer galten damals nicht als unseriöse Gestalten, es umgab sie der Nimbus von sozialen Rebellen. Es war nicht einsehbar, warum das Privileg des Jagens dem Adel zustehen sollte. Deshalb standen Wilderer unter besonderem Schutz der Bevölkerung, die der Obrigkeit eins auswischten. Um sie rankten sich Geschichten, die weitererzählt wurden, Moritaten, die man zur schauerlichen Erbauung der nächsten Generation überlieferte. Im Salzkammergut hat sich eine wahre Wilderer-Kultur herausgebildet, passte sie doch gut zu den sowieso rebellischen Bewohnern, die den Herren gerne zeigten, dass sie mit ihnen kein leichtes Spiel haben würden. Traditionsbewusstsein haben sie, die Salzkammergutler. „Im Salzkammergut gilt Wilderei noch als Mutprobe und Kavaliersdelikt", war im Jahr 2020 in den *Salzburger Nachrichten* zu lesen. Sieben Männer im Alter von 19 bis 52 Jahren sollen über hundert Tiere erlegt haben. Das Gesetz des Schweigens gilt nach wie vor: Wilderer werden nicht verraten.

Diese so tief verwurzelte renitente Haltung macht es auch verständlich, dass sich der Protestantismus im Salzkammergut durchsetzen konnte. 1624, als 90 Prozent der Bevölkerung protestantisch waren, wurde der lutherische Glauben verboten. Für einen Großteil der Betroffenen bedeutete das, dass sie ihre Religion im Geheimen ausüben mussten. Die staatlichen und kirchlichen Aufsichtsorgane hatten kaum eine Chance, der Aufmüpfigen Herr zu werden. Nahezu 150 Jahre, bis zur Erlassung des Toleranzpatentes durch Kaiser Joseph II., dauerte die Härtephase. Es gehörte zur Selbstverständlichkeit der Protestant*innen, der Luther-Bibel ein sicheres Versteck zu sichern und ihren religiösen Bedürfnissen im Verborgenen nachzugehen. Widerstand aus dem Geist des Protestantismus, auch eine Angelegenheit des Salzkammerguts. ∎

Glamour

Tom Neuwirth

Tom Neuwirth aka Conchita Wurst, aufgewachsen
in Bad Mitterndorf im steirischen Salzkammergut,
über Tracht, Pracht und Herkunft.

◄ Tom Neuwirth in
Liverpool, Mai 2023.
Rock & Collier: JCH
Juergen Christian Hoerl
Corsage: Royal Black

Ich weiß, ich bin ein dramatischer Mensch: Mir taugt Folklore, mir taugt Brauchtum, die Zwischenwelt, die Handarbeit, das Ehren der Natur – was man am Land eben so praktiziert. Ich liebe die Tracht – und erst recht die Goldhauben. Das ist Glamour, das ist Fashion, das ist Haute Couture.

Und dann ist da der Berg, der über der Weite thront. Wenn gejodelt wird, geht's mir durch Mark und Bein. Dort kommt alles, was mich ausmacht, her – das ist der Ursprung meiner Farben. Es hat lange gedauert, das alles zu sehen.

Ich hab' vor kurzem angefangen, eine Mode-Kollektion zu zeichnen – ohne Anspruch, ohne Auftrag, nur für mich. Da sind die Ideen nur so aus mir herausgesprudelt. Nach 20 Entwürfen betrachte ich meine Zeichnungen und ich denk': Ja, das bin ich, das ist das Salzkammergut, das ist die Gemeinschaft, zu der ich gehöre. Auch wenn ich dort aktuell nicht wohne, aber es ruft nach mir. ■

▶
Brauchtum 26
Dirndl 38
Die Rückkehr 186
Tradition 224

Habsburg Forever

Eva Menasse

Die Landschaft des Salzkammerguts in der ungefähren Mitte Europas ist einzigartig. Wie in Gottes Setzkasten vom Tag der Erschaffung der Welt ist in ihr, von der Wüste abgesehen, alles enthalten, und ihr dekadenter Reichtum ist wahrscheinlich der Zwillingsbruder des „overtourism". Sie ist kitschig und üppig (die Häuser, die Blumen, die Wiesen), radikal magisch (die Seen, jeder anders als der andere, aber alle kalt, tief und dabei verblüffenderweise oft hell, bis ins unverschämteste Türkis), sie ist karg und schroff (die Berge, Gletscher, Felswände und Felsnadeln, die so kapriziöse Formen haben, dass man aus dem Schauen nicht mehr herauskommt), und jeder Wetterwechsel erzeugt dramatische Farben und Stimmungen. Das Salzkammergut ist große Oper als Landschaft, Mozart und Beethoven, Wagner und Verdi, alles im schnellen Wechsel. Man könnte es auch hassen, in seiner den Atem abdrückenden Pracht, und diese hat dem Charakter seiner Bewohner vermutlich über die Jahrhunderte eher geschadet. Aber anerkennen muss man sie, die Pracht.

Und ausgerechnet von hier aus, seinem jahrzehntelangen Sommerdomizil in Bad Ischl, hat der Habsburgerkaiser Franz Joseph den Ersten Weltkrieg entfesselt. In einem Eckzimmer der schönbrunnergelben Kaiservilla unterzeichnete er im Jahr 1914 jenes Dokument mit dem Titel „An meine Völker", die Kriegserklärung an Serbien. Es war der Anfang vom Ende. Vier Jahre später waren nicht nur der Kaiser, sondern auch siebzehn Millionen gewöhnliche europäische Bürger tot, waren die König-, Kaiser- und Zarenreiche zerschlagen, war der Kontinent ein Schlachtfeld und taumelte binnen zwanzig Jahren in die nächste, noch größere Katastrophe.

Als er das Dokument unterschrieb, war der alte Kaiser mit dem berühmten Backenbart fast 84 Jahre alt. Sein Geburtstag am 18. August, nur wenige Wochen später, wurde in Bad Ischl wie jedes Jahr groß gefeiert. Dass diese Herrschaft jemals enden könnte, schien den Zeitgenossen unvorstellbar. Franz Josephs einziger Sohn, der Kronprinz Rudolf, hatte sich 25 Jahre zuvor umgebracht, seine schöne, rätselhafte, sportbegeisterte, magersüchtige, schwermütige Frau Elisabeth war sechzehn Jahre zuvor von einem italienischen Anarchisten erstochen worden. Er aber lebte einfach immer weiter, eine Institution, eine ikonische Figur, beinahe ein Untoter. In die Bad Ischler Kaiservilla war inzwischen Strom gelegt worden; betrieben von einem eigenen kleinen Kraftwerk unten am Fluss. Auf seinem Schreibtisch stand inzwischen ein elektrischer Summer, mit dem er den Diener herbeirufen konnte, sowie, als letzter technischer Schrei, ein Zigarrenanzünder. Aber fließendes Wasser in seinem kleinen Schlafzimmer direkt nebenan, mit dem kargen Offiziersbett des ranghöchsten Soldaten, mit dem Krug und dem Waschtisch und dem samtbezogenen Betschemel – fließendes Wasser hatte der Kaiser nicht. Zwei Tage nach der Kriegserklärung verließ er Bad Ischl für immer.

Für die Juden war Österreich-Ungarn, diese riesige Monarchie, ein ziemlich perfektes Vaterland. Sie waren selbst vielsprachig, denn sie mussten es sein, fünf oder sieben Sprachen zu beherrschen war unter gebildeten Juden keine Seltenheit. Wenn sie traditionell und religiös leben wollten, blieben sie in den östlichen Schtetln, wenn sie säkular und liberal wurden, zogen sie in die großen Städte, nach Prag, Budapest und Wien. Wenn sie es dort – als Ärzte, Rechtsanwälte und Journalisten, als Schriftsteller, Schauspieler, Komponisten und Regisseure – geschafft hatten, dann kamen sie ins Salzkammergut auf Sommerfrische. Sie waren alle hier, die ganze jüdische Prominenz, Theodor Herzl und Sigmund Freud, Hugo von Hofmannsthal, Jakob Wassermann, Karl Kraus und Stefan Zweig, Gustav Mahler, Arnold Schönberg und Max Reinhardt, Leo Perutz, Franz Werfel, Arthur Schnitzler. 1938, als die mörderische Jagd begann, wurde ihnen, den umschmeichelten Gästen von einst, in vielen Kurorten das Tragen von traditioneller Tracht, also Lederhosen und Dirndl, verboten. Aber das war später.

Die Erinnerung an das habsburgische Vielvölkerreich mit seinen zahlreichen Sprachen, Religionen und Lebensformen hat in den letzten Jahren einen etwas sentimentalen Heiligenschein bekommen. Als wäre es ein erster, noch ungenügender Versuch der Geschichte gewesen, viele verschiedene europäische Nationen unter einem Dach und ohne Grenzen friedlich zusammenleben zu lassen. Daran ist schon einiges wahr, und anderes gnädig ausgeblendet: der Starrsinn des tiefkatholischen, erzkonservativen Kaisers etwa, der absolutistisch regierte, solange es nur irgend ging. Oder der grotesk aufgeblähte, verknöcherte und korrupte Beamtenapparat, der dieses riesige Reich kaum mehr zu verwalten vermochte.

Die Zeit, in der wir selbst leben, können wir nicht richtig erzählen, das galt schon für unsere Vorfahren. Die besten Romane über das innere Verdämmern der K.-u.-k.-Monarchie, schon bevor Franz Joseph in Ischl jenes fatale Dokument unterschrieb, wurden erst Jahre und Jahrzehnte später geschrieben, von Joseph Roth und Heimito von Doderer. Wir, die wir mit den Füßen im Fluss unserer Zeit stehen, können bestenfalls Anachronismen beobachten, atmosphärische Überlappungen, schillernde Interferenzen mit dem Damals, die ohne den nötigen auktorialen Abstand oft leicht satirisch wirken. So sah der Mann, der die touristische Führung durch die Kaiservilla leitete, erst nur wie ein typisch österreichischer Jungkonservativer aus, im Lodensakko mit Hirschhornknöpfen, die Stimme leicht näselnd, wie es das Klischee will. Doch an Winzigkeiten verriet er sich. So sprach er etwa vom „*mutmaßlichen* Selbstmord des Kronprinzen Rudolf". „Die kaiserliche Familie wollte den Suizid Rudolfs lange Zeit vertuschen", flüsterte mir mein alter Herzensfreund G. ins Ohr, der mich begleitete.

Eine Kriegserklärung, der 17 Millionen zum Opfer fielen, viele anonym, irgendwo im Matsch, in Frankreich, Russland, den Dolomiten. Aber als der Kaiser damals die Feder ansetzte, gab es draußen vielleicht einen Blick wie am Tag meines Besuchs, strahlender Sonnenschein über dem Hausberg namens Katrin, die Konturen überscharf, der Himmel fast provokant blau zum fetten Grün der Hänge, „Kaiserwetter", wie man in Österreich bis heute sagt. Ich nickte und war mir plötzlich ganz sicher. „Er ist auch einer", flüsterte ich G. zu und deutete mit dem Kinn auf unseren Führer.

Im letzten Saal hing ein Schildchen an der Wand, auf dem in altmodischen Buchstaben stand: „Wie in der guten alten Kaiserzeit – ein kleines Trinkgeld sehr erfreut."

„Ich frag ihn", sagte G. entschlossen.

„Das ist zu peinlich", widersprach ich zimperlich.

Doch G. holte ein paar Euro-Münzen aus der Tasche und ließ sie dem jungen Mann in die Hand gleiten. „Sie sind auch von hier?", fragte G., und der junge Mann bestätigte. „Und gehören Sie zufällig auch zur Familie Habsburg?", setzte G. nach. Ich hielt den Atem an. Der junge Mann wirkte etwas überrascht. „Auch das", sagte er und ließ ein feines Lächeln sehen.

Die ganze lange Auffahrt hinunter, durch den kaiserlichen Park zurück in die Stadt, konnte sich G., ein in der Wolle gewaschener Linker, der noch auf dem Totenbett die Sozialdemokraten wählen wird, kaum darüber beruhigen, dass „der als geborener Habsburger mit aufgehaltener Hand dasteht und sich ein Trinkgeld geben lässt". Ich lachte, fast hysterisch im Triumph meiner Intuition. Ganz unten, gleich neben dem Eingangstor, steht an der Ecke ein rotes Hotel. „Und das gehört jetzt dem Ernstl Strasser", erläuterte G. fast resignativ, als wir zu lachen aufhörten. Ernst Strasser war früher ein konservativer Innenminister Österreichs, 2010 wurde er, inzwischen EU-Parlamentarier, von britischen Journalisten der Sunday Times in eine Falle gelockt. Sie gaben sich als Lobbyisten aus und boten sechzig EU-Abgeordneten Geld für Änderungen bei bestimmten EU-Richtlinien. Von fünf Dutzend angesprochenen EU-Abgeordneten waren nur drei dazu bereit; die anderen beiden stammten aus Rumänien und Slowenien („Cash-for-Laws-Affair"). Strasser wurde zu drei Jahren unbedingter Haft verurteilt. Jetzt führt er, zusammen mit seiner Frau, ein Hotel in Bad Ischl, direkt neben der Kaiservilla. Als wir daran vorbeikamen, trat Strasser zufällig heraus, in einer traditionellen Lederhose, einer von der Art, die Österreichs Juden im Jahr 1938 nicht mehr tragen durften. Das kann doch alles nicht wahr sein, dachte ich. Die Briten haben die EU verlassen, die Chinesen haben sich ein eigenes Hallstatt gebaut, die israelische Rechte kuschelt mit Orban, der FPÖ und der AfD (also gewissermaßen den Mittelmächten des Ersten Weltkriegs), der Habsburger in der Kaiservilla zählt die Geweihe seines Ururgroßvaters und nimmt dafür Trinkgeld. Wer weiß, was als Nächstes passiert. Aber das Salzkammergut bleibt unverrückbar die Mitte Europas, und eine der schönsten Landschaften der Welt. ∎

▶
Filmwelten 74
Ma, ist das schön! 150
Parallelwelten 179

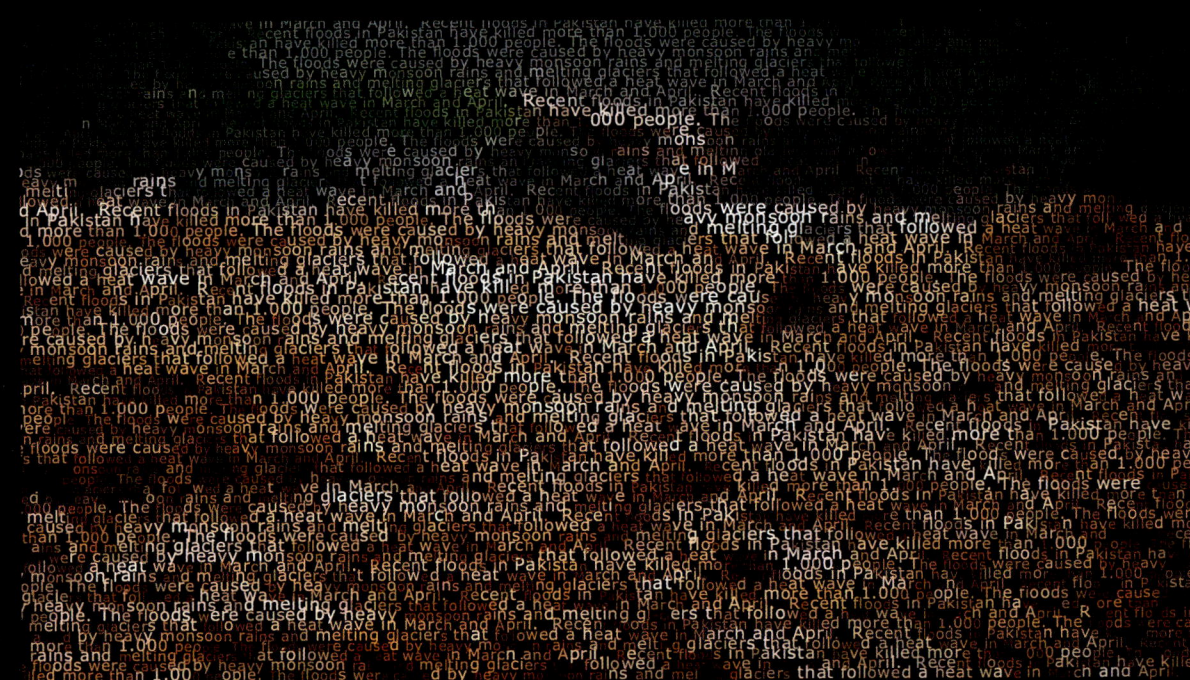

▶ **FLOOD**

Flood ist ein dynamisches Projektionsmapping auf das Johann Nestroy Schulgebäude in Bad Ischl, das die Medienkünstler*innen Ruth Schnell und Martin Kusch für die Eröffnung der Kulturhauptstadt Europas Bad Ischl Salzkammergut 2024 adaptiert haben. Die Fassade des Gebäudes wurde Teil einer spektakulären Animation, deren visuelle Basis das Text-konvolut der 1948 verabschiedeten Allgemeinen Erklärung der Menschenrechte ist, die heute 30 Artikel und 17 Zusatzartikel umfasst (*International Bill of Rights*).

Die Auswirkungen von Klimawandel und Umweltzerstörung drängen weltweit Menschen, insbesondere aus dem Globalen Süden, in zunehmend prekäre Lebensverhältnisse. So ist zum Beispiel das Recht auf Zugang zu sauberem Wasser bereits 2010 von der UN-Vollversammlung als Menschenrecht anerkannt worden.

In *Flood* verschränken sich Text und Bild: aus den Buchstaben und Wörtern, die sowohl die gültige Fassung der Menschenrechte als auch ihre in Hinblick auf den Klimawandel virulentesten Erweiterungen formen, schälen sich bewegte Bilder von Landschaften, von Wasser, aber auch von den Konsequenzen des Raubbaus an der Erde und ihrem Klima. ∎

Handwerk

Barbara Kern

Durch die Sommerfrische begann das Handwerksgewerbe im Salzkammergut zu blühen. Wertschöpfung durch Handwerk ist auch Teil seiner Zukunft.

Das Salzkammergut gilt heute als Hochburg des Handwerks. Das war nicht immer so, außer man würde die Salinen früherer Jahrhunderte als Handwerksbetriebe einstufen. Die Arbeit der Bergleute, Schiffbauer, Holzknechte oder Küfer war Handarbeit, die ohne maschinelle Hilfe ausgeführt wurde, und setzte ein hohes Maß an technischem Denken, manuellem Können und Erfahrungswissen voraus. Das historische Kammergut zwischen Dachstein und Ebensee war eine Bergbauregion und seine Bewohner arme Arbeiter, die in einfachsten Wohnverhältnissen lebten und Gegenstände des täglichen Bedarfs – vom Dach überm Kopf über die Feuerstelle zum Heizen und Kochen bis zu Fensterläden und Sitzbänken, gedrechselten Tellern und Löffeln – selbst fertigten. Nur weniges wurde zugekauft.

▶ Gerätschaften für die Lebkuchenherstellung, Bad Aussee

Aus diesen Gründen kann bis ins 19. Jahrhundert keineswegs von einer florierenden Handwerkslandschaft die Rede sein. Joseph August Schultes hat während seiner „Reisen durch Oberösterreich" bis 1809 für „Hallstadt, Laufen, Ischel, Goisern oder Herrschaft Wildenstein"[1] gerade einmal 155 Handwerker als alleinige Grundversorger für Wirtschaft und Bevölkerung, damals rund 14.000 Einwohner*innen, erfasst. Gewerbliches Handwerk war, im Gegensatz zur weit verbreiteten Meinung, ein städtisches Phänomen. Es hatte immer seinen Preis und war darum dort verortet, wo eine vermögende Oberschicht, Adel, Klerus, Bürgertum, die entsprechenden Fertigkeiten und Erzeugnisse bezahlen konnte. Am Land hingegen waren eigenes manuelles Können und körperliche Arbeit das Fundament täglicher Existenz. Der auf diese Weise verankerte manuelle Grundverstand wirkt auch im Kammergut, das von seinen Arbeitermilieus des Salz- und Holzwesens geprägt ist, teilweise bis heute nach. Im Dialekt bezeichnet man jene, die mit handwerklichem Geschick und Können gesegnet sind, anerkennend als „pfachtlig".

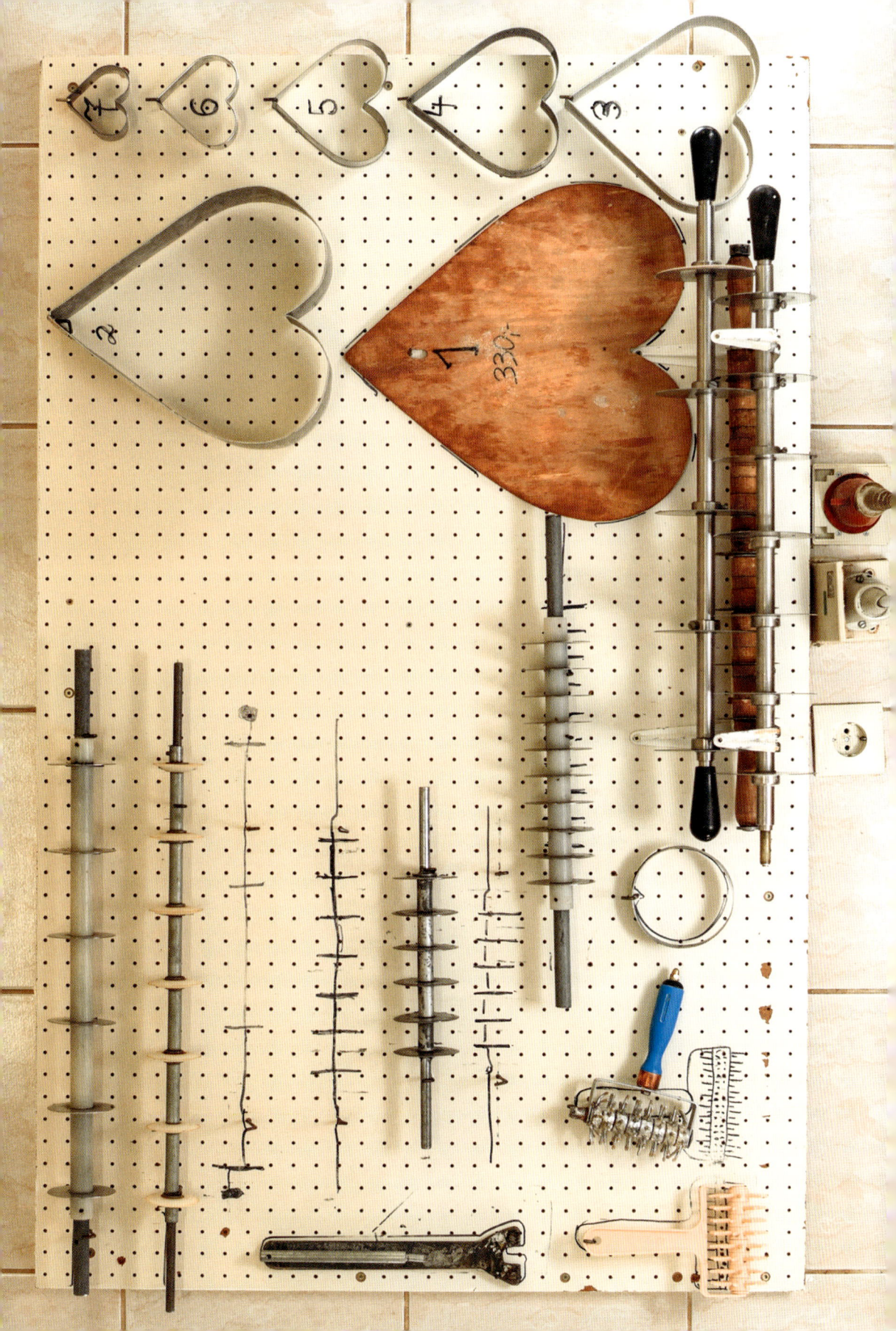

DURCH DEN TOURISMUS ZUR HANDWERKSREGION

Unter solchen Vorzeichen fand gewerbliches Handwerk am Land vorerst keinen guten Nährboden. Das änderte sich paradoxerweise in jenem Jahrhundert, in dem Industrialisierung und Maschinen Menschen als Produktionsfaktoren zusehends in den Hintergrund rückten. Mit Beginn des 19. Jahrhunderts entstanden neue Trends und Bedürfnisse. Das romantische „Zurück zur Natur" wurde zur neuen Devise einer vermögenden Oberschicht. Es waren Impulse von außen, die etwa in Ischl den Aufbau des Solewasser-Kurwesens initiierten und vorantrieben, begleitet von der Schaffung einer Infrastruktur, die dem „Wellness-Gast" dieser Zeit Rechnung trug. Bald folgte die Sommerfrische, auch sie einer privilegierten Oberschicht vorbehalten. Diese ließ sich allerdings nicht lumpen, verbrachte gleich zwei bis drei Monate im nun mit dem Seengebiet gleichgesetzten Salzkammergut und baute sich auch eigene Landhäuser und Sommerfrischevillen, besser gesagt: ließ sie sich bauen. Dazu brauchte es Handwerker: die Veranda des Zimmerers, das schmückende Fenstergitter des Schmieds, die dekorative Arbeit des Malers, das Know-how des Ofensetzers. Ein Glücksfall verknüpft mit einer Vielzahl von Impulsen von außen, die bedingten, dass dem Salzkammergut das klassische Schicksal anderer Bergbauregionen erspart blieb, weil neue Erwerbszweige wie Gesundheit, Tourismus und Handwerk aufgeschlossen werden konnten. Das Handwerk begann zu blühen, Einheimische erlernten manuelle Berufe, und aus anderen Teilen der Monarchie wanderten Handwerker zu, denn im Salzkammergut, im Umfeld des Kaiserhauses, konnte man dem Industrialisierungssturm trotzen.

KLIENTEL: SOMMERFRISCHEGÄSTE

Viele Handwerksbetriebe der Gegenwart haben ihren Ursprung in dieser Zeit. Durch die neuen Bedürfnisse einer Sommerfrische-Klientel entwickelten sich neue Spezialisierungen. Diese trugen einem – ebenfalls von außen definierten – Lokalkolorit und damit einhergehenden Must-haves Rechnung: Lederhosenmacher, Trachten- und Dirndlschneider oder Goiserer Schuhmacher wurden solcherart zu einem Teil der lokalen Handwerkslandschaft. Die Sommerfrischegäste gedachten ja, sich vor Ort so zu kleiden, wie sie es in dieser Landschaft für passend erachteten. Zum anderen florierten Zimmereien, Baufirmen oder Tischlereien, bedingt durch die rege und in Sachen Ästhetik hohen Ansprüchen folgende Bautätigkeit für die Sommerfrische. Der über Jahrhunderte durch die Erfordernisse des Salinenwesens sprichwörtlich gewordene Holzverstand des Salzkammerguts kam nun auch dem Holzhandwerk rund ums Bauen und Wohnen zugute.

Noch heute ist die Vielfalt des regionalen Handwerks im Vergleich gesehen groß. Es leistet einen wichtigen Beitrag in Sachen Grund- und Nahversorgung, Angebotsvielfalt und Wertschöpfung, Kulinarik, Bauen und Wohnen, „traditioneller" Bekleidung und „Accessoires", besitzt also eine Strahlkraft, die Kultur, Identität und Kulturlandschaft gleichermaßen betreffen. Handwerk ist demnach viel mehr als Behübschung, Entertainment und Folklore.

DAS REGIONALE HANDWERK HEUTE

Seit die Industrialisierung mit Maschinen und kostengünstiger Konfektionsware maßgeschneiderte, handgefertigte Erzeugnisse zu ersetzen begann, lässt sich in regelmäßigen Abständen eine Renaissance des Handwerks, gepaart mit Bemühungen, sich neuen Gegebenheiten anzupassen, beobachten. Diese Bemühungen kommen zum einen aus den Reihen des Handwerks selbst: Viele Betriebe haben ohnehin in den vergangenen eineinhalb Jahrhunderten ein hohes Maß an Resistenz und Anpassungsfähigkeit bewiesen, haben Kriegen, Weltwirtschaftskrisen und einem dramatischen Regulierungs-, Kontroll-, Preis-, Steuer- und Abgabendruck standgehalten. Sie tun dies im Bewusstsein, das übernommene Vermächtnis an nachfolgende Generationen weitergeben zu wollen. So meinte ein junger Goiserer Bäckermeister: „Der Betrieb ist ein Juwel – und ich bin dankbar, da hineingeboren zu sein."

Zum anderen sind es akademische Künstler- und Architektenkreise, die wie die Wiener Werkstätten zu Beginn des 20. Jahrhunderts Handwerk bewusst fördern, fordern und ins gestalterische Bewusstsein holen. Seit der Jahrtausendwende hat die Einsicht, dass die Globalisierung dem Handwerk erneut stürmische Zeiten beschert, zur Gründung zahlreicher Handwerks-Initiativen und -Vereine geführt. Verschneidungen mit Kulturgeschichte, Vermittlungstätigkeit, Architektur, Design, Kunst und Gestaltung spielen bei diesen Zusammenschlüssen eine wichtige Rolle. Das Hand.Werk.Haus Salzkammergut in Bad Goisern ist ein Beispiel dafür.

Aber: Handwerk ist nicht homogen. Seine unterschiedlichen Protagonist*innen, ob Ausübende oder Mitstreiter, haben unterschiedlichste manuelle und ideelle Hintergründe. Sie kommen aus Generationenbetrieben, aus akademischen Kreisen, können Autodidakt*innen, Spätberufene, Hobbyisten, von Jugend an Gelernte sein, aus einem künstlerischen oder einem rein durchführenden Hintergrund kommen.

Die Multikrisen der Gegenwart könnten dem Handwerk insofern zuträglich sein, als es schon lange nicht mehr so gut in eine Zeit gepasst hat wie in die unsere. Denn parallel zu Digitalisierung und Virtualisierung findet eine Hinwendung zum Analogen, Realen und sinnstiftend Haptischen statt. Es liegt in der Natur des Handwerks, dass es Lösungsansätze für brennende Fragen bereithält: Kostenwahrheit anstatt Kosten für die Umwelt. Ressourcenschonung und Müllvermeidung durch Reparatur und Langlebigkeit von Handwerksarbeiten. Kurze Wege aufgrund des zumeist kleinräumigen Aktionsradius von regionalem Handwerk. Lokale Kreisläufe statt globaler Abhängigkeiten. Für all das braucht es – auch im Salzkammergut – ein politisches Bewusstsein, das Lösungsansätze nicht nur in neuen Technologien, sondern auch in der althergebrachten kostenwahren Wirtschaftsweise des Handwerks findet. ∎

▶
Der Berg spricht 16
Ja, bitte 113
Keramik 122
Parallelwelten 179

Himmel und Hölle

Otmar Lahodynsky

Auswanderungswellen aus dem Salzkammergut gab es über die Jahrhunderte mehrere, meist fanden sie unter Zwang statt – von Protestantinnen und Protestanten, Arbeitsmigrant*innen und der vertriebenen jüdischen Bevölkerung.

An einem Landler Haus im Ort Großau bei Hermannstadt (Sibiu) hat einer von ihnen sein Schicksal festgehalten: „Ich bin ein armer Exulant ... man thut mich aus dem Vaterland um Gottes Wort vertreiben."

Nach der Reformation Martin Luthers waren viele Bauern, aber auch Handwerker und Adelige und deren Familien zum evangelischen Glauben übergetreten. Die Gegenreformation erreichte lange nicht die entlegenen Dörfer des Inneren Salzkammergutes, wo die Mehrheit der Bewohner*innen dem neuen Glauben treu blieb. Im Raum Bad Goisern feierten Protestantinnen und Protestanten weiter in Höhlen deutschsprachige Messen.

Unter Kaiser Karl VI. kam es daher 1734 zu ersten Deportationen. 47 Familien mit 259 Personen aus Hallstatt, Goisern und Ischl waren die ersten bei der Zwangsumsiedlung nach Siebenbürgen. Ihr Vermögen sollte verkauft und der Erlös in die neue Heimat nachgeschickt werden, was aber in vielen Fällen nicht geschah.

Da die erhoffte abschreckende Wirkung der Deportationen bei den Protestantinnen und Protestanten im Salzkammergut weitgehend ausblieb, wurden bis 1737 weitere Aussiedlungen durchgeführt, womit insgesamt 624 Personen nach Siebenbürgen umgesiedelt wurden.

Die meisten „Transmigranten", wie sie von den Behörden genannt wurden, fingen in Neppendorf und Großau, zwei Dörfern in der Nähe von Hermannstadt (heute: Sibiu) in Rumänien, ein neues Leben an. Sie mussten sich mit den bereits vorher angesiedelten Siebenbürger Sachsen aus dem Rheinland arrangieren.

▶ Hausfassade eines Landler Hauses in Großau, Siebenbürgen

Ich bin ein armer Exulant, also thu ich mich schreiben, man thut mich aus dem Vaterland um Gottes Wort vertreiben.

Unter Kaiserin Maria Theresia folgten von 1752 bis 1757 weitere Deportationen von unbeugsamen Protestanten und deren Familien – „Landler" genannt – nach Siebenbürgen, insgesamt wurden 2052 Personen deportiert. Versprechungen von Ackergrund samt Steuerfreiheit wurden oft nicht eingehalten.

Das Zusammenleben mit den Sachsen war nicht konfliktfrei. So saßen Landler und Sachsen in den evangelischen Kirchen getrennt voneinander. Lange gab es auch getrennte Schulen, da sich die zwei Volksgruppen auch in der Sprache unterschieden. Nur langsam wuchsen sie zusammen, auch durch Mischehen.

ARBEITSMIGRATION NACH GALIZIEN

Ab 1775 kam es zu einer neuen Migrationswelle aus dem Salzkammergut, diesmal aber auf freiwilliger Basis. 224 Auswanderer – die meisten aus Bad Ischl, Ebensee und Bad Goisern –, meldeten sich freiwillig als Holzfachkräfte und Arbeiter im Salzbergbau für ein neues Leben in den Waldkarpaten in Galizien (heute Ukraine und Rumänien). Sie durften dafür einen Priester und einen Lehrer mitnehmen. Außerdem sollten sie ein Grundstück für den Hausbau und die Haltung von je zwei Stück Vieh erhalten. Die Dörfer bekamen Namen wie Deutsch-Mokra, Königsfeld oder Franzdorf. „Von den vertragsmäßigen Versprechungen wurde aber nur wenig auch erfüllt", erklärt Franz Gillesberger, Leiter des „museum.ebensee", wo auch weiterhin die Ausstellung „Himmel und Hölle" über Auswanderer*innen aus dem Salzkammergut, die Teil der Landesausstellung 2008 war, zu sehen ist.

Anfangs hausten die Landler*innen in Hütten und wären – so steht es in Briefen in die alte Heimat – am liebsten gleich wieder heimgereist. Doch mit Fleiß und Geschick schufen sie bescheidenen Wohlstand. Brauchtum, Trachten, Musik und Dialekt aus dem 1100 Kilometer entfernten Salzkammergut wurden von den Landlern in den Karpaten so wie auch in Siebenbürgen weiter gepflegt.

Aus Rumänien wanderten viele von ihnen unter dem Regime von Nicolae Ceaușescu und nach der Wende 1989 nach Deutschland aus, wo sie finanziell unterstützt wurden und auch Pensionen erhielten. In Österreich gab es keine solche Starthilfe, weswegen nur wenige Landler*innen in die alte Heimat zurückkehrten. Das Land Oberösterreich organisiert regelmäßig die Lieferung von Hilfsgütern und Weihnachtsgeschenken.

In den Dörfern der heutigen Ukraine leben heute nur mehr wenige Menschen mit Wurzeln im Salzkammergut. Diesen „letzten Österreichern" widmete der Südtiroler Regisseur Lukas Pitscheider 2020 einen Dokumentarfilm mit gleichnamigem Titel, bei dem aber die Herkunft der Auswanderer unerwähnt blieb.

WIRTSCHAFTSMIGRATION IN DIE USA

Im 19. Jahrhundert erfolgten neue Auswanderungswellen aus dem Salzkammergut, diesmal in die Vereinigten Staaten von Amerika. Die Gründe dafür lagen in Hungersnöten oder mangelnden Berufschancen außerhalb des Salz- und Holzsektors. Zugleich machten Umstellungen bei der Produktion in den Salinen viele Beschäftigte arbeitslos. Der Historiker Michael Kurz aus Bad Goisern forschte über die Spuren der Migrantinnen und Migranten in den USA: „Das Konkordat von 1855 widerrief Teile des Toleranzpatents, was den Protestanten die Ausübung ihres Glaubens neuerlich erschweren sollte. Viele Auswanderer siedelten sich in den agrarisch ausgerichteten Staaten Wisconsin und Missouri an." Nach den US-Bestimmungen aus dem Jahr 1862 erhielt jeder Einwanderer ein Grundstück über 60 acres (entspricht etwa 24 Hektar). Im Telefonbuch von Jackson/Missouri finden sich viele typische Namen aus dem Salzkammergut wie Reisenbichler, Loidl oder Putz.

Der aus Ebensee stammende Priester Friedrich Xaver Katzer brachte es in den USA 1890 sogar zum Erzbischof von Milwaukee. Auch die berühmte US-Dichterin Sylvia Plath (1932–1963) hatte familiäre Wurzeln im Ausseerland.

JÜDISCHE FLUCHTBEWEGUNG IN DER NS-ZEIT

Mit Adolf Hitlers Aufstieg in Deutschland begann auch die Judenverfolgung im Salzkammergut. Bereits in den frühen Dreißigerjahren des 20. Jahrhunderts kam es in Bad Ischl zu Protestmärschen gegen jüdische Geschäftsleute. Und bald nach Hitlers Einmarsch in Österreich im März 1938 wurden ihre Geschäfte und Häuser „arisiert". In Ischl betraf das 60 Liegenschaften, in Gmunden und Aussee ebenso viele. Das Schicksal des jüdischen Apothekers in Ebensee, Sigmund Berger, wird im „museum.ebensee" akribisch dokumentiert. Ihm gelang 1939 zunächst die Flucht nach Großbritannien, aber nach Beginn des Zweiten Weltkriegs wurde er mit vielen anderen Landsleuten aus Österreich und Deutschland nach Australien ausgewiesen. Erst 1943 erhielt er die Genehmigung zur Auswanderung in die USA. Doch das Schiff mit den Migrantinnen und Migranten an Bord versank und Berger ertrank.

Mehr Glück hatte der Komponist Erich Wolfgang Korngold (Oper „Die tote Stadt"), der Anfang 1938 aus Hollywood einen Auftrag für eine Filmmusik erhielt und mit Familie rechtzeitig die Heimat verließ. In seinem Haus in Kalifornien stand auf seinem Schreibtisch ein Foto vom Ausblick von seinem geliebten Landgut bei Gmunden auf den Traunstein.

Der Operetten-Librettist Fritz Löhner-Beda, der viele Texte für Franz Lehár schrieb, konnte nicht mehr ausreisen. Er und seine komplette Familie wurden in NS-Lagern ermordet. Über das Schicksal von Jüdinnen und Juden im Salzkammergut arbeitet das Zeitgeschichte-Museum Ebensee gerade an dem Buch „Jüdische Familien im Salzkammergut", für das bereits 160 Einzelschicksale erforscht wurden.

Das Salzkammergut wurde in drei Jahrhunderten von unterschiedlichen Auswanderungswellen geprägt: zuerst die Zwangsdeportation von Protestantinnen und Protestanten, dann die Arbeits- und Wirtschaftsemigration in die Waldkarpaten und in die USA und in der NS-Zeit die Enteignung und erzwungene Emigration von Jüdinnen und Juden. Spuren haben alle hinterlassen. ■

▶
Die Ehrenwerten 44
Geheimsache 86
Die Rückkehr 186

Ja, bitte

Julia Kospach

Eine Liebeserklärung an einen aus Seen,
Flüssen und Bergen gemachten Landstrich
und seine Bewohner*innen

◄ Blick mit Türken-
bund-Lilie von der
Bleckwand auf den
Wolfgangsee

Ich bin ins Salzkammergut hineingewachsen und das Salzkammergut in mich. Die Voraussetzungen für dieses reziproke
Geschehen waren von Natur aus günstig: Denn das Salzkammergut ist aus Seen, Flüssen und Bergen gemacht, und genau auf
eine solche Landschaft bin ich von Kärntner Kindesbeinen an
konditioniert. Erstere – die Seen und Flüsse – brauche ich zum Reinspringen,
Zweitere – die Berge – als Kulisse. Das ist schon einmal die halbe Miete.

Doch my own private Salzkammergut-Hymnus hat noch viele weitere Weil-
und Wegen-Strophen. Warum ich es also so mag hier?

Wegen der jungen Ischlerin zum Beispiel, der ich einmal an einer meiner
Badestellen am Ufer der Traun begegnet bin und über deren prolligen Leopar-
denprint-Bikini und totgefärbtes eierspeisblondes Haar ich schlecht gedacht
hatte, bis sie das „Tagebuch der Anne Frank" herauszog und mit der Selbstverständlichkeit der geübten Leserin darin versank, während ich beschämt in
Zuneigung zu ihr entbrannte.

Oder wegen der smaragdgrünen Durchsichtigkeit der Flüsse an heißen
Sommertagen und des eiskalten Wassers, das einem beim Untertauchen die
Luft nimmt und kohlesäureeisig auf der Haut prickelt, bevor es erträglich und
schließlich wohlig wird.

Weil es abends und nachts verlässlich abkühlt im Salzkammergut. Ich halte es nämlich streng mit Hildegard Knef und ihrem „Ostseelied", in dem sie singt: „Ich hasse die flimmernde Hitze des Südens ..." Geht mir genauso. Mein Motto lautet: Es lebe das alpine Reizklima!

Weil ich gern auf immer neuen Wald-, Wiesen- und Spazierwegen dahingehe. Und zwar möglichst unbehelligt. Mit dieser kleinen Passion kann man es kaum besser treffen als im Salzkammergut. Wolf Haas, den ich zufällig dieser Tage in Gmunden eine Straße überqueren sah, würde sagen: Auswahl unbegrenzt. An Wegen zum Spazierengehen nämlich. Wohlgemerkt: Es geht um Spaziergänge, nicht Gewaltmärsche! Ich will in dieser sportversessenen Umgebung den Eindruck von Sportinteresse ausdrücklich vermeiden. Wenn die ganzen hiesigen und zugereisten Gipfelsturm- und Bergziegen wüssten, wie schön stundenlange Spaziergänge mit verschärfter Naturbeobachtung und ohne jederlei Schweißbildung sind! Aber jedem das Seine. Es ist ausreichend Platz hier für den Eigensinn. Ein weiterer Grund, warum es mir gefällt.

Ich mag das Innere Salzkammergut auch gern wegen der gnadenlos gut gelaunten, nie enden wollenden Super-Geselligkeit des hiesigen Menschenschlags. Mamma mia, was hier ständig allerorten gläserhaltend zusammengehockt und -gestanden wird! Treffen zwei befreundete Salzkammergütler*innen aufeinander, lautet die erste Frage, die sie einander stellen, mit ziemlicher Sicherheit: „Und? Wie lange seid ihr gestern/vorgestern/am Wochenende noch geblieben?" Sogar auf meine angeborene Sozialphobie wirkt dieser heitere Schwarmtrieb irgendwie antidotisch und hat im Lauf von eineinhalb Jahrzehnten spürbar abgefärbt. Ich hätte es selbst am wenigsten für möglich gehalten, aber ich war in Bad Ischl allen Ernstes schon einmal als Lotte-Tobisch-Zombie verkleidet auf einer Halloween-Party; angetan mit der – juhu! – überflüssig gewordenen Chemo-Perücke meiner Hallstätter Freundin S., einer riesigen Biene-Maja-Brille sowie dem italienischen Designerfummel in Schwarzgold, mit dem meine Großmutter in den Achtzigern auf dem Opernball einen großen Auftritt hatte.

Und warum sagt es mir noch zu, das Salzkammergut? Zum Beispiel weil es hier richtig lohnend ist, gegen das Patriarchat zu wettern. Nicht dass dieses anderswo weniger fest im Sattel säße. Hier tut es das nur um ein Eitzerl unverbrämter, was den feministischen Kampfgeist wachhält.

Doch von den Landschaften der Salzkammergut-Seele zurück zur Landschaft selbst. Weshalb mich die ein ums andere Mal aufs Neue hinreißt?

Etwa wegen der geistklärenden Luft später Winternächte, in denen der Himmel flimmert, blitzt und blinkt, als wäre er diamantverzierter schwarzer Samt. Je länger man hinschaut, desto mehr wird das Sternengewimmel.

Oder wegen der Regenspaziergänge über verwurzelte Waldwege, auf deren ereignisreichstem ich während kaum eineinhalb Stunden einmal insgesamt zwölf Feuersalamandern begegnet bin. Schon einmal einen Feuersalamander beobachtet? Es ist ein Blick in eine tiefe Vergangenheit.

Wegen der kleinen Biegung am Soleleitungsweg, hinter der ich nur um Haaresbreite nicht auf eine große Ringelnatter gestiegen bin, der eine halb verschlungene Eidechse aus dem Maul hing. So etwas sieht man nicht alle Tage.

Wegen der flachen, steinigen Uferstelle am Altarm der Traun, wo wir immer Steine ins Wasser werfen. Laut platschend!

Wegen der schmalen Bad Ischler Fußgängerbrücke, unter der die Forellen flossenfächelnd im Bach stehen.

Wegen der steilen Böschung an der Hohlwegstelle des Soleleitungswegs, wo man im Juli und August buchstäblich auf Augenhöhe mit purpurrosa Zyklamen dahingeht.

Wegen meines Ischler Freundes H., der mir der liebste von allen ist und ohne den ich gar nicht erst im Salzkammergut gelandet wäre.

Wegen zwei anderer, die höchstens zehn Jahre gebraucht haben, um mir einen Fußbreit die Tür zu öffnen. Wie heißt es in „Zündels Abgang" von Markus Werner? „Zum Warmwerden lag allem Anschein nach keine Ursache vor."[1] Man muss nicht gleich mit jedem Schweine hüten. Das hat man hier gut verstanden, auch wenn es mitunter kindisch ist. Ich bin da nicht viel anders. Dafür stehen die Türen danach umso weiter offen.

Überhaupt wegen des guten Dutzends an Busenfreundinnen und -freunden, die mir im Salzkammergut zugewachsen sind. Bis auf ein, zwei sind sie allesamt „Dåsige", sprich Einheimische. Sie nennen mich und die Meinen übrigens auch nach 15 Jahren immer noch gern „die Wiener"; ob wir es sind oder nicht. Ich bin zugereist und bleibe es. Mir ist das eigentlich ganz recht so!

Weil hier viele, ganz nebenbei, so viele Zusatzfähigkeiten besitzen. Bergretten und Eisklettern. Holz drechseln und Autos reparieren. Instrumente bauen und Porträts malen. Kleider schneidern und Möbel restaurieren. Bier brauen und Lederrucksäcke nähen. Modellhubschrauber konstruieren und Segel machen. Ruderboote bauen und Kastenfenster tischlern. Viele sind hier so unverschämt autark.

Und schließlich wegen meiner Tochter, die mit drei oder vier einmal als knallroter Regenmantel-Kapuzenzwerg im feinen Nieselregen bei den untersten Zweigen einer Lärche stand und zehn Minuten lang bedächtig einen Zweig nach dem anderen vorsichtig anzupfte und nach oben schnalzen ließ, sodass die an den Ästen hängenden Tropfen wie kleine Wasserbomben vor ihren Augen explodierten.

Das Salzkammergut wird später die Landschaft ihrer Kindheitserinnerungen sein. Ich halte das für einen Lotto-Sechser. ■

Jodeln

Hubert von Goisern

Hören!

Kohler

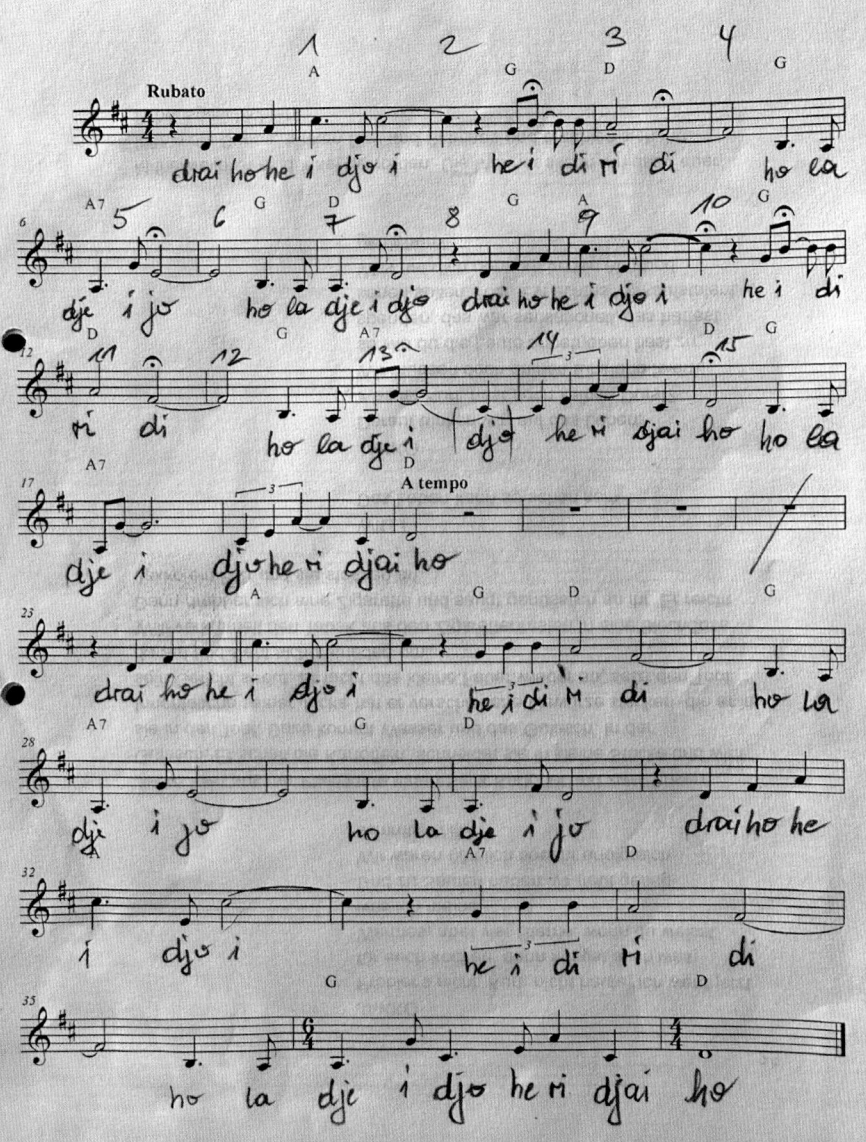

▲ Handschriftlicher
Text von Hubert von
Goisern zu seinem
Kohler-Jodler

Des Kaisers Geld

Michael Kurz

Arbeiter-Bauern, gesalzene Preise und das
Salzkammergut als Geldquelle der Habsburger

Den Menschen im Salzkammergut sagt man nach, etwas eigen zu sein. „Knopfert", also stur oder zugeknöpft, wird bisweilen diese Eigenschaft genannt, sich nicht immer alles gefallen zu lassen und Anordnungen von „oben" stets kritisch zu hinterfragen. Man könnte es auch als zutiefst demokratische Haltung bezeichnen, die einer modernen Zivilgesellschaft immanent sein sollte. Vielen Landespolitikern ist der „Red Canyon", das obere Trauntal zwischen Obertraun und Ebensee mit seinen sozialdemokratischen Gemeinden, dann doch auch etwas suspekt. Und wenn vom „Löwen" die Rede ist, weiß jeder Eingeweihte, was damit gemeint ist: die „Identitätsgrenze" des alten Salzkammerguts, das Löwendenkmal am Traunsee, errichtet 1861 wie auch die erste Straßenverbindung, die die Region nach Norden öffnete.

Aus den Gegebenheiten der Salzerzeugung formte sich eine wirtschaftlich geprägte Landschaft und daraus eine typische Identität ihrer Bewohner*innen. Unter einem „Kammergut" verstand man ursprünglich „bewegliches und unbewegliches Gut eines Landesherrn, dessen Erträge in erster Linie zur Bestreitung der Ausgaben für fürstliche Hofhaltungen, aber auch für besondere Staatsbedürfnisse dient."[1] Im Fall des Salzkammerguts waren diese Landesherren über Jahrhunderte die Habsburger. Mit Bezug auf die Region tauchte die Bezeichnung erstmals im 1. Reformationslibell von 1524 als „Camerguet des Salzes" auf, im 3. Reformationslibell von 1656 scheint „Salzkammergut" auf.

AUTODIDAKTISCHE INNOVATOREN IM WASSERBAU

Die Arbeiter eigneten sich oft als Autodidakten Kenntnisse an, die für die Salz-produktion von größtem Nutzen waren. Männer wie der Goiserer Thomas See-auer (ca. 1485–1586), durch dessen innovative Wasserbauten nicht nur Traun, sondern auch Enns und Moldau schiffbar wurden, erwarben ihre Fähigkeiten in der Praxis und gaben sie an die nächste Generation weiter. Ihre Fertigkei-ten in der Holzwirtschaft, der Schifffahrt und im Transport waren in der gesam-ten Monarchie geschätzt, und die Spezialisten aus dem Salzkammergut wurden eingesetzt, wo immer Expertise im Umgang mit der ehemals zentralsten Ener-gieressource Holz vonnöten war: Sei es im Wiener Wald, im Waldviertel, den Waldkarpaten oder rund um Semmering und Rax, wo der legendäre gebür-tige Gosauer Georg Huebmer im 19. Jahrhundert als „Raxkönig" Berühmtheit erlangte.

„GESALZENE" GEWINNE DANK SALZMONOPOL

Diese hohe Innovationskraft wurden von den fernen Behörden in Wien sehr geschätzt, weil sie für einen permanenten und dauerhaft hohen Zustrom an Finanzmitteln sorgte, die der Kaiserhof dringend benötigte. Das Kammergut machte den Herrscher unabhängig von lästigen Steuerbewilligungen seiner Adeligen. Zu gewissen Zeiten im 17. und 18. Jahrhundert steuerte der Gewinn aus dem Salzmonopol zwischen einem Viertel und einem Fünftel der Staatsein-nahmen bei.

Der Salzpreis wurde künstlich hoch-, unliebsame Konkurrenz – etwa aus Bayern oder Salzburg – ferngehalten. Das „Überlebens-Mittel" Salz konnte zu „gesalzenen" Preisen abgesetzt werden. Erst 1995 mit dem EU-Beitritt Öster-reichs fielen diese protektionistischen Maßnahmen endgültig. Ein Kenner der Salzwirtschaft im Salzkammergut rechnete um 1790 vor, dass die jährlichen Gesamtkosten für die Salzgewinnung sich auf 1.000.000 Gulden beliefen, der Erlös jedoch auf fast 5.000.000 Gulden.[2] Mit dem Geld aus dem Salzhandel konnte internationale Politik gemacht werden. In Salzburg wurden die Einnah-men aus dem Salz verbaut – etwa für die Schlösser Mirabell, Leopoldskron oder Hellbrunn –, im damaligen Habsburgerreich auf den Schlachtfeldern Europas verschossen oder für die Hofhaltung in Wien verprasst.

SELBSTBEWUSSTE „ARBEITER-BAUERN" MIT PRIVILEGIEN

Über die Zeit entwickelte sich im Salzkammergut ein stolzer Stand an „Arbeiter-Bauern", die einerseits im Bergwerk oder Holzwald arbeiteten, andererseits meist einen kleinen bäuerlichen Hausbesitz ihr Eigen nannten. Die Salzarbei-ter waren gut organisiert, die Holzknechts- und Salzarbeiter-„Passen" bilde-ten eingeschworene Teams. Bei der bloßen Anzahl der Beschäftigten konnte ein Gerücht, eine Botschaft leicht die Runde machen. Andererseits kehrten die Männer dann wieder auf ihre abgelegenen Höfe zurück, wo eine lücken-lose Überwachung dessen, was dort getrieben wurde, unmöglich war. Um 1800 arbeiteten direkt oder indirekt etwa 5.000 Menschen für die Saline, damals ver-mutlich einer der größten Betriebe der Monarchie.

Die Bewohner*innen des Salzkammergutes sahen sich nicht als „Industrieproletariat". Sie waren nie wohlhabend, doch sicherten zahlreiche Privilegien ihr Leben ab, darunter Steuerfreiheit, Militärdienstbefreiung, eine bescheidene Pension nach vierzig Jahren Dienst, kostenlose medizinische Versorgung oder bezahlte Schulen.

Das daraus entstehende Selbstbewusstsein manifestierte sich auch in vielfältigen Revolten, Streiks und Aufständen. Beharrlich verblieben die Evangelischen bei ihrem Glauben, so dass hier die einsetzende Gegenreformation um 1600 auf extremen Widerstand stieß. In zwei Aufständen 1599 und 1601/1602 rebellierte sowohl das steirische als auch das oberösterreichische Salzkammergut gegen die Rekatholisierung. Schließlich verbündeten sich die Habsburger mit dem Salzburger Erzbischof und beendeten den Aufstand in einer konzertierten Militäraktion, doch die nachfolgenden Jahrhunderte belegten, dass das Luthertum keineswegs tot war. Mit dem Erlass des Toleranzpatentes 1781 bildeten sich in Goisern und Gosau evangelische Gemeinden.

DAS ERFOLGSMODELL GENOSSENSCHAFT

Die Revolution von 1848 wirkte sich im Salzkammergut verspätet aus. Die Auflösung der Grundherrschaften und die Umwandlung des Salzoberamtes in einen reinen Wirtschaftskörper stürzten viele ehemalige Untertanen in tiefe Not. Gerade nach dem fehlgeschlagenen Attentat auf den jungen Kaiser Franz Joseph 1853 waren die Behörden extrem nervös. Man befürchtete einen Aufstand, bei dem – so mag es die Phantasie der Geheimpolizei gewesen sein – republikanisch gesinnte Arbeiter den kaiserlichen Sommersitz in Ischl stürmen würden. Über hundert Häuser zwischen Aussee und Gmunden wurden nach Aufrührern durchsucht. Dutzende Menschen wanderten daraufhin in die USA aus. Haupt der Unruhen war der Goiserer Wirt Konrad Deubler, der sich später als „Bauernphilosoph" einen Namen machte und mit zahlreichen Prominenten seiner Zeit im In- und Ausland bekannt war, darunter Ludwig Feuerbach und Ernst Haeckel.

In der folgenden liberaleren Zeit nahmen die Salzarbeiter und Holzknechte wieder selbst ihr Schicksal in die Hand. Spätere sozialdemokratische Organisationen und die rege Tätigkeit der christlich-sozialen Institutionen vorwegnehmend, blühte das genossenschaftliche – und dabei unpolitische – Vereinswesen im Salzkammergut auf. Dem 1868 gegründeten Arbeiter-Bildungsverein folgte bald ein Arbeiter-Konsumverein, einige Jahre später ein Spar- und Kreditverein und schlussendlich auch ein Altersversorgungs- und Krankenverein. Die Arbeiterkultur kristallisierte sich in den Bibliotheken des Arbeiterbildungsvereins, unter anderem in Ebensee und Goisern. Ein Feuerschadensverein rundete die gemeinsame Bekämpfung der individuellen Lebensrisiken ab.

Die „Arbeiter-Bauern" waren jetzt auch Unternehmer geworden. ∎

▶
Der Berg spricht 16
Es war einmal und sollte wieder sein 56
Geheimsache 86

◀ Bibliothek des Arbeiterbildungsvereins in Goisern um 1930. Die Bilder zeigen Josef Peer, langjährigen Obmann des Arbeiterbildungsvereins, und rechts Gemeindearzt Dr. Mathia. Am Tisch sitzt Gemeindesekretär Franz Laimer.

Keramik

Alfred Weidinger

Die transformative Kraft der Keramik in der Geschichte der Menschheit und ihr Erbe im Salzkammergut

▶ Arbeit von Franz Josef Altenburg, Grandseigneur der österreichischen Keramik und Urenkel Kaiser Franz Josephs I.

Der Werkstoff Ton spiegelt, was den Menschen zum Menschen macht und wie wir die Welt verändern. Seit unsere Vorfahren in der Altsteinzeit das Potenzial des Materials entdeckt haben, fand in Europa eine kulturgeschichtliche Revolution statt. Heute ist Gmundner Keramik als ein wertvolles Kulturgut des Salzkammerguts bekannt, doch die keramische Tradition in der Region reicht Jahrtausende zurück.

Der Homo faber trat in Erscheinung, als er als schaffender Mensch begann, Werkzeuge und Gegenstände aus Ton zu formen. Doch obwohl die ersten Gefäße für die Vorratshaltung und Konservierung von Nahrung wesentlich waren, sind die ältesten Funde in Europa figürlich: Die Venus von Dolní Věstonice aus Mähren gilt derzeit weltweit als das älteste aus Ton gebrannte

Artefakt aus dem Jungpaläolithikum, die Venus von Willendorf in der Wachau ist 25.000 Jahre alt. Sie belegen eindringlich das Potenzial schöpferischer Intelligenz: Schon die frühesten Menschen haben ihre kreativen, kognitiven und handwerklichen Fähigkeiten im Umgang mit Ton verfeinert und schufen damit die Basis für weitere künstlerische und technologische Fortschritte.

KULTURGUT TON

Die Figuren belegen auch, dass ihre Erschaffer*innen zu kulturellen Leistungen fähig waren. Damit zeigt der Werkstoff Ton die anthropologische Verfeinerung des Homo faber zum Homo symbolicus. In diese Kultgegenständen ist seine Fähigkeit, Symbole zu lesen und zu gestalten, eingeschrieben. Archäologische Artefakte lassen Rückschlüsse auf das Denken, die Reflexionsfähigkeit und die Erkenntnisgewinnung des Menschen zu; komplexe Werkzeuge aus der Altsteinzeit zeigen, dass schon der frühe Mensch in der Lage war, abstrakte Konzepte zu verstehen und technologisch anspruchsvolle Lösungen zu entwickeln.

Hominiden entwickelten sich demnach zu kulturellen Wesen, die aktiv ihre Umwelt gestaltet und ausgedeutet haben. Das Entwerfen von Objekten und ihre Verzierung sind eine Form, Geschichten zu erzählen, sich auszutauschen, Metaphern und Analogien zu verwenden – und belegen ein Bewusstsein für ästhetische Ausdrucksformen und die Fähigkeit zur Reflexion über die Welt.

KERAMIK IM SALZKAMMERGUT

Tongefäße sind zweckgebundene Objekte, verzierte Tongefäße gehen weit über die rein funktionale Notwendigkeit hinaus. Der bewusste ästhetische Gestaltungsprozess war und ist ein Akt der Selbstentfaltung und der Ausdruck der eigenen Individualität. Früher wie heute ist jedes Werk eine Manifestation des künstlerischen Geistes und der persönlichen Handschrift der Schöpferin bzw. des Schöpfers und gleichzeitig das Ergebnis einer gemeinschaftlichen Entwicklung, ein Ausdruck kultureller Traditionen. In verschiedenen Regionen entstanden spezifische Stile, Techniken und Verzierungen; sie waren Botschafter der kulturellen Identität und dienten als Tauschobjekte zwischen verschiedenen Gemeinschaften.

Die künstlerische Tonproduktion im Salzkammergut hat eine Geschichte, die über 7000 Jahre zurückreicht. Der früheste Hinweis auf Hafnerwaren in Gmunden datiert auf das Jahr 1492, und für die Hochblüte moderner keramischer Kunst in der Region stehen die Gmundner Fayencen, die zwischen dem frühen 17. und dem späten 19. Jahrhundert mehrere künstlerische Höhepunkte erreichten. Diese Fayencen waren für ihre exquisite Handwerkskunst und ihre kunstvollen Verzierungen bekannt. Ihr Einfluss auf die keramische Kunst war bedeutend. Als künstlerisches Medium etablierten sich Fayencen im ersten Viertel des 20. Jahrhunderts mit der Gründung der Gmundner Keramik durch Franz und Emilie Schleiss. Durch die Werkstätte Hallstatt-Keramik und mit dem Zusammenschluss von mehreren bedeutenden Keramikkünstlerinnen und -künstlern als Arbeitsgemeinschaft Gruppe H erfuhr die Gmundner Keramik nach 1945 neuen Aufschwung, dessen Wirkung bis heute anhält: Ihr

Einfluss war prägend für die zeitgenössische keramische Kunst im Salzkammergut und darüber hinaus. 2021 wurde die in der Gmundner Keramik etablierte Handwerkskunst des Flammens von der Unesco zum immateriellen Kulturerbe ernannt.

ACADEMY OF CERAMICS GMUNDEN
Heutzutage ist Keramik als Kulturträger aus dem Salzkammergut nicht mehr wegzudenken. Die Aktivitäten der Academy of Ceramics Gmunden (AoCG) sind zu einem wichtigen Bestandteil der künstlerischen Keramikszene im Salzkammergut geworden. Die Academy fördert die keramische Kunst durch Ausstellungen, Workshops, Weiterbildungsprogramme und den Austausch von Ideen und Kenntnissen. Sie bietet eine internationale Plattform für Keramikerinnen und Keramiker, um ihr Handwerk zu perfektionieren, neue Techniken zu erlernen und ihre künstlerische Stimme zu finden Die Academy of Ceramics Gmunden trägt dazu bei, das Erbe der keramischen Tradition im Salzkammergut zu bewahren und gleichzeitig zeitgenössische Ansätze und Experimente, auch im internationalen Kontext (u. a. Studio House in der namibischen Kalahari; interkulturelles Art-&-Aid-Programm mit den San (Bushmen)), zu fördern. ■

▶
Der Berg spricht 16
Bernhard, Thomas 20
Handwerk 104

Kitsch & Klischee

Angelika Hager

Das Salzkammergut ist ein Tummelplatz für
Kitsch und Klischees, die vor allem von den
„Zuagroasten" bespielt werden.

Ein sommerlicher Sonntagmorgen in der Bäckerei Maislinger, Filiale Altaussee.
In der Schlange stehen einige Kunden, die sich bereits um diese Zeit „auf'bre-
zelt haben wie die Kiah beim Almabtrieb", wie ein „Eingeborener" mit mil-
der Ironie einmal festgestellt hatte. Sie stellen sich in vollem Trachtornat um
ihre Handsemmerln und Kipferln an. Auf den Almabtrieblern blinkt quasi das
Erkennungszeichen „Zweithäusler", „Zuag'reiste" oder – die ultimative Diskriminierung – „net von do". Denn „die von do" werfen sich in der Regel vorran-
gig anlassbezogen ins „Steirerg'wand", wie die Ausseer Lederhose, Dirndl oder
Jopperl subsumieren. Im Gegensatz zu den „Echtolos", so ein Repräsentant dieser Spezies mit Selbstsarkasmus, stellen „die von do" beim „Kiritog" (einem alljährlichen Volksfest zugunsten der Feuerwehr, das man auch unter „Recht auf
Rausch für alle" zusammenfassen könnte), der Begrüßung des Biers (am Vortag
des Kiritog) oder bei Taufen und Hochzeiten regionales Identitätsbewusstsein
zur Schau.

Dass sich die „Zweiheimischen" „gar so gern verkleiden tuan" und dann
auch noch gerne etwas tollpatschig bis hölzern das regionale Gruß-Idiom
(„Griaß di, pfiat di Gott") bemühen, ist Teil einer manchmal etwas widerwilligen,
aber eben auch durchaus lukrativen Symbiose, die die Bevölkerung des Salzkammerguts, egal ob in Goisern, Ischl, am Atter- oder Traunsee oder eben im

steirischen Teil (Bad Aussee, Altaussee, Grundlsee), seit noch nicht ganz, aber fast zwei Jahrhunderten mit den „Großkopferten" aus der Hauptstadt, den Sommerfrischlern und – ja, die muss es leider auch geben – den Tagestouristinnen und -touristen eingegangen ist. Mit der Übersiedlung des Kaiserhofs nach Bad Ischl, des jagdbesessenen Franz Josephs bevorzugter Sommerresidenz, waren die Aristokratie, das Großbürgertum und in Folge auch die Künstlerkarawane, allen voran die „Dichterlinge" (Joachim Ringelnatz) ab der Mitte des 19. Jahrhunderts in die von „amoralischer Lieblichkeit" (Hermann Broch) geprägte Gebirgs- und Seenlandschaft rund um das neuralgische Habsburger Machtzentrum gepilgert. Die alteingesessenen Salzkammergut-Bewohner*innen sind also nahezu mit genetischer Vorbelastung daran gewöhnt bis davon gelangweilt, manchmal auch davon genervt, in den Sommermonaten mit einer hohen Dichte an Prominenz aus Kunst, Wirtschaft und Politik auf Tuchfühlung zu gehen.

ZEMENTIERTE CELEBRITY-RESISTENZ

Was juckt sie beispielsweise ein Daniel Craig, der bei den Dreharbeiten zu einem James-Bond-Film in Decken gehüllt in der weltschönsten Jausenstation, der Seewies'n am Ende des Altausseer Sees, seines Einsatzes harrt? Über diese Wies'n stapften schon andere Kaliber: Arthur Schnitzler, Sigmund Freud, Richard Strauss, Hugo von Hofmannsthal. Kaiserin Sisi ließ sich vom ehemaligen Jagdhaus des Clans Hohenlohe-Schillingfürst in einer Sänfte den Loser hochhieven. Auch die Seewies'n-Wirtin Eva König-Utassy zeigte sich angesichts der 007-bedingten, plötzlichen weltweiten Popularität ihres Wirtshauses völlig ungerührt: „Ich mach weiter wie immer, bei uns gibt's jetzt sicher koan James-Bond-Strudel, und wir zerschießen auch keine Kaffeetassen, sondern waschen sie weiter ab."

Die alteingesessenen Salzkammergutler*innen entwickeln also keinerlei Selfie-Neurosen und besitzen eine seit Jahrhunderten zementierte Celebrity-Resistenz. Und betrachten mit ungebrochenem Amüsement die Assimilierungsbemühungen der mehr oder weniger bekannten Städter*innen in ihren Holzhäuschen oder „Eichkatzl"-Villen (so der Terminus für jene herrschaftlichen Jahrhundertwende-Häuser mit reichlich verzierten Holzveranden), regional authentisch zu leben, was sich nicht nur in der Aufbrezelung mit Lanz- oder Tostmann-Dirndln oder den Lederhosen, natürlich nur vom Raich (ein Jahr Wartezeit), manifestiert, sondern auch in Gmundner Keramik, Fleckerlteppichen, knödel- und strudellastiger bäuerlicher Kost, unbequemen Stühlen, viel grobem Leinen, einem Strauß Wiesenblumen in einem Tonkrug auf dem Tisch und, selbst auch bei Atheistinnen und Agnostikern, einem Herrgottswinkel in der Wohnküche. Das einfache Leben wird unter nostalgietrunkenen Sommerfrische-Streberinnen und -Strebern unter hohem Aufwand bis ins kleinste Detail nachinszeniert.

UNBESTECHLICHKEIT UND STURHEIT

Ambitionen, die schon den Wahl-Ohlsdorfer Thomas Bernhard, der auf seinem oberösterreichischen Hof auch gerne ein bisschen Bauer gespielt hat, in Rage versetzt haben. Eine Figur in seiner Katastrophen-Komödie „Elisabeth II." lässt er nörgeln: „Ich verstehe gar nicht, dass es Leute gegeben hat, die sich freiwillig in Altaussee angesiedelt haben / Schriftsteller, Komponisten, Komödianten / dieses ganze Gesindel hat sich dort angekauft / Kaum haben die Leute Geld / kaufen sie sich diese alten scheußlichen Häuser / gehen in Dirndlkleidern herum und in Lederhosen." In diesem Fall dient Altaussee als pars pro toto für die gesamte Salzkammergut-Region, in der sich „dieses nach Landluft schnappende Stadtgesindel" seinem Spleen hingibt, sich wie „steirische Grafen" zu benehmen, wie Thomas Bernhard an anderer Stelle schimpfte.

Es ist immer beeindruckend, wie unverbiegbar die Salzkammergut-Menschen sich nicht aus der Ruhe bringen lassen, wenn es darum geht, die „Echtolos" nicht zu hofieren. Steht in einem Gasthaus groß und breit „Küchenschluss 22 Uhr", könnte der König von England um eine warme Mitternachtsmahlzeit bitten – er wird sich die Zähne ausbeißen. Unbestechlichkeit trifft da auf ein bisschen Sturheit.

Der meteorologischen Raffinesse des Salzkammerguts, dem „Schnürlregen", einem evidenzbasierten Klischee, begegnen sie angesichts der Jammerei der Sommerfrischler*innen, indem sie ihn einfach ignorieren. „Ja mei", sagen die Altausseer*innen dann achselzuckend, wenn sich mitten im Sommer über mehrere Tage eine Art November breitgemacht hat, „is' halt so, aber wenn's bei uns schen is', dann is' aber sehr schen."

WIE ZU HAUSE – NUR UNBEQUEMER

Die schönste Definition der Sommerfrische hatte Marietta Torberg, Witwe des Schriftstellers Friedrich Torberg, parat, die auch nach dessen Tod über Jahre „in der schönsten Sackgasse der Welt" sich immer in derselben Villa in Altaussee einmietete: „Es ist eh wie zu Hause, nur a bisserle unbequemer."

Prinzipiell haben die Salzkammergutler*innen den gleichen Zugang zu ihrer Heimat wie der große Loriot zu Möpsen, der da sagte: „Ein Leben ohne Mops ist möglich, aber sinnlos." Der *Homo salzkammergutiensis* findet, dass er in der regionalen Lotterie einen glatten Sechser gezogen hat, und wehe jenen, die sich anmaßen zu behaupten, nach nur drei Generationen von ortsansässigen Vorfahren zu den Einheimischen zu gehören. Dann ist mit mitleidigem Kopfschütteln und einem lapidaren „Aber no ned lang g'nua do" zu rechnen. ∎

▶
Bernhard, Thomas 20
Dirndl 38
Eine Lederhose ist eine Lederhose 138
Parallelwelten 179
Schnürlregen, adé! 203

Koexistenzen

Andrea Grill

Eine kurze Erzählung, in der ein Mädchen,
ein Großvater, menschlich-pflanzliches
Miteinander und die schönen Blumenwiesen einer Salzkammergut-Kindheit die
Hauptrollen spielen

▶ Schneerosen mit
Dirndl- und Ahornblüten
vom Ischler Soleleitungs-
weg auf niederländisches
Blumenstillleben insze-
niert

Du hast kurze Hosen an. Nackte Füße in Sandalen. Samen kitzeln zwischen den
Zehen, Halme streifen über deine Haut. Feine Blätter bleiben in der Schnalle
der Schuhe hängen, Stücke von Schachtelhalmen. Gelber Blütenstaub lässt
deine Knie glitzern. Du springst, um dich durch die Wiese zu bewegen, manche Pflanzen sind größer als du. Margeriten pflückst du, aus ihnen machst du
Sträuße oder Kränze, dem Leimkraut zupfst du die noch geschlossenen Blüten
ab, lässt sie auf dem Handrücken zerplatzen, es gelingt nicht immer, manchmal hörst du nur ein dumpfes Aufkommen. Wenn es gelingt, erfüllt das helle
Zerreißen der Blütenkelche beim Aufprall dich mit großer Freude. Tuschblumen

nennst du diese Blumen, einen anderen Namen kennst du dafür nicht. Überhaupt kennst du nur einige Namen, Storchschnabelgewächse, Sumpfdotterblumen, Hahnenfüße, Glockenblumen, Flockenblumen, Frühlingsknotenblumen, Gänseblümchen, Himmelschlüssel, Nelken, Narzissen, Orchideen, Klee. Du erkennst Farben, Formen, streichelst deine Freunde im Vorbeigehen, denkst gar nicht dran, ihnen zurufen zu wollen, wie sie genannt werden. Dem Bärenklau weichst du aus, du weißt, er kann unangenehme Ausschläge verursachen. Auch ihn nennst du nicht, beschriebst ihn bei der ersten Begegnung nachher zuhause als dieses Gewächs mit den weißen zarten Blüten und sie, bei dir daheim, wussten dann, die Pflanze ist nur genießbar, wenn sie jung ist, ausgewachsen enthält sie einen Stoff, der deine Haut überempfindlich macht für Sonnenlicht, du wirst dann Pflanze, kannst aber nicht leben von Licht und Luft, treibst nur Blasen aus, keine Sprossen, keine einzige Knospe.

Später weißt du, kein Bär hat einer Wiese je was geklaut, sondern irgendwer fand einst, jene Blüten ähnelten einer Tatze – also Klaue –, sagte das und der Name blieb. Du sagst Wiese, lernst, Wiesen, wie wir sie kennen, bestehen vor allem aus Süßgräsern und krautigen Pflanzen, das sind solche mit weichen Stängeln. Solche, die leicht gemäht werden können und oft müssen, wie es seitens derer hieß, denen sie gehörten, die sie geerbt hatten oder gekauft. Du weißt: kaufen gilt. Erben auch. Erlaubst dir trotzdem und entgegen der einhelligen Stimmen, sonst würden sie unbeherrschbar, unzähmbar, unkämmbar und womöglich übergriffig – jedenfalls: *un* und *über* –, das Gebot des Schnittzwangs anzuzweifeln. Und vor allem nicht im Mai, sagst du. Man lacht. Man sagt: naiv, diese Städterin. Du sagst, ich war eine Pflanze. Man: lacht.

Pflanzen bestehen – wie du – vor allem aus Wasser. Junge Blätter enthalten in etwa so viel Wasser wie ein menschlicher Säugling. Pflanzen sind diejenigen, die sich nicht bewegen können, heißt es oft, wenn sie definiert werden, vom Fleck rühren ist gemeint, ihr Lebensraum sei ein Standort, fast ein Punkt. Das zu glauben, hieße aber Pflanzen nicht zu kennen. Nachts oder wenn du nicht hinschaust, bewegen sie sich nämlich ganz schön, und zwar nicht nur im Wind. Sie kriechen, wuchern, schlingen sich herum, halten sich an, saugen sich fest, suchen nach der besten Lage. Pflanzen haben einen eisernen Willen, nein, eine wundervolle Stärke: spalten Beton, Parkplätze, Mauern, sorgen gut für sich, solange du sie lässt. Und sind wirklich die Einzigen, die aus Licht und Luft und Erde Körpersubstanz zaubern – Zellulose, Zucker, Eiweiß. Klingt wie ein schön verpackter Kuchen? Du nickst dir zu, hast gelernt, was kluge Menschen über Wiesen sagen. Blumenwiesen seien „artenreiche Grünlandgesellschaften, die viele blühende krautige Pflanzen aufweisen, in der Regel unbeabsichtigt von selbst entstanden, heute aber in der Regel nur durch besondere Maßnahmen zu erhalten". Du lernst, es gibt Pflanzengesellschaften, dort stehen Blumen nebeneinander, die sich gerne mögen, obwohl sie weder die Möglichkeit hatten, hinzulaufen, noch die Gelegenheit, jetzt wegzurennen. Es gibt Gründe, erfährst du, also Böden, die gewisse Gesellschaften anziehen, was bedeutet, die Samen keimen dort, treiben aus, wachsen, siedeln sich an. Du liest Kalkmagerrasen, denkst: klar, Kalkgesteine, Gebirgszüge, Gletscherzungen, Alpenrandlage, Flusssystem der Traun. Dein Opa war Gärtner, sagte, es handle sich um das pflanzensoziologische System der Festuco-Brometea. Er sagte, Wiesenschwingel. Du (kichernd), Wiesenschwindel. Er hatte einen Hund, einen Spitz mit weiß-grauem Fell, dem er ab und zu eine Sonnenbrille aufsetzte, und einen Hut. Dein Opa züchtete im Glashaus, das tatsächlich aus zerbrechlichen Glaswänden zwischen Metallverstrebungen bestand, das ganze Jahr über den Sommer und war enttäuscht, dass du nach vier Jahren wissenschaftlicher Arbeit an Schmetterlingen noch immer nicht wusstest, welche Art von Gras die fraßen, welche genau. Wiesenschwingel? Wiesenschwindel? ■

▶
Ja, bitte 113
Narzisse 158
Next Generation You 166
Wald 254

Kreislaufwirtschaft

Wolfgang Schlag

Eine Geschichte über den Handyfischer
von Hallstatt, Fundstücke aus dem See und
die erstaunlich verschlungenen Wege, die
Souvenirs rund um den Erdball nehmen

◄ Schaukasten mit
Fundstücken aus dem
Hallstättersee

Apple EarPods mit Lightning Anschluss weiß, ein iPhone 11 weiß,
eine INU Powerbank. – Die Tagesausbeute des Handyfischers
vom Hallstätter See ist gut. Am späten Vormittag rudert Klaus
Mosbauer mit der Plätte wieder heimwärts zu seinem Steg. Ein
Schmetterlingsnetz genügt, um zwei Meter unterhalb der Gosaumühlstraße 69
bei jeder Bootsausfahrt fündig zu werden. Diese Stelle, von der aus der See zum
Greifen nahe ist, ist ein Fixpunkt beinahe aller Touristinnen und Touristen, denn
von hier aus lässt sich das „schönste" Foto von Hallstatt machen. Und nur wenn
man sich noch ein wenig weiter über das Geländer hinausbeugt, bekommt man
das wirklich schönste Foto. Dabei fällt dann schon einmal ein Handy, ein Ohr-
ring oder ein Regenschirm in den See. „Manchmal glitzert der Boden unglaublich
schön, richtig romantisch ist das!", erzählt Klaus Mosbauer begeistert. Seit 2016
wohnt der heute 52-jährige Linzer im Echerntal. Schon seine Schulbildung absolvierte er in der Hallstätter HTBLA, wo er lernte, mit Holz zu arbeiten. Heute ist
er nicht nur als Restaurator und Handwerker in der rund 730-Seelen-Gemeinde
beliebt. Bürgermeister Alexander Scheutz freut es, dass es den Handyfischer
gibt: „So sauber wie hier ist der Grund des Sees kaum wo."

Der Ort, an dem deutsche und chinesische Touristinnen und Touristen – sie sind die Spitzenreiter*innen in der Besucherstatistik – unfreiwillig ihre Accessoires ins Wasser fallen lassen, ist leicht zu finden. Ein wahres Paradoxon! Denn an dieser Stelle hängten Hallstätter*innen im Frühsommer 2023 riesige Transparente über die Straße. Darauf stand: „Achtung. Wir wohnen hier." Einen Tag lang versuchte der Bürgermeister, die Stelle mit einem mannshohen Sichtschutz für Fotojäger*innen, die sich nicht immer leise verhalten, „unattraktiv" zu gestalten. Die Bevölkerung war darüber allerdings nicht nur begeistert. Doppelseitig berichtete die *Kronenzeitung* angesichts von „einer Million Tagesgästen pro Jahr" über den „gefloppten Zaun gegen Selfie-Jäger".

OVERTOURISM DANK ASIATISCHER TV-SERIE
Die Welle des Overtourism, wie es Fachleute heute nennen, begann, nachdem 2006 die südkoreanische Serie „Spring Waltz" unter anderem in Hallstatt gedreht und einige Jahre später in der südchinesischen Provinz Guangdong Wǔ Kuàng Hāshītǎtè erbaut und 2012 eröffnet worden war. Übersetzt heißt der chinesische Ortsname nichts anderes als Hallstatt. Für ein authentischeres Bild des weitgehend exakten chinesischen Nachbaus des malerischen oberösterreichischen Orts wurde auch ein Kunstsee angelegt. Errichtet wurde das chinesische Hallstatt von einem Minenkonzern, und zwar als „repräsentatives Forum für Wirtschafts- und Handelsdelegationen", so die deutschsprachige Wikipedia-Seite von Wǔ Kuàng Hāshītǎtè. Daraufhin wollten viele Chinesinnen und Chinesen das originale Hallstatt sehen und machten sich bald auf den Weg zum Dachstein.

Doch wie umgehen mit den vielen Besucherinnen und Besuchern? Amtskollegen von Alexander Schutz haben unterschiedliche Ideen. Der Bürgermeister von Dubrovnik räumte vor einigen Jahren die Stadt leer, um Touristinnen und Touristen mehr Platz in den historischen Gassen zu bieten, in denen „Game of Thrones" gedreht wurde. Mato Franković ließ 80 Prozent der Souvenirläden und 30 Prozent der Gastgärten schließen. Im Gegenzug dürfen Touristinnen und Touristen keine Rollkoffer mehr über das holprige Pflaster ziehen. 2021 wurde Franković wiedergewählt, trotz der Einschränkungen für Geschäfte und Restaurants. Amsterdam geht einen anderen Weg. Es hat jede Werbung für die Stadt eingestellt und auch das beliebteste Selfie-Motiv entfernen lassen, den 23 Meter breiten Schriftzug „I am-sterdam". Das „drukte", das Gedränge, wurde so unerträglich für die Bewohnerinnen und Bewohner, dass viele angesichts von 30 Millionen für das Jahr 2030 prognostizierten Amsterdam-Besucher*innen verzweifeln. Kreuzfahrtschiffe wurden so wie Busse aus der Stadt verbannt. Und bitte keine Werbung mehr! Auch der Hallstätter Bürgermeister Alexander Scheutz arbeitet intensiv an einer Verbesserung der Situation für die Bevölkerung.

HALLSTATT-SOUVENIRS: SALZ, LUFT, CHINA-HÄFERL, SELFIE
Bergkern Natursalz, Keltenschmuck, Original HALLSTATT AIR in Dosen – „The atmosphere of Hallstatt" (angeblich abgefüllt in der Gosau). Auch das „Dirndl to go" erwies sich als interessantes Geschäftsmodell: Besucherinnen konnten sich Trachtenkleider für ein Foto ausborgen. Markus Derbl verschenkt lieber Kaffee-

häferln an Gäste in seinem Hallstätter Café und Restaurant. Wer bei ihm einen Hauskaffee trinkt, bekommt das Original Hallstatt-Häferl mit von der Gemeinde autorisiertem Weltkulturerbe-Logo gratis dazu. Einmal pro Jahr reisen 16.000 Stück dieser Häferln in Schiffscontainern von Vietnam nach Europa, auf einem Tieflader nach Hallstatt und dann als Souvenir wieder in die Gegenrichtung nach China. Denn vor allem Chinesinnen und Chinesen nehmen das generöse Angebot von Markus Derbl gerne an. Nicht alle der in Hallstatt angebotenen Souvenirs weisen ihren Herstellungsort aus, aber bei einigen von ihnen wird die Firma Orca Coatings angegeben. Das Internet kennt deren Adresse: A-2716, Spaces International Center, No. 8 Dongdaqiao Road, Chaoyang District, Beijing.

Damit schließt sich der globale Kreislauf dieser Mitbringsel. Der Handel mit Souvenirs sei allerdings deutlich zurückgegangen, erzählt Markus Derbl. Das Selfie ist das neue Souvenir.

„IN DIE GEDANKEN KOMMEN" – DER SINN DES SOUVENIRS

Die keltische Siedlung Hallstatt, wo seit 7000 Jahren Salz abgebaut wird, ist einer der besten Orte, um über Souvenirs und die Kultur des Erinnerns nachzudenken. Marcel Proust beschreibt in seinem Roman „Auf der Suche nach der verlorenen Zeit", wie die Kelten möglicherweise das Souvenir erfunden haben. Wenn sie einen geliebten Menschen verloren hatten, projizierten sie diesen Menschen in einen Stein, einen Gegenstand, um sich so zu erinnern. „Ich finde den keltischen Aberglauben sehr vernünftig, nach dem die Seelen der Lieben- den, die uns verlassen haben, in irgendein Wesen untergeordneter Art gebannt bleiben, ein Tier, eine Pflanze, ein unbelebtes Ding"[1], schreibt Proust. Frühe Pil- ger*innen nahmen Steine vom Wegesrand mit oder teilten ein Holzstück unter- einander, um sich an den gemeinsamen Weg zu erinnern.

Der frühe Tourismus nach Hallstatt begann mit den sehr populären Beschreibungen des Botanikers, Mediziners und Reiseschriftstellers Josef August Schultes, der 1804 den Dachstein besteigen wollte und damals schon „für 2 Gulden pro Tag" Bergführer anheuern konnte. Aus dem lateinischen Wort subvenire für „in die Gedanken kommen" wurde das „Souvenir". Aber was kommt der jährlich einen Million Besucherinnen und Besuchern von Hallstatt in den Sinn, wenn sie zu Hause ihre Selfies und Kaffeetassen betrachten? Viel- leicht: „Schauen wir uns doch das chinesische Hallstatt wieder einmal an!" Die Bewohnerinnen und Bewohner von Hallstatt würden es ihnen danken.

Nur Handyfischer Klaus Mosbauer hätte nicht mehr so viel Fangerfolg, und sein Freund Mamadou wäre auch unglücklich, denn er nimmt die Handys und Powerbanks gerne mit in seine frühere Heimat Kenia und repariert sie dort mit Freunden. Wenigstens ein sinnvoller Aspekt der Globalisierung. ∎

Eine Lederhose ist eine Lederhose

Isolde Charim

Über ein Kleidungsstück als Fetisch, der vermeintlich für ein umfassendes und selbstverständliches Heimatverhältnis steht.

LEDERHOSE ALT

Die Vorstellung von Heimat ist immer die Vorstellung der alten Heimat: Sie mag früher nie so gewesen sein, dennoch aber dient sie in ihrem Vergangensein als unerschütterliche Referenz. Diese alte Heimat war zweierlei: Sie war umfassend und sie war selbstverständlich. Man könnte auch sagen: Sie hatte den Status von Natur. Sie war „unsere" Natur.

Natur war das Medium, in dem sich Heimat vollzog. Und natürlich waren auch die Verhältnisse der Beheimateten. Deshalb war sie umfassend. Und deshalb war sie selbstverständlich. Und ebenso mussten auch die Zeichen der Heimat sein. Etwa die Lederhose.

Die Lederhose sollte ihren Trägern eine selbstverständliche, eine unveränderliche, eben eine „natürliche" Zugehörigkeit garantieren.

Darin funktionierte die Lederhose ehemals wie der Fetisch bei Marx: ein „sinnlich-übersinnliches" Ding. Sinnlich, weil es da, weil es greifbar ist, übersinnlich aber, weil es aufgeladen ist. Weil es das Unsichtbare, das der Heimat zugrunde liegt, ganz sichtbar erscheinen lässt: das Heimatverhältnis. Denn Heimat ist immer ein Verhältnis – das Verhältnis der Menschen zueinander, zur Landschaft, zum Land. Die Lederhose war der Fetisch, der dieses Verhältnis

„darstellte", der es garantierte: die unhinterfragte, die selbstverständliche, die quasi natürliche Zugehörigkeit.

Diese billigt der Lederhosen-Fetisch allerdings nur jenen Trägern zu, die selbst ein „natürliches" Merkmal aufweisen – die Ähnlichkeit. Heimat ist Heimat nur für die „von Natur aus" Gleichen. Solche Ähnlichkeit und damit das wirkliche, das Ganz-Dazugehören kann man nicht erreichen. Man kann es nicht erwerben. Nicht erarbeiten. Es muss einem „von Natur aus" gegeben werden – durch Geburt.

DAS EINDRINGEN DES AUSSEN: DER TOURISMUS

Das Umfassende und Selbstverständliche der Heimat, in der Lederhose gebündelt, besteht nur, wenn es nicht gestört wird. Also ohne, dass es mit einem Außen konfrontiert wird. Ohne dass etwas von außen eindringt. Weder andere Körper noch andere Blicke.

Es gibt zwei Arten solch einer „Störung", zwei Arten der Begegnung mit einem Außen: die Pluralisierung der Gesellschaft und den Tourismus, also ein permanentes und ein vorübergehendes „Eindringen". Dies sind sehr unterschiedliche Phänomene – jedoch mit einem vergleichbaren Effekt auf die Lederhose. Hier soll der Tourismus betrachtet werden.

Im heutigen Massentourismus, der in jeder Hinsicht entgrenzt ist – quantitativ, sozial, räumlich, kulturell –, wird Reisen zu einem Ereignis, zu einem *event*, das emotional befriedigen soll. Es geht um den Konsum der Atmosphäre, des Authentischen von Orten, Landschaften, Erinnerungen und Mythen, geronnen in Bauwerken. Kurzum – es geht um den Konsum von Lebensformen, alten wie gegenwärtigen. Das *Sightseeing* wird dabei zu einem *Lifeseeing*.

In Hallstatt etwa – in jenem oberösterreichischen Ort, der vor allem von asiatischen Reisenden gestürmt wird – kommt es immer wieder vor, dass Touristinnen und Touristen bei Trauerzügen einfach mitgehen und nach dem Trauermarsch applaudieren. Daran lässt sich sehr genau bestimmen, was dieser Massen-, was Over-Tourismus bedeutet.

Tourismus wird zum Over-Tourismus, wenn er durch die Quantität der Besucher*innen in die „Qualität" eines Vampirismus kippt. Wenn der Blick der vielen, die nur schauen wollen, zu einem vampiristischen Blick wird. Ein Vampirismus, der an fremden Zugängen zur Welt – gelebten oder erinnerten – andockt, nährt und stärkt. Ein Vampirismus, der fremde Lebensformen aussaugt, entleert.

Unmerklich verändern sich diese Lebensformen dabei aus einem Lebens-Wert (der auch lebenswert ist) in einen Ausstellungs-Wert – wie bei den Trauerzügen in Hallstatt. Die Einwohner*innen werden dabei zu Darstellern, zu Statisten ihrer eigenen Lebensformen. Unter dem vampiristischen Touristenblick wird das Gelebte zu einem Vorgeführten, kippt das Leben in die Darstellung von Leben. Das ist ein schleichender Prozess, der ganze Städte aushöhlen kann – wie man an Extrembeispielen sieht, wo der Ausstellungswert den Lebenswert (und damit das Lebenswerte) verdrängt, aufgesaugt hat. Etwa in Venedig. Ein Museum, das nur noch für den vampiristischen Blick konserviert wird.

LEDERHOSE NEU

Was aber bedeutet das für die Heimat? Was bedeutet das für die Lederhose? Nun – zunächst einmal, dass die alte Vorstellung nicht mehr in der alten Form aufrechtzuerhalten ist. Der touristische Blick zerstört genau das, was er sucht – das Echte, das Unverfälschte. Der Effekt dieses Blicks ist das Prekär-Werden der Selbstverständlichkeit, das Fragil-Werden der eindeutigen Zeichen. Das bedeutet: Die Heimat verliert ihren „Naturstatus". Und genau das gilt auch für ihre Zeichen. Diese müssen reanimiert werden, neu belebt werden, um weiterhin zu funktionieren. Auch die Lederhose.

Die Lederhose hat nunmehr eine neue Funktion: War sie einstmals eine einfache Garantie für das Heimatliche, so dient sie nunmehr der Abwehr von deren Verlust. Dies entspricht dem Übergang vom Marx'schen zum Freud'schen Fetisch.

Laut Freud ist der Fetisch ein Objekt, durch das man eine Wahrnehmung verweigert, abwehrt. Der Fetisch dient als Ersatz für einen traumatischen Verlust: ein Ding, in dem die Illusion der Fülle aufbewahrt werden kann – gegen das Dementi der Realität. Es ist dies ein äußerst ambivalenter Gegenstand: Denn einerseits bestätigt er den Mangel, den Verlust, indem ein Ersatz überhaupt notwendig ist – und andererseits rettet er gerade als Ersatz den Glauben an die alte Fülle. Um den Preis allerdings, dass er diese verändert. Genau diese Funktion hat die Lederhose heute.

Sie ist das Ding, mit dem der Mangel abgewehrt werden soll. Sie wird zum ambivalenten Zeichen einer Heimat, die fehlt. Einer Selbstverständlichkeit, die verloren ist. Eines Ganzen, das so nicht mehr existiert – außer im Fetisch der Lederhose. Hier werden all die Vorstellungen einer intakten Heimat aufbewahrt – nach deren Verlust.

Solcherart reanimiert, zum Ersatz umfunktioniert, wird die Lederhose zum Schutzwall – der genau das unterläuft, was er doch retten soll: die Selbstverständlichkeit.

Als reanimiertes Zeichen ist die Lederhose nun eine andere. Sie darf nicht mehr verändert werden. Sie ist nicht mehr lebendig. Sie wird fixiert. Sie wird zum Zeichen für ein unwandelbares Eigenes, auch wenn dieses sich längst verwandelt hat. Sie wird stillgestellt, aufbewahrt in einer Tautologie, die da lautet: Eine Lederhose ist eine Lederhose. Punkt. Einer anderen Definition bedarf es nicht. Deswegen können Nationalisten auch nie angeben, worin ihre eigene Kultur eigentlich besteht. Denn diese besteht nur in dieser Tautologie: Das Eigene ist das Eigene. Das aber ist keine Definition, sondern eine Beschwörung. ∎

▶
Dirndl 38
Overtourism 174
Parallelwelten 179

Leerstand & Versiegelung

Johannes Wesemann

Ein Plädoyer: Die Zukunft des Bauens
erfordert ein systemisches Umdenken –
auch im Salzkammergut.

Neulich bin ich mit dem Zug gefahren. Zu uns an den Traunsee. Ringstraße, Wien Hauptbahnhof, Attnang-Puchheim, Traunkirchen. In Gmunden bin ich erneut dem See verfallen. Der Traunstein schielte frech auf die „Schlafende Griechin", im Bewusstsein, dass er alles richtig macht. Ich vergaß auszusteigen.

Im stillen Salzkammergut offenbart sich die Sehnsucht nach einer Zukunft, die dem Erbe der Geschichte gerecht wird. Als sich der Dachstein-Gletscher auf sein heutiges Ausmaß zurückzog, ließ er die vielen Seen als Randseen stehen. So entstand das Salzkammergut, eine aus vielen Gemeinden bestehende Region, den Wolfgangsee ebenso im Angebot wie den Traun- oder den Attersee. Die Traun als Quell der Bewegung hat Gmunden, Bad Ischl oder Altaussee zu dem gemacht, was schon zu Kaisers Zeiten für Unzählige eine Fluchtroute war. Frei nach Hofer: Zurück zum Ursprung. Ein Wortwitz mit Auswirkung, denn die Hofer- und Billa-Supermärkte spielen ebenso eine Rolle wie das Wegsehen und Kassieren.

EINE TOXISCHE BEZIEHUNG

Die Zugfahrt offenbarte mir nun auch eine Zerstörung erster Güte. Parkplätze, Einkaufszentren, Supermärkte, Umfahrungen, die sich über Jahrzehnte breit-machten und so dem Salzkammergut die Luft zum Atmen nahmen. Übrig blie-ben Städte ohne Kern, verödete Winkel und frustrierte Bürger*innen, die der Kurzsichtigkeit der Politik nichts entgegenzusetzen haben. Eine toxische Bezie-hung voller Verlierer*innen.

Wir leben auch, um zu vererben. Wie können wir in einer Welt, die sich dem Wachstum verkauft hat, die den Leistungsgedanken verehrt wie einst den Sonnengott Ra, wie können wir in einer solchen Welt unsere begrenzten Res-sourcen so einsetzen, damit etwas zu vererben bleibt? Durch die Versiegelung gehen überlebenswichtige Bodenfunktionen verloren. Lokale Überschwemmun-gen, sinkende Grundwasservorräte und Hitzeinseln im Sommer sind die Folge.

Wir brauchen ein systemisches Umdenken, das die Politik zwingt, nicht allein in Kommunalsteuern zu denken, sondern Grün- und Ackerflächen als Gut allgemeinen Interesses zu betrachten. Der Wohlstand einer Volkswirtschaft kann nicht nur am BIP, sondern auch am Erhalt unseres Naturkapitals gemes-sen werden.

NACHHALTIGE BAUKULTUR

Ein Schlüssel liegt in der Revitalisierung von Leerstand. In Österreich haben wir 40.000 Hektar davon. Dennoch wird pro Tag die Fläche von 16 Fußballfel-dern verbaut. Die Zukunft des Bauens erfordert ein Umdenken, weg von der bloßen Expansion und hin zur nachhaltigen Nutzung bestehender Ressourcen. Verlassene Bauernhöfe, alte Fabriken und leerstehende Wohnhäuser sollen zu neuen Wohn- und Arbeitsstätten umgebaut werden. Durch die Revitalisierung wird auch die Geschichte der Region bewahrt.

Eine nachhaltige Baukultur erfordert die Verwendung regionaler Materia-lien. Diese stellen eine Verbindung zur Natur her. Eine Architektur, die als Teil der Landschaft wirkt und nicht als Fremdkörper. Eine kompakte Bauweise, die den Raum nach oben hin nutzt. Interkommunale Betriebsansiedlungen, ent-schieden von allen Gemeinden des Salzkammerguts, könnten die gemeinsame Entwicklung und Vermarktung betrieblicher Standorte zum Ziel haben.

Die Lösungen liegen auf dem Tisch – zu oft allerdings versteckt in Schubla-den, die von der einfältigen Landespolitik mit Hang zum Denkmal nicht geöffnet werden. Die bisherige bodenverzehrende Bauweise und das Festhalten an alten Vorstellungen müssen überwunden werden.

Joni Mitchell schrieb schon 1970 in ihrem Song „Big Yellow Taxi": „They paved paradise and put up a parking lot. ... You don't know what you've got till it's gone." ∎

Tauplitz

Eine Fotoreportage von Felix Friedmann zu einigen der leerstehenden Bahnhofsgebäude im Salzkammergut, die im Rahmen der Kulturhauptstadt und auch darüber hinaus von der lokalen und internationalen Kreativwirtschaft für Veranstaltungen der bildenden und darstellenden Kunst genutzt werden. Es entsteht eine Kulturmeile, die neue Begegnungsorte entlang der Bahnstrecke schafft.

Hallstatt

Ebensee Landungsplatz

Traunkirchen-Ort

Steinbachbrücke

Bad Aussee

Ma, ist das schön!

Einsichten von
Julia Kospach

Eine Reihe historischer Ansichtskarten und schwärmerischer Zitate zum Schwelgen in den Schönheiten des Salzkammerguts und deren Inszenierung. ■

▶
Filmwelten 74
Geheimsache 86
Ja, bitte 113

Salzkammergut. Gmunden.

Salzkammergut. Schafbergspitze 1780 m ü. Hôtel Mondsee

Salzkammergut. Der Traunsee.

Salzkammergut. Traumfall. Wehr bei ...

Salzkammergut. Ebensee. Landungsplatz.

Salzkammergut. Litzlberg am Attersee.

15./6. 1905.

Originalaufnahme und Verlag E. Le Brandt in Gmunden.

Photochromiekarte 355

Tunnel an der Kunststrasse. Traunkirchen-Ebensee.

Besten Dank für Deine liebe Karte!
Herzlichen Gruss! Dein Freund
Walther Weiss.

„Ich fuhr auf dem Heimweg am Wolfgangsee vorbei. Für mich
ist es doch immer die Landschaft der Landschaften, – kein
Baum, keine Biegung des Weges, die mir nicht fast Herzklopfen
machte." **Hugo von Hofmannsthal**

„Wenn irgend ein Ländchen in Deutschland nur den hun-
dertsten Theil der hohen Schönheiten aufzuweisen hätte,
mit welchen die Natur hier einen kleinen Winkel Landes
von kaum 12 QMeilen schmückte, es würde längst ebenso
gepriesen seyn, als das Salzkammergut unbekannt ist."
Joseph August Schultes, 1809

„Ich liebe die Landungsstege an den Salzkammergut-
Seen, die alten grauschwarzen und die neueren gelben.
Sie riechen so gut wie von jahrelang eingesogenem
Sonnenbrande." **Peter Altenberg**

„In der That aber war die Natur des Aufenthaltes werth. Wir haben von Linz aus, Gmunden, den Traunfall, den Traunsee u. s. w. besucht. Ich gestehe, daß ich in der Schweiz kaum solche großen Naturscenen kenne, als diese Oberösterreichischen. Dazu ist das Volk dort mir ungleich interessanter und liebenswürdiger."
Alexander von Humboldt, 1797

„Die Berge in der Ferne waren jetzt alle von dem sich hebenden Dunstmeere verschlungen. Wunderbar zeigte sich in diesem Augenblicke die Wirkung des Morgenrotes auf das vor mir liegende, unübersehbare Schneegefilde. Aus seinem düsteren Grau ging es allmählich in ein feines Rosenrot über, welches in den tieferen Teilen und auf den Schattenseiten durch etwas Violett gedämpft war, aber auf den höheren Teilen des nahen Gletschers und vorzüglich auf dem hohen Gjaidstein, Dachstein und Hochkreuz im reinsten Rosenschimmer glänzte. Doch jetzt erst nahte der schönste Augenblick. Wie ein feuriger Rubin von ungeheurer Größe tauchte mit einem Male die Sonnenscheibe aus der Tiefe des Ostens auf. Ihr Lichtglanz durchbrach mächtig jenes feine violette Nebelgewebe, Lichtstrahl um Lichtstrahl zuckte zuerst über die höchsten Spitzen der Alpen, dann über ihre Wände und verdrängte Minute um Minute die fliehenden Schatten der Nacht, immer tiefer und tiefer steigend, bis endlich auch in den Tälern der Tag angebrochen war."
Friedrich Simony, 1842

„Tatsache ist, daß ich schon damals, bei meiner Kindheitsbegegnung mit Alt-Aussee, und erst recht in den folgenden Jahren, als die Zukunftsträume des Heranwachsenden aufzuwuchern begannen – daß ich auf die Frage, was ich mir vom Leben wünsche, Erfolg und Ruhm, Reichtum und Ansehen, Titel und Rang oder was immer, nur eines geantwortet hätte: ,Ich möchte ein Haus in Alt-Aussee haben.'"
Friedrich Torberg

„Ich bin heute noch der Ansicht, daß eine Influenz des Gesteins vorliegt, des Minerals, damit des Wassers und der Luft; dadurch werden ja auch alle äußeren Formen sinngemäß bedingt, die ruhende Fläche des Sees, die ineinandergeschobenen Kulissen der Hügel bis hinauf zu dem beherrschenden Gletscher, das Ganze von einer harmonischen Ordnung ohne Beispiel, als ob die Hand des Schöpfers hier mit besonderer Liebe ans Werk gegangen wäre."
Jakob Wassermann

„Ich liebe diese Landschaft so sehr, je älter ich werde, desto reicher wird sie mir, bin ich einmal ganz alt, so steigen mir wohl aus den Bächen, den Seen und den Wäldern, die Kinderjahre wieder hervor."
Hugo von Hofmannsthal

„Es liegt über dieser Gegend hier eine Ruhe, die
jeden, welcher Gefühl für die großartige Natur hat,
ansprechen muss." **Erzherzog Johann**

„Er warf nicht eine einzige Welle, und die Throne um ihn
ruhten tief und sonnenhell und einsam in seinem feuch-
ten Grün – und ein Schiffchen glitt heran, einen schim-
mernden Streifen ziehend."
Adalbert Stifter, 1834 über den Hallstätter See

„Vorgestern hab' ich den Traunstein bestiegen ... Welche Aussicht! Ungeheure
Abgründe in der Nähe, eine Riesenkette von Bergen in der Ferne und endlose
Flächen. Das war einer der schönsten Tage meines Lebens; mit jedem Schritte
bergan wuchsen mir die Freude und der Mut ... Ganz oben trat ich hinaus auf
den äußersten Rand eines senkrechten Abgrundes ... Bruder, die Minute, die
ich auf jenem Rande stand, war die allerschönste meines Lebens; ... Trotzig
hinabzuschauen in die Schrecken eines bodenlosen Abgrundes und den Tod
heraufgreifen sehen bis an meine Zehen, und stehen bleiben und so lange der
furchtbar erhabenen Natur ins Anlitz sehen, bis es sich erheitert, gleichsam
erfreut über die Unbezwinglichkeit des Menschengeistes, bis es schön wird,
das Schreckliche. Bruder, das ist das Höchste, was ich jetzt genossen! Ich
jauchze, wenn ich daran zurückdenke."
Nikolaus Lenau, nach einer Traunstein-Besteigung am 7. Juli 1831

„Ischl muss ich sehr loben, und da nur mit einem gedroht wird, daß
sich halb Wien hier zusammenfindet, so kann ich ruhig sein – mir ist
das Ganze nicht zuwider."
Johannes Brahms, 1880 in einem Brief an Theodor von Billroth

„12 Jahre haben wir uns danach gesehnt – es ist schön wie je!
St. Wolfgang der schönste Flecken Europas!"
Leo Perutz, 1950 aus dem Exil in Palästina zurückgekehrt
nach Österreich, auf einer Postkarte

„Ich habe auf meinen weiten Reisen eine Menge schöner und rei-
zender Gegenden gesehen, aber nicht viele schönere Punkte als
Gmunden." **King Edward VII, 1881 (damals noch Prince of Wales)**

Narzisse

Barbara Frischmuth

Barbara Frischmuth wirft einen ironischen
Blick auf ihre Heimatregion, das Ausseerland,
auf das Geschäft mit seiner Schönheit, auf
Narzissen und Narzissos und auf das Glück,
das keine Ruhe kennt.

▶ Signature Flower des
Ausseerlands: die duf-
tende Stern-Narzisse
Narcissus radiiflorus

Was sie gemeinsam haben, ist ihre Schönheit, aber auch ihre Giftigkeit. SIE
stammt aus der Gruppe der Amaryllis-Gewächse, die man inzwischen Ritter-
sterne nennt und deren alpine Variante Stern-Narzisse heißt, zu Römisch *Narcissus radiiflorus*.

ER kommt aus der Antike und deren Mythen und dient hauptsächlich
einem Symbol der Eigenliebe. Ihrer beider Name kommt wohl vom griechischen
narkein, was so viel wie betäubender Duft bedeutet. Beide gibt es noch immer:
die vielen Varianten der Narzisse mit ihren knallgelben, oft rötlich gerahmten
Kronen und weißem Kragen sowie den menschlichen Narzissmus – mit beiden
leben wir.

Was die Narzissen, in diesem Fall die Stern-Narzissen, betrifft, wachsen
sie in Gegenden wie dem Ausseerland von selber, und das sozusagen seit Jahrtausenden, weiß glänzend, goldgekrönt und stark duftend. Seit mehr als fünfzig
Jahren werden sie mit einem Fest gefeiert, wenn auch mit kurz geschnittenen
Stängeln, die in Drahtgestelle gesteckt werden. Dabei formen sie sich zu Figuren, die als solche auch erkennbar sind. Ob Tier oder Gegenstand, sie werden
auf Booten, die den venezianischen Gondeln ähneln und Plätten heißen, jedes
Jahr über einen der beiden Seen, den Grundl- oder den Altausseersee, gefahren, und das im Mai oder Anfang Juni und bei jedem Wetter. Ich habe schon

Narzissenfeste erlebt, bei denen die Schneeflocken tanzten (gut so, da welken die Narzissen nicht so schnell), und solche, bei denen ich mir auf dem Dekolleté einen Sonnenbrand geholt habe (auch gut, da muss man nicht so lange auf dem Strand liegen bleiben). So war es bisher. Seit letztem Jahr werden die Narzissenfiguren nur mehr an Land ausgestellt. So komme man ihnen näher, heißt es. Hauptsache, es kommen mindestens ebenso viele Menschen wie am Kirtag im September. Wir sind vor allem eine Tourismusregion, die viel zu bieten hat, da muss man dazuschauen, dass die Sache nicht löchrig wird.

Wenn schon der Dachsteingletscher immer mehr schmilzt, sollen wenigstens die Seen wärmer werden – das schaffen wir schon. Wir schwimmen doch alle gerne. Und nicht zu vergessen die Gastronomie. Überforderung wegen Personalmangel? Wer sagt denn so was? Und selbst wenn, ist doch nichts angenehmer, als im eigenen Haus, in der eigenen Wohnung zu dinieren und die Gläser zu heben. Da hat man es auch nicht so weit ins Bett. Gemäht muss ja auch nicht immer gleich werden, noch dazu in der Früh. Das bisschen Gras rund ums Haus schafft der kleinste Roboter, und das lautlos. Wer redet da von der Landwirtschaft? Hier hat es doch nie eine gegeben. Ein paar Kühe auf der Alm, aber ja, gehört zur Tradition, ansonsten Früchte, vor allem Zwetschken. Schnapsbrennen gehört demgemäß zur Kunst und nicht zur Landwirtschaft. Übrigens haben die Holzknechte seinerzeit eine eigene Gastronomie ins Leben gerufen.

Wegen dem Klimawandel reifen jetzt auch bei uns die Marillen an den Spalierbäumen. Die Einheimischen könnten daran verdienen, wenn sie Marmelade nicht nur für sich, sondern auch für die Gäste produzierten – frisch vom Baum mit alpinem Aroma.

Die weitere Zukunft? Die Schönheit unserer Gegend muss noch schöner werden. Wozu gibt es denn Spezialist*innen? Selbst aus der ältesten Villa und dem morbidesten Hüttchen lässt sich doch noch etwas machen. Unter uns gesagt, der Neubau kostet weniger und kann stockmäßig großzügiger geplant werden. Oder für alle ein eigenes Häuschen im eigenen Haus. So ist man mit allen Eigner*innen durch einen kleinen Gang verbunden und dennoch daheim. Man muss nur Ideen haben, eine Zündung im Hirn – die Technik ist immer am Zug.

Bauen rentiert sich immer und überall. Wenn dann alle ihr Chalet-Häuschen haben, ist das Glück ohnehin nicht im Ruhestand, zumindest ein paar Wochen lang. Da kommen nämlich die Eigner*innen, um bergzusteigen oder zu chillen, je nach Temperament. Wie gesagt, dann kennt das Glück keine Ruhe. Es arbeitet sich ab wie wir alle und sehnt sich heimlich nach dem Glück im Glück, wenn die Eigner*innen wieder west- oder ostwärts fahren. Das größte Glück im Glück glückt ohnehin nur, wenn die Eigner*innen dem Glück erst gar nicht in den Blick kommen. Hauptsache, jemandem gehört etwas, dann bleibt es vom sich abarbeitenden Glück verschont.

Geld ist nun einmal Geld, das weiß auch das Glück von seinen Chalet-Häuschen. Die Träume der Kindheit in Häuschen, wie sie ein Walt Disney gevorbildert hat – wer möchte da keine Micky Maus sein?

Diese Art Glück gehört wohl noch immer zum kleinen Glück. Das große Glück hat Flügel wie ein Paragleiter. Der kann nur landen, wenn er Platz genug hat. Nach Möglichkeit auf der eigenen Terrasse oder zumindest auf dem eigenen Balkon. Touristen*innen haben ein Recht auf kulturelle Performance – Hallstatt ist der Pionier in puncto programmiertem Entertainment, da genügen rein museale Darbietungen bei Leib und Loden nicht. So weit das oberösterreichische Sein und Treiben.

Das steirische Salzkammergut, sprich, das Ausseerland, besitzt nicht nur die zauberhaftesten Seen, Berge und Wälder, sondern auch die spannendsten aller drei. Nämlich einen jahrtausendalten Wald im See, in dem sich auch noch die Felsen spiegeln. Ein Wald, von dem gelegentlich gemunkelt wurde, doch blieb das Gemunkel lange eine geheime Wunderdarstellung, die für ein Event wie die Kulturhauptstadt aufgehoben wurde, um, wenn die Zeit kommt, allen Nichtausseern zu zeigen, was eine uralte Überraschung ist.

Als Altausseerin verbiete ich mir, selbst die bekanntesten Geheimnisse zu lüften, besser gesagt zu verplätschern. Nur ein Satz dazu: Auch unter dem Seespiegel wird nicht nur bloß gelebt, sondern auch hergestellt. Produkte, deren Marktfähigkeit Sie alle zum Staunen bringen wird. Und das nachhaltig, denn die Intelligenz ist eine Fee des Wassers.

Wo hingegen der jeweilige Wassermann längst an Land gegangen ist, um sich nach Jahren der Plage den Status des Einheimischen zu erarbeiten. Geschäft ist Geschäft, und das Gebaute gilt als Währung. Wer viel hat, kann leicht wohnen, wer wenig oder nichts hat, wird bewohnt oder entwohnt, auch ein Zelt hat seine Vorzüge. Einheimische müssen sich um ihr Heim kümmern und dazuschauen, dass auch die Familienmitglieder eins haben, die Keinheimischen ersparen sich das. Denn sowohl die Natur als auch die Straße sind äußerst erlebnisreich. Manche fahren mit dem Rad um die ganze Welt, andere erledigen das zu Fuß, pflücken dabei Narzissen und verkaufen sie sträußchenweise. Wieder andere lieben sich selbst so sehr, dass sie Haus um Haus bauen, um doch noch das für sie und ihren Ruf Angemessene zu erreichen – koste es, was es wolle, und das ohne Rücksicht auf die wunderschöne, liebenskräftige Nymphe Echo, die immer dünner und dünner wird, bis ihr nur mehr die Stimme bleibt. ∎

▶
Kitsch & Klischee 127
Leerstand & Versiegelung 142
Parallelwelten 179

Nein, danke

Magdalena Stammler

Eine Ablehnung: Die Seen und Berge
des Salzkammerguts verheißen den
Genuss von Natur. Aber was, wenn man
diese als ungenießbar empfindet?

◄ Skulptur „Der Drohende"
des Grazer Keramikkünst-
lers Erwin Schwentner
im Altausseer Garten von
Barbara Frischmuth

Dann sind wir hierhergezogen und irgendwann auch hinaufgegangen, auf so
einen Berg. Den Namen habe ich vergessen. Die Sonne hat geblendet. Das
Vogelgezwitscher war grell. Der Rucksack hat gedrückt. Mein Mann hat tief
ein- und ausgeatmet und die Natur genossen. Ich habe sein Lächeln abwesend
erwidert und fest darauf gewartet, dass sich bei mir eine Art Verbundenheit ein-
stellt, mit dieser Landschaft hier, mit der Pflanzen- und meinetwegen auch mit
der Tierwelt.

Mit jedem Schritt vorwärts habe ich gewartet, dass auch ich so schön tief ein- und ausatmen kann und endlich die Natur genieße. Aber so viel ich auch geschnauft habe, dieses erhabene Gefühl wollte sich einfach nicht einstellen – meine Kehle war so zugeschnürt wie die Wanderschuhe. Das Licht hat in den Augen gestochen, die Luft in den Lungen und das Vogelgezwitscher in den Ohren. Nein, so habe ich mir das nicht vorgestellt.

Oben angekommen, hat nur die Sonne noch mehr geblendet, von den nackten Felsspitzen unbarmherzig reflektiert, von den noch schneebedeckten Gipfeln in der Grellheit bis aufs Äußerste verstärkt – und an diesem Punkt musste ich feststellen, dass ich Berge furchtbar finde.

UNTEN WALDIG, OBEN STEINIG

Aber das ist etwas, das darfst du den Leuten hier nicht sagen: dass du ihre Berge nicht magst. Dass du den einen nicht vom andern unterscheiden kannst. Dass du nicht hinaufgehen willst und dich das Hinunterschauen nicht interessiert. Mir ist es völlig gleich, welches Wasweisichhörndl, welcher Dingsbumskogel oder XY-Stein das ist, weil ich ihn eh nicht wiedererkenne, ein ums andere Mal. Weil ich finde, sie schauen alle gleich aus. Alle. Völlig gleich.

Unten waldig, oben steinig, manchmal oben ein Schnee, immer irgendwo ein Kreuz, irgendwo eine Hütte. Wenn ich stehe und in die Ferne schauen will, machen sie mir den Blick eng – immerzu sind sie mir im Weg. Eine einzige Begrenzung rundherum. Wer schaut denn schon gern auf Wände? Da kann einem doch nur das Auge stumpf werden.

Aber sag das einmal den Leuten hier! Dass du keinen Sinn darin siehst, auch keinen höheren, und schon überhaupt gar keinen spirituellen, stundenlang bergauf zu gehen, um schließlich, oben angekommen, nichts anderes zu tun, als hinabzuschauen.

Hinabzuschauen wie die Kühe auf ihren Almen, wiederzukäuen ein Schwarzbrot und eine Hartwurst, wie die Kühe auf ihren Almen ihr Heu wiederkäuen. Und hinabzuschauen worauf? Auf die Tragödie dieser von Bergen beschränkten Landschaft. Und auf Seen, die als dumpfe Löcher zwischen den Steinen liegen, dass man meint, es ziehe einen hinab und hinein, wie in eine Todessehnsucht, in dieses Wasser, das viel zu kalt ist für jeden vernünftigen Menschen.

KEINE EWIGKEIT UND NICHTS

Wir wohnen jetzt da, wo andere Urlaub machen, sagt mein Mann. Ja, denke ich mir, natürlich wollen die anderen hier im Inneren Salzkammergut nur Urlaub machen. Wer erträgt denn schon diesen Lebensraum auf Dauer? Der praktisch das halbe Jahr im Schatten liegt. Im Schatten dieser riesigen Steine, um die du rundherum fahren musst, wenn du auf die andere Seite willst, oder obendrüber oder gar hindurch: durch einen der Tunnel, die sie hier gebaut haben, weil die Leute es gewohnt sind, dass sie hineingehen in die Berge, in finstere Schächte, in dunkle Höhlen.

Seit Jahrhunderten sind die Leute hier daran gewöhnt, Löcher hineinzuschlagen in die Steine, kleine Gänge und riesige Hallen hineinzuhauen, und dann hineinzukraxeln in diese solcherart ausgehöhlten Berge, um herauszuho-len, was die ganze Gegend hier reich und berühmt macht. Vielleicht nehmen die Leute deshalb dieses Ungemach in Kauf, dass ihnen ständig etwas im Weg liegt und die Sicht nimmt.

Weil es ist ja so, dass diese Berge nicht einmal halten, was sie verspre-chen, keine Ewigkeit und nichts: Ja, sie zerbröseln den Leuten hier vor ihren Augen oder noch viel schlimmer: unter ihren Tritten, auf ihre Köpfe. Ständig lassen sie Stücke von sich fallen, ganze Steinklötze liegen dann im Weg. Spä-testens da müsste man ja eigentlich begreifen, dass das Leben an diesem Ort schlichtweg unmöglich ist. ■

Next Generation You

Florian Reischauer

Eine kleine Bestandsaufnahme in Bild und Text zu jungen Menschen im Salzkammergut, wie sie hier leben und wie sie ihre Zukunft sehen. ■

Von einem, der auszog,
um wiederzukehren 250

LEONHARD, 17
ELEKTRIKER-LEHRLING, GRÜNAU IM ALMTAL

„Ich bin ein Sportler und man muss schon sagen, dass ich hier im Paradies für Freizeitmöglichkeiten zu Hause bin. Man kann hier alles machen, fad wird uns nie und es ist immer eine Gaudi dabei. Ich find's auch schön, dass man hier jeden kennt. Man trifft sich am Wochenende, man kann irgendwie mit jedem was reden. Natürlich versteht man sich auch nicht mit allen, aber das ist halt wie eine große Gemeinschaft eben, das taugt mir.

Ich möcht auf jeden Fall aber auch was von der Welt sehen, vielleicht auch mal für eine längere Zeit im Ausland arbeiten, viele Leute, andere Kulturen kennenlernen. Da wäre mein Motto dann: So weit weg wie möglich! Zurückkommen würde ich aber garantiert. Wenn ich daran denk, selbst mal Kinder zu haben, da wünsch ich mir, dass die so wie ich hier aufwachsen können.

Für uns Jugendliche selbst wär's schön, wenn's mehr Orte zum Ausgehen hier geben würde. Wir müssen meistens extra woanders hinfahren, das nervt schon ziemlich. Ich hoffe auch, dass das Schigebiet am Kasberg bleibt. Die ganze Region ist stark davon abhängig, sonst stirbt hier alles aus."

HELENA, 15
SCHÜLERIN, BAD ISCHL

„Ich bin in Bad Ischl aufgewachsen und mag die Parks und die Natur rundherum sehr, bin aber auch voll gerne in der Stadt. Meine besten Freunde hab ich hier im Youz Jugendzentrum kennengelernt. Das gibt's schon ewig, dort passiert viel, da werden Ausflüge organisiert usw., das ist so unser Treffpunkt.

Nach der Matura möchte ich auf jeden Fall studieren. Entweder Englisch und Musik auf Lehramt oder ich geh auf die Polizeischule. Das heißt aber auch, dass ich weg muss aus Bad Ischl, und ich weiß jetzt schon ganz genau, dass ich wieder zurückkomme. Hier kennt man sich einfach und man hilft sich gegenseitig. Das find ich schön. Leider gibt es abgesehen vom Youz so gut wie kein Angebot für Jugendliche. Viele treffen sich auch am Bahnhof, und das find ich sehr schade. Ich hoffe, dass sich das in Zukunft bessern wird und dass Räume für uns geschaffen werden. Wenn ich an die Zukunft denk, ganz generell, hab ich schon Angst vor der künstlichen Intelligenz. Ich denk, da wird sich so viel ändern, auch was die Arbeit angeht. Ich hoff, dass ich als vielleicht zukünftige Lehrerin da nicht ersetzt werde. Ich will den Kindern face to face meine Leidenschaften beibringen."

FLORENTINA, 20
STUDENTIN, BAD ISCHL / WIEN

„Für mich war's immer klar, dass ich für die Uni weggehen muss aus Bad Ischl. Hier in der Nähe kann man nicht Jus studieren, und so ist es Wien geworden. Ich bin ein offener Mensch, kannte die Stadt auch schon ein wenig, hab sofort Freunde gefunden, und so ist Wien auch schnell ein Ort geworden, wo man sich zuhause fühlt. Im Sommer vermisse ich aber auf jeden Fall die Badeplätze. Man merkt erst, wenn man weg ist, was für ein Privileg es ist, so viele Seen und Bademöglichkeiten ums Eck zu haben. Es gibt viele Kleinigkeiten, die man für selbstverständlich gehalten hat, die in einer Großstadt ganz anders sind oder die es kaum gibt wie einen klaren Sternenhimmel. Ich weiß aber nicht, ob ich zurück nach Bad Ischl kommen werde. Am Ende hat der Job Priorität und da sehe ich mich mehr in einer großen Kanzlei oder einem Unternehmen, und solche Jobs findet man halt eher in der Stadt oder gleich im Ausland."

FLORA, 20
STUDENTIN, VORCHDORF

„Ich bin selbst eigentlich wenig in Vorchdorf unterwegs. Ich halt Menschen selbst nicht so super aus und bin am liebsten in der Natur, die ist wunderschön hier. Es gibt tolle Wälder rundherum und den Fluss. Ich bin kein Stadtmensch, daher ist die Lage hier schon ziemlich gut. Zur Schule bin ich immer schon gependelt. Zuerst Lambach, dann Linz, daher ist mein soziales Umfeld auch recht zerstreut. Im Herbst fange ich einen Bachelor für Digital Arts in Hagenberg an. Da muss es dann tatsächlich ein Studentenwohnheim vor Ort werden. Perspektivisch kann es sein, dass aus beruflicher Sicht und dem ganzen Kunstzeug die Stadt wohl mein Lebensmittelpunkt wird. Zumindest für eine kurze Zeit, aber wenn ich kann, werd ich so schnell wie möglich wieder ins Salzkammergut kommen. Was schade ist, dass hier am Land nur wenige Leute eine WG machen wollen. Ich würd mal gern in einer wohnen, ich glaube, das würde mir guttun, etwas mehr sozialen Kontakt zu erzwingen, damit ich nicht komplett zur Eremitin werde."

SEBASTIAN, 18
TISCHLER, BAD GOISERN

„Ich hab gerade meine Tischlerlehre abgeschlossen, und es gibt gute Arbeitsplätze hier in der Region. Ich hab nicht weit zu fahren, das ist super. Ich wollte schon immer Tischler werden, obwohl mich meine Familie zu etwas anderem überreden wollte, weil man damit zu wenig verdient. Das war mir aber dann ehrlich gesagt egal, ich will das arbeiten, was ich gern tu. In Goisern mag ich einfach die ganze Tradition und dass man die erhält, wie die Tracht zum Beispiel. Ich hab auch das Gefühl, dass das alles wieder mehr im Kommen ist, vor allem in meiner Generation. Das Vereinsleben finde ich auch wichtig. Es gibt den Musikverein, die Armbrust- und Eisstockschützen, die Feuerwehr. Ich bin da auch fast überall dabei und ich denk, das hält das Dorfleben schön zusammen. Mir taugt's hier und die ganze Gegend ist einfach fesch."

MIKA, 15
SCHÜLERIN, BAD AUSSEE

"Ich mag hier die saftigen Wiesen und die Ruhe in der Nacht. Man hört kein einziges Auto. Aber das Wetter ist extrem: Im Winter kann es zwei Meter Schnee
haben, im Sommer wird's superheiß. Das kann verdammt anstrengend sein, vor
allem für meinen weiten Schulweg nach Ischl. Dort gibt's halt die einzige Sozial-
management-Schule in der Gegend. Ich muss um fünf aufstehen, damit ich den
Zug erwische. Ich glaub nicht, dass ich eine Perspektive hier habe. Ich möchte
auf jeden Fall studieren, und da sehe ich mich eher in Deutschland, auch weil
meine Schwester und meine Oma, die ich sehr vermisse, dort leben. Ich glaube,
ich bin eher ein Stadtmensch. Man findet halt dort eher Menschen, die auf
einen zutreffen als am Land. Ich würd mir wünschen, dass die Leute hier sich
ein bisschen öffnen und auch über Homosexualität sprechen. Die meisten sind
sehr religiös und demnach gibt es da nur ‚Mann und Frau', so wie es in der Bibel
steht. Oder das Thema Diskriminierung, oft fehlt da die Sensibilität der Leute:
Ich bin bei der Freiwilligen Feuerwehr und muss mir oft, meist von älteren Männern, blöde Sprüche anhören, dass ich als Frau zu schwach sei zum Beispiel.
Das nervt, aber ich lass mich nicht unterkriegen."

MARIO, 17
SEILBAHNTECHNIKER-LEHRLING, GOSAU

„Ursprünglich komm ich aus einem Dorf im Weinviertel, ganz nah an der slowakischen Grenze. Vor fünf Jahren sind wir nach Gosau gezogen. Meine Familie und ich wollten schon immer was mit den Bergen zu tun haben, und in unserer alten Heimat ist es teilweise schon unerträglich heiß geworden. Ich find's super hier, auch, dass hier fast jede Stunde ein Bus fährt. Man ist gut ans öffentliche Verkehrsnetz angebunden, das ist praktisch, weil ich bin nämlich Mitglied des Traditionsvereins k. u. k. Leibgardeinfanteriekompanie in Bad Ischl, die es tatsächlich mal so gegeben hat. Vor Kurzem habe ich die Prüfung zum Kommandanten abgelegt und bin somit der Jüngste in dieser Rolle oberösterreichweit. Mit den anderen Jugendlichen im Dorf versteh ich mich zwar nicht so, die sind mehr auf den Party-Lifestyle aus, und ich bin dann doch lieber gesittet zu Hause. Meine Zukunft sehe ich aber definitiv hier. Ich fühl mich wohl und ich denke auch, dass ich berufliche Aufstiegschancen haben werde. Wenn sich mal Probleme auftun, bin ich davon überzeugt, dass es immer einen Weg gibt, diese zu lösen!"

Overtourism

Tex Rubinowitz

Man muss sich, um sich die Situation des Overtourism in Hallstatt zu vergegenwärtigen, den Ort wie eine Insel vorstellen, nur von drei Seiten zugänglich: einem Pass, einer Röhre und über den See mit der Fähre, von wo aus die Inselanalogie umso augenscheinlicher wird, weil der Bahnhof auf der anderen Seite des Sees ist, man sich also gleichsam auf den mythischen, jahrtausendealten Ort zubewegt wie die Entdecker von King Kongs Totenkopfinsel, und auch dazu gibt es eine Analogie, nämlich Hallstatts Beinhaus, ein Karner mit rund 600 gestapelten und teilweise kunstvoll bemalten Totenschädeln, sozusagen eine Entschuldigung an die Verstorbenen, deren Schlaf man unterbrechen musste und sie umzubetten gezwungen war, weil der Platz in der Erde so knapp ist.

Platz ist aber auch *auf* der Erde inzwischen knapp, wenn täglich circa 10.000 Touristen den 730 Einwohner*innen kleinen Ort besuchen wollen, und eben nur diese drei schmalen Zugänge haben: Pass, Röhre, Fähre. Die Parkplätze für Autos sind begrenzt, Busse fahren den Ort lediglich an, spucken ihre Fracht aus und parken Richtung Obertraun auf einem großen Parkplatz, um nach kurzer Zeit Hallstatt wieder anzufahren und ihre Gäste aufzunehmen.

Der Reiz, den Hallstatt insbesondere für asiatische Besucher besitzt, ist einer romantischen koreanischen Soap Opera namens „Spring Waltz" geschuldet, die in sämtliche ostasiatische Länder exportiert wurde und mit großem

Erfolg lief. Sie wurde 2006 zum Teil in Hallstatt gedreht und gilt als Inbegriff für Romantik an einem exotischen Ort. Und auch wenn diese Serie schon etwas länger her ist, kommt es zu einem interessanten Schwarmverhalten, das durch Instagram und ähnliche soziale Plattformen im Internet ausgelöst wird. Man will zu genau diesem einen Punkt, genau dieses eine Foto machen, das Tausende vor einem auch schon gemacht haben, der Ort selbst ist irrelevant, die Luft, das Wasser, die Atmosphäre eines Ortes, ja selbst das Foto ist letztlich zweitrangig, wichtig ist, *dass* man das Foto macht.

Im Kern ist das die narzisstische Kränkung Hallstatts, dass es einfach nur benutzt wird, dass es eigentlich gar nicht so sehr um Hallstatt, seine Lage und seine Geschichte geht, sondern dass es auf einen Programmpunkt reduziert wird, den man nur noch gehetzt abhakt, um möglichst viele solcher Punkte in der knappen Zeit zu sammeln, in der man durch Europa gefahren wird.

Natürlich leidet ein Teil der Bewohner*innen unter den Massen an Fremden, aber dieser Teil ist relativ überschaubar, er beschränkt sich auf die Uferstraße, den Marktplatz und einen so genannten Photo Point, von dem man ebendieses ideale Foto vom Ort machen kann. Den größten Teil von Hallstatt sieht nie ein Besucher, Echerntal, Waldbachstrub-Wasserfall, dort ist es ruhig, kühl, einsam. Es sei denn, wie es vor einiger Zeit geschehen ist, dass ein Klettersteig wochenlang zu brennen begann, weil offenbar jemand eine Zigarette unsachgemäß entsorgt hatte, da knatterten dann zwölf Stunden am Tag Löschhubschrauber über den Ort, nahmen Wasser vom See auf und entleerten es über die rauchende Wand, die Aufmerksamkeit der Besucher*innen hatte plötzlich einen anderen Fokus, auf eine Katastrophe, dann sah man sie ihre kleinen Pseudoerinnerungsmaschinen fassungslos auf den brennenden Berg richten, nicht ansatzweise in der Lage oder willens, eine Kausalität herzustellen. Der brennende Berg Hallstatts löste vermutlich einen ähnlichen Effekt aus wie 1911, als die Lücke, die die gestohlene Mona Lisa hinterließ, die Leute noch mehr faszinierte als das eigentliche Bild selbst. Vielleicht könnte man sagen oder wünschen, dass die so undifferenziert verdammten Touristen erst in solchen Situationen zu „sehen lernen", sich dafür interessieren, was da beschädigt wurde, fehlt, wovon man sich ablenken lässt, die ganze Komplexität, aber davon kann man nicht ausgehen, der Schwarm assimiliert sich dann auch wieder blitzschnell an die Gegebenheiten nach den Gegebenheiten. Und der zieht rastlos einfach weiter, ohne sich zu bedanken oder zu verabschieden.

Und die gekränkten und überforderten Hallstätter*innen, die mit ihnen konfrontiert sind, probieren nun Strategien aus, wie man mit dem Status quo umgehen kann, und da gibt es zwei Fronten, die einen, die eine Art Eintritt oder Zugangsbeschränkung fordern, und die anderen, die sagen, die Menschen sind nicht das Problem, die mangelnden Parkplätze sind es. Sie können das Reisen nicht verbieten, nicht dem inzwischen zu etwas Wohlstand gekommenen Mittelstand eines Milliardenvolks vorschreiben, dass er vielleicht statt Hallstatt mal etwas anderes besuchen könnte, Attnang-Puchheim etwa, und auch eine Eintrittsgebühr wird daran nichts ändern. Also versucht jeder, Profit aus den Massen zu schlagen, indem man ihnen schlechtes, überteuertes Essen und Pseudosouvenirs andreht, etwas Physisches, das über die wertlosen Fotos hinausgeht.

Besonders bemerkenswert ist die Lebensmittelsituation in Hallstatt, die hier vom lokalen Monopolisten betrieben wird. Das ist eine ganz besonders spezielle und spannende Version einer normativen Kraft des Faktischen, außer man ist auf diese Filiale der Kette angewiesen, dann ist es etwas weniger spannend. Der örtliche Franchiseunternehmer passt sich dabei in erster Linie an die Tatsache an, dass alle Tourist*innen vor ihm auf einem Interimsparkplatz, wo sie auf ihre Busse warten, noch etwas Zeit haben und schnell noch etwas kaufen, etwas mitnehmen und, weil die Zeit drängt, in eine Art Panikkaufverhalten geraten, etwas muss ja mitgenommen werden, und ein Lebensmittelladen ist eben kein Museum.

Obwohl man es durchaus als ein solches sehen könnte und man es eher in Nordkorea oder Transnistrien verorten würde, tageweise komplett leere Regale, welkes Gemüse,

hartgekochte Eier, meterweise Kühlschrankmagneten und Mozartkugeln, meterhohe Plastikwasserflaschenwände, sehr viel Salz, zumindest das weiß man offenbar, dass Hallstatt irgendwas mit Salz zu tun hat, auch wenn das hier angebotene von ganz woanders kommt, so wie das Hallstätter Bier nicht hier gebraut wird. Deshalb wird man in meinen Augen eine bessere Milieustudie für einen dysfunktionaleren Lebensmittelanbieter in Österreich wohl schwerlich finden.

Als im Jahr 2012, also zu einer Zeit, als es mit den Touristenmassen noch moderat und überschaubar zuging, in einer Art Nacht- und Nebelaktion in der südchinesischen Provinz Guangdong ein spiegelverkehrtes Hallstatt entstand, nachdem jahrelang, offenbar unbeobachtet, chinesische Architekten den Ort vermessen hatten, war die Entrüstung über eine illegale Kopie, die potenzielle

▲ Werbeplakat für
einen Dirndl-Verleih
an der Hallstätter See-
straße, 2017

Besucher*innen abhalten könnte, bei den Hallstätter*innen groß,
aber das Gegenteil ist bekanntlich eingetreten, nun wollte man
das Original erst recht sehen.

Hätte man es sich anders gewünscht? Dass die Kopie in
Guangdong gereicht hätte? Wäre der Supermarkt dadurch konsu-
mentenfreundlicher bestückt worden, das Gemüse weniger welk?

Die Kränkung wäre eine andere geworden. ■

▶
Kreislaufwirtschaft 135
Narzisse 158
Parallelwelten 179

Parallelwelten

Anton Thuswaldner

Die Sommerfrische- und Tourismus-Tradition im Salzkammergut, ihre Berührungsängste gegenüber den Einheimischen und deren Abschottungen

◄ Karbach am Traunsee mit Blick auf Ebensee

Literatur, selbst wenn sie Fiktionen zu ihrer Sache macht, eignet sich als Auskunftgeberin für soziale und politische Zustände. In zwei düsteren Romanen hat Evelyn Grill Hallstatt in den sechziger Jahren des 20. Jahrhunderts zum Schauplatz gemacht. Sie nennt den Ort nicht beim Namen, topografisch stimmt er mit dem touristisch erfolgreichen Postkartenidyll jedoch überein. Das Buch „Der Sohn des Knochenzählers" ist in der finsteren Jahreshälfte angesiedelt, wenn Touristinnen und Touristen ausbleiben und die Leute sich unter ihresgleichen aufhalten. Scharf zeichnen sich jene Konflikte ab, die in der Gesellschaft virulent sind. Die Einheimischen bilden eine verschworene Gemeinschaft, wer von außen kommt, findet keinen Zugang. Pech für die Frau des Archäologen, die noch dazu als Italienerin ins Dorf gekommen ist und als solche schon gar keine Chance hat bei den Einheimischen, die sie mit Argwohn beobachten. Dazu kommt ihr Sohn, der sich als Eigenbrötler nicht einfügen will ins Kollektiv der Einträchtigkeit. Er hat guten Grund dazu, ist eine Gesichtshälfte, nachdem er ins Sonnwendfeuer gestürzt ist, verunstaltet. Die beiden müssen leider draußen bleiben. Nicht anders verhält es sich mit Figuren des Vorgängerromans „Wilma", dessen Titelgestalt eine geistig beeinträchtigte, körperlich unförmige Person ist. Sie wird betreut von Agnes. Wenn sich die beiden durch den Ort wagen, wird bald einmal klargestellt, dass sie nicht dazugehören. Sie werden geduldet, dafür müssen sie dankbar sein.

Dieses Motiv der Ausgrenzung, die zu einem parallelen kleinen Leben zum gesellschaftlich normierten führt, ist nur die literarische Bestätigung eines

Befundes, den Historiker*innen machen. Die Romane bilden Hallstätter Befindlichkeiten nicht ab, schaffen aber eine Atmosphäre, die einen Eindruck vermittelt vom Zwang, ins Abseits gedrängt worden zu sein. Evelyn Grill geht ins Detail, wenn sie die Heimlichkeit des anderen, unerwünschten Lebens als Kontrastmodell ausmalt.

DIE FIKTION DER SOMMERFRISCHLER*INNEN

Spätestens seit Kaiser Franz Joseph Bad Ischl zu seinem bevorzugten Sommeraufenthalt erwählt hatte, wurde das Salzkammergut für die noble Wiener Gesellschaft zu einer Adresse, die man anzufahren hatte, wollte man etwas gelten. Die Einheimischen brauchte man, um einen gepflegten Lebensstil aufrechterhalten zu können, sie wurden auch gerne liebevoll erwähnt als das Personal, das einem zu Diensten war und reibungsloses Gelingen der Freizeit garantierte. Ansonsten blieb man unter sich, verlagerte das Flair des noblen Wien vorübergehend aufs Land, wo man nicht weniger gesellschaftlichen Verpflichtungen nachging als daheim. Die *Salzkammergut-Zeitung* vom 4. August 1895 vermeldete: „Frl. Alice Strauß, die Tochter des Walzerkönigs Johann Strauß, hat sich in Ischl mit dem Maler Marquis Ferri Bayros verlobt." Außerdem wurde penibel vermerkt, welche Persönlichkeiten zur Sommerfrische neu angekommen waren: „Vergangenen Dienstag Abends ist ihre k. u. k. Hoheit Erzherzogin Marie Antoinette Großherzogin von Toscana zum Sommeraufenthalte auf ihrem Schlosse hier eingetroffen." Für die gemeine Bewohnerin, den gemeinen Bewohner blieb der bewundernde Blick aus der Ferne auf die geschlossene Gesellschaft. In Bad Ischl erschien während der Sommermonate eine Tageszeitung, die auflistete, welche Gäste in welchem Quartier abgestiegen waren. Mit der Information vom 7. Juli 1898, dass Opernsänger Eugen Guszalewicz aus Prag mit Gattin im Hotel zur Kaiserin Elisabeth eingezogen war, konnte man rechtzeitig planen, wenn man den beiden eine Einladung zukommen lassen wollte.

Die Berührungsangst mit den Einheimischen hatte zur Folge, dass sich Adel und Bürgertum ihre eigene Vorstellungswelt bildeten, die an der Wirklichkeit vor ihren Augen zu überprüfen sie sich standhaft weigerten. Im Ischler Kurtheater traten Schauspieler*innen aus Wien unter der Regie von Wiener Regisseuren auf, sodass man Stücke sah, die man von zu Hause gewohnt war. Sommertheater bot leichte Kost, Probleme, wenn sie vorkamen, waren privater Natur. Das genügte, um sich ein Bild zu machen von den Leuten auf dem Land, die angeblich in einer Idylle lebten.

Im Band „Was der Tag mir zuträgt" von 1901 sah sich der feine Beobachter Peter Altenberg auch im Salzkammergut um. Er machte Station in Hallstatt: „Dieser Ort zwingt die Curgäste, sich auf ihn zu stimmen. Sie organisieren sich, werden Hallstätter, See-Anwohner, Primitive! Gar nichts Gekünsteltes ist dabei wie an anderen Orten. In Hallstatt könnte man keine Gespräche führen über Ibsen, die Tetralogie, könnte keine seidenen Unterröcke tragen oder englisch rudern." Die Sommerfrischler*innen sind Hallstätter*innen auf Zeit, betreiben soziale Mimikry. Als „die lieblichen Bauerndirnen aus Wien" lassen sie sich über den See rudern, um den Gästen auf diese Weise mitzuteilen: „Siehe! So leben wir hier---!"

RÜCKZUGSORT FÜR KÜNSTLER*INNEN

Die Tradition der Sommerfrische wurde in der Ersten Republik fortgesetzt. Jetzt waren es die Bürger*innen und verstärkt Künstler*innen, die sich in der Natur eine Auszeit nahmen. Auch Letztere wollten den Leuten auf dem Land nicht zu nahe kommen. Sie suchten einen Rückzugsort, um zu arbeiten und sich untereinander auszutauschen. Arthur Schnitzler, Hilde Spiel, Hugo von Hofmannsthal, Friedrich Torberg, Hermann Broch – sie fanden sich dort ein, nicht um Hof zu halten, wie es dem Adel genehm war, sondern um sich innerlich zu sammeln. So neugierig und ihre Umgebung aufmerksam inspirierend sie auch immer waren, sie bildeten das klassische Ferien-Syndrom aus: Hier sind wir, dort die anderen, die Bewohner*innen des Landes, denen Wohlwollen entgegenzubringen ratsam scheint.

Dass er ein Fremder bleiben würde, wurde Hermann Broch deutlich gemacht, als er am 13. Mai 1938 verhaftet wurde und für drei Wochen in Untersuchungshaft kam. Der Briefträger hatte ihn denunziert, russische Zeitschriften abonniert zu haben. Heimisch fühlte sich Broch in Aussee, einem reinen Arbeitsquartier, sowieso nicht. An den Bewohnerinnen und Bewohnern störte ihn, dass sie „so etwas von Gleichgültigkeit gegen das Weltelend ringsum" aufbrächten. Es blieb ihm das Abtauchen in die Parallelwelt des Romans „Der Tod des Vergil". Adel, Bürgertum und die intellektuelle und kulturelle Elite wählten sich ihre Parallelwelt aus freien Stücken.

UND DIE EINHEIMISCHEN?

Den Bewohnerinnen und Bewohnern des Salzkammergutes haftet der Ruf der Renitenz an. Sie mieden seit jeher den Austausch mit den Gästen, wenn Sommerfrischler*innen sie heimsuchten und ins Innere ein Hauch von großer Welt vordrang. Sie schotteten sich ab, wenn sie fürchteten, von außen Neuerungen aufgezwungen zu bekommen, denen sie nichts abgewinnen konnten. Die Salzarbeiter zeichnete ein starkes Zusammengehörigkeitsgefühl aus, was sie immun machte gegen Einflussbestrebungen von der Obrigkeit. Der Mut zu kollektiver Sturheit ließ sie ihr eigenes Ding machen. Landesfürsten mussten akzeptieren, dass Protestantismus auf fruchtbaren Boden fiel und die Bevölkerung parallel zu den staatlichen Vorgaben ihre Unabhängigkeit lebte. Abhängig waren die politisch Mächtigen von den spezialisierten Arbeitskräften, die denen oben Toleranz kurzerhand abverlangten.

Parallelwelten heute: Im letzten Sonntag im August 2023 blockierten die Bewohner*innen Hallstatts die Zufahrt für eine Viertelstunde, um auf eine Parallelwelt aufmerksam zu machen. Touristenströme, gierig auf eine Sensation, stehen gegen die kaum viel mehr als 700 Bewohner*innen, die der Massen längst nicht mehr Herr werden. Renitenz gegen den totalen Ausverkauf, das steht in einer schönen Tradition. ■

▶
Kitsch & Klischee 127
Eine Lederhose ist eine Lederhose 138
Overtourism 174

Queer

Andrea Roedig

Einige Betrachtungen darüber, was Fasching
und Queerness miteinander zu tun haben –
im Salzkammergut und anderswo

Sie trommeln als Weiber, sie blinken als Flinserl, sie gehen in Fetzen und sagen
die Wahrheit beim „Austadeln" hinter der Maske: Wenn etwas queer ist im Salzkammergut, dann ist es der Fasching, dessen Feiertage als „fünfte Jahreszeit"
lange Tradition haben und hochgehalten werden, diesem saisonalen Wahnsinn
entkommt hier niemand.

Karneval und Fasching sind per se „verkehrte Welt." Im karnevalesken
Außerkraftsetzen der Ordnung wird parodistisch die Norm ins Maßlose getrieben, ins zu Große, zu Kleine, ins Hässliche und Groteske oder ins Gegenteil ver-
dreht: Das Harte wird weich, das Heilige profan, das Ernste lächerlich und das
Verbotene erlaubt. Hierarchien, sozialer Status und soziale Identität geraten

gehörig ins Wanken. In den römischen Saturnalien, die als pagane Vorform des Karnevals gelten, wurde ein Sklave zum König gekrönt, und zu vielen Faschingstraditionen gehören närrische Regenten, ein Prinz, ein Dreigestirn (Bauer, Jungfrau, Edelmann) oder ein parodistisches Königspaar wie in Bad Ischl, wo der Båder-Jågerl und seine Frau Gertraud – zwei alte groteske Holzfiguren, aus dem Museum befreit – den Faschingszug anführen.

Genauso wie die oben und unten sich umstülpen, verkehren sich auch die Geschlechterordnungen. Drei Motive stechen dabei hervor: Es werden, erstens, die Weiber wild und schlagen über die Stränge, wie etwa bei der Mondseeländer „Weiberroas". Oder es werden, zweitens, die Geschlechter unkenntlich, unisex sozusagen. Wer in den Kostümen der Flinserln steckt, männlich, weiblich oder divers, ist nicht zu erkennen, und auch hinter den Masken und den Fetzengewändern in Ebensee – die überdies historisch eine Parodie auf die prächtigen Bad Ausseer Flinserln sein sollen – könnte sich jedermann/jedefrau verbergen. Das dritte Motiv der verkehrten Geschlechterwelt ist das vielleicht Erstaunlichste, denn wirklich klar ist nicht, warum es gestandenen heterosexuellen Männern so sehr gefällt, bei exzessiven Festen in Frauenkleidern zu erscheinen oder sich mit weiblichen Accessoires zu behängen.

MÄNNER ALS FRAUEN

Als Untergewand der Ebenseer Fetzen dient ein zerschlissenes Dirndl, auf das man dann die Flicken näht, „und manche Männer stopfen sich auch den Busen aus", sagt eine Kennerin der Szene. Die Gesichtszüge der Holzlarven, von Männern geschnitzt, sind – weiblich? Jedenfalls wird dahinter die Stimme verstellt, in eine hohe Tonlage hinein. Auch bei den Altausseer „Trommelweibern" ist das so, dargestellt von Männern in weißen Spitzenhauben und Kleidern, die an Nachtgewänder erinnern. Warum gehen Männer als alte Frauen auf die Straße oder als Hexen? Oder warum setzen sie sich zu anderer Gelegenheit – beim Blondinenball in Bad Ischl beispielsweise – Perücken auf, legen Ohrringe an, schnallen sich Riesenbrüste um? Es steckt in dieser sich Bahn brechenden Transvestie eine Sehnsucht. Das Motiv ist so häufig, dass es wirklich zu denken gibt. Der Mann möchte endlich auch mal ein wildes Weib sein, so wie er sich Frausein vorstellt. Er will männlichen Trieb als weibliche Lust erleben. Und was ist das nun – eine Parodie aufs Weibliche oder eine Aneignung weiblicher Macht? Wie immer im Fasching: Es ist beides.

Auffällig ist aber, dass das Pendant dieser Entgrenzung, die Frau dezidiert in Männerkleidern, viel weniger oft auftritt und auch kaum als Traditionsfigur im Fasching. Warum ist das so? Weil das Männliche die Norm ist und zur Verkleidung nicht taugt? Weil sich unkenntlich zu machen im Fetzen- oder Flinserlkostüm, das Androgyne also, den Frauen schon reicht?

REGENBOGENPARADE UND KARNEVAL

Im deutschen rheinländischen Karneval gibt es die „Funkenmariechen", Tänzerinnen in Dreispitz, Stiefeln und Uniformjacke, unten herum ein sehr kurzes Röckchen. Die Beine werfen sie sehr hoch in die Luft. Diese Mariechen, historische Parodie aufs preußische Militär, sind eindeutig Frauen, weiblicher als weiblich. Früher wurden sie, bevor die Nazis das verboten, von Männern dargestellt.

Am Ende der Feiertage wird vielerorts im Salzkammergut der Fasching rituell zu Grabe getragen. Båder-Jågerl und Frau Gertraud kommen wieder ins Museum, in Bad Ischl und auch in Ebensee zündet die Trauergemeinde eine Faschingspuppe an und versenkt sie in der Traun. Die 5. Jahreszeit ist vorbei. Und genau das unterscheidet den Fasching vom politischen, dem sozusagen echten „queer". Die Gay-Prides und Regenbogenparaden erinnern an Karneval, aber sie meinen es ernst mit der Verkehrung der Welt, opponieren gegen die strikt heterosexuelle Regentschaft von Mann und Frau. Queer – das geheime Begehren – soll Alltag werden, Geschlecht soll fluide sein, befreit, das ganze Jahr hindurch.

SEHNSUCHT NACH ÜBERSCHREITUNG

Lang und unentschieden ist die Diskussion darüber, ob der Karneval im Grunde ein konservatives Ritual sei, weil nach der Zeit der Ausgelassenheit die alte Ordnung bombenfest wieder steht, oder ob er doch eine emanzipatorische Funktion hat, weil er zeigt, was möglich wäre. Vermutlich gilt beides. Die Sehnsucht aber nach einer Überschreitung geschlechtlicher Grenzen verbindet den Fasching mit den modernen Transgender-Bewegungen, ob er will oder nicht. ■

▶
Anarchischer Geist 8
Brauchtum 26
Die Rückkehr 186

Die Rückkehr

Stephen M. Mautner

Eine Familienreise im Schatten des Krieges

1957, als ich fünf Jahre alt war, reiste ich mit meinen Eltern von unserem Zuhause in den USA nach Österreich. Für meine Eltern war es ihre erste Rückkehr nach Österreich, seit sie 1938, nach dem Anschluss Österreichs an das Deutsche Reich, geflohen waren. Wir fuhren zu einem Familientreffen im steiermärkischen Grundlsee, dem Heimatdorf meiner Mutter. Dort würde mein älterer Bruder zu uns stoßen, der noch in Österreich zur Welt gekommen war, bevor meine Eltern geflohen waren; zuerst nach Rumänien, dann in die USA. Es sollte das erste Wiedersehen meines Vaters mit seinen zwei Brüdern und seiner Schwester seit diesen trostlosen Tagen sein, und auch meine Mutter würde endlich ihre Familie wiedersehen, die sie vor fast 20 Jahren Hals über Kopf verlassen hatte.

▶ Grundlsee mit Villa Roth im Hintergrund

ERSTES WIEDERSEHEN IN GRUNDLSEE

Ich erinnere mich noch an meine Aufregung, als wir durch die wunderschöne und (zumindest mir) unbekannte Berglandschaft mit ihren Kiefernwäldern fuhren. Eigentlich hätte ich mich fragen sollen, was meine Eltern wohl empfanden, die zum ersten Mal seit Langem an einen Ort zurückkehrten, den sie geliebt hatten, der sie aber verraten hatte. Doch das tat ich nicht. Ich war zu jung und zu überwältigt von all dem, was ich gerade erlebte, und konnte meinen Eltern ansehen, dass auch sie glücklich und aufgeregt waren. Sehr kleine Kinder lassen sich leicht von den Emotionen ihrer Eltern anstecken.

Neben dem alten Hof der Familie meiner Mutter stand ein Bauernhof aus dem 15. Jahrhundert, das ehemalige „Waltergütl", das ab 1919 die Sommerresidenz der Familie meines Vaters gewesen war. Aufgrund der jüdischen Wurzeln der Mautner-Familie hatten die österreichischen Behörden das „Waltergütl" noch vor dem Krieg beschlagnahmt, doch meine Großmutter Anna hatte erbittert, aber erfolgreich dafür gekämpft, dass es Ende der 1940er-Jahre wieder zurück in den Besitz der Familie gelangte. Bei Sonnenuntergang kamen wir dort an, und inmitten des dichten Waldes eröffnete sich uns hinter einem schweren Eisentor eine bunte Welt von Tanten und Onkeln, Cousins und Cousinen, die ich zum ersten Mal in meinem Leben traf.

Diese Sommertage in Grundlsee waren für mich wie ein Wirbelwind, der unzählige neue Eindrücke und Begegnungen brachte. Ich erinnere mich an die Spiele mit meinen Cousins und Cousinen, an die Geschichten, die meine Tanten und Onkel erzählten, an Spaziergänge durch die Felder, das Baden im See und die Abendessen mit der ganzen Familie in der „Wohnstube" im rustikalen Haus meiner Großmutter. Wir redeten vor allem Englisch miteinander. Meine Mautner-Cousins und -Cousinen waren allesamt nach der Emigration ihrer Eltern in den USA, Kanada oder Großbritannien geboren worden. Für mich, der in einer Kleinstadt in Rhode Island aufgewachsen war und bis dahin ein vergleichsweise behütetes Leben geführt hatte, war es ein kulturelles Erwachen, neuen Verwandten aus so vielen, weit entfernten Orten zu begegnen und sie in ihren mir fremdartigen Dialekten über ihre so unterschiedlichen Leben sprechen zu hören, die sie anderswo führten.

EIN „FAMILIÄRES" ERWACHEN

Natürlich ist ein fünfjähriges Kind viel zu jung, um so etwas wie ein „kulturelles Erwachen" für sich zu behaupten, aber ein „familiäres Erwachen" war es für mich allemal. Die Beziehungen, die ich in jenem Sommer in Grundlsee zu meiner weitläufigen Familie aufbaute, vertieften sich im Laufe zahlreicher darauffolgender Sommerurlaube in dieser Gegend. Meine Tante Annerl und ihr Ehemann Philip Wolsey öffneten mir die Augen für die Schönheit von Bergwanderungen im Salzkammergut und legten damit den Grundstein für ein Hobby, das mich mein Leben lang begleitet hat. An heißen Sommertagen wanderte ich mit meinen Cousins und Cousinen den See entlang zum Mautner „Badeplatz", wo wir im kühlen Grundlsee schwammen, bis unsere Haut vor Kälte brannte, und uns anschließend in der prallen Sonne auf unseren Handtüchern trockneten. Gegenüber, auf der anderen Seite des Sees, erhoben sich die südlichen Ausläufer des Toten Gebirges, eine imposante Berglandschaft.

Als wir Teenager waren, zogen wir samstags Trachten an und boten bei den Tanzabenden im Gasthof Schraml Steirische und Landler dar, traditionelle Tänze, die wir im großen Saal in Tante Annerls Haus am Grundlsee geprobt hatten (wo sich früher Großmutters „Handdruckerei" befunden hatte), wo für unsere Tanzstunden Seifenpulver auf den rauen Holzboden gestreut wurde, um die Reibung zu vermindern, und Annerl oder Onkel Lenz uns auf der Ziehharmonika begleiteten. Im Schraml saß die ganze Familie nebst Freunden und Bekannten im Vorraum an langen Tischen, um zu Abend zu essen und bis spät in die Nacht zu tanzen. Das Lokal war rappelvoll mit Dorfbewohnern und Sommergästen, und die Stimmung war immer prächtig. Ich erinnere mich noch an eine Kellnerin, die kleine, stämmige und vor Energie strotzende Frau Annie, die unermüdlich ein schweres Tablett mit Bierkrügen und Weinkaraffen nach dem anderen zu den Tischen trug. Sobald die Musiker zum Tanz aufspielten, näherten sich die Jungen rasch einem Mädchen, einer Tante oder sogar ihrer Mutter, die sie als Partnerin für den nächsten Tanz auserkoren hatten, und fragten höflich mit einer kleinen Verbeugung: „Darf ich bitten?" Und schon ging es auf die Tanzfläche, wo wir die einstudierten Tanzschritte ausprobierten. Oft wurden die Tänze mit „Singen und Paschen" unterbrochen. Das synkopische Klatschen beherrschte ich schnell, doch bei den Liedern bewegte ich nur stumm die Lippen. Abgesehen von „Aussee is a lustigs Tal, / des såg i allemal. / San schene Mentscha drein, / då mecht i sein" kannte ich nur wenige Texte.

Im Gegensatz zu meinem Vater. Wenn wir Männer uns bei einem Steirischen auf ein bestimmtes musikalisches Signal im Kreis aufstellten, um zusammen zu singen und rhythmisch zu klatschen, konnte ich ihm ansehen, wie ergriffen er war. Seine Augen funkelten, er wiegte sich im Takt der Musik, sang einen „Vierzeiler" nach dem anderen und rieb sich in Vorfreude auf das nächste „Paschen" die Hände. Auf den Schlag genau, der das Ende der Gesangsrunde ankündigte, wandte er sich mit Schwung aus der Runde ab, wirbelte davon und ergriff die Hand meiner Mutter – ihre Linke in seiner Rechten –, um mit ihr zusammen weiterzutanzen. Für ihn waren das sicherlich durch und durch glückliche Momente.

Mein Vater war, wie schon sein folklorebegeisterter Vater Konrad, hin und weg vom Ausseerland. Nach seiner ersten Rückkehr 1957 wurde der Grundlsee, sofern Haushaltskasse und Arbeit es zuließen, zum bevorzugten Sommerurlaubsziel meines Vaters und meiner ganzen Familie. Dort fühlte er sich durch und durch zuhause, und in jedem dieser Urlaube bemerkten meine Mutter und ich, wie mein Vater umso mürrischer wurde, je näher der Abreisetag kam.

Mitte der 1960er-Jahre schufen meine Eltern sich ein kleines Domizil in Archkogl, indem sie einen ehemaligen, an die Mautner-Häuser angrenzenden Pferdestall des Hofs der Familie meiner Mutter in gemütliche Wohnräume umwandelten. Als mein Vater, der in den USA Ingenieur gewesen war, 1975 in Rente ging, zogen er und meine Mutter ganz nach Grundlsee und verbrachten ihren Lebensabend in diesem Tal, wo sie heute, Seite an Seite, in einem Familiengrab auf dem Kirchfriedhof in Grundlsee ruhen.

Die Verbundenheit der Generation meiner Eltern und der darauffolgenden, der meinen, zu einem Dorf in Österreich täuscht nur an der Oberfläche über die schrecklichen Umstände hinweg, unter denen meine Verwandtschaft Zentraleuropa vor dem Zweiten Weltkrieg verlassen hatte. Meine erste Begegnung mit Österreich in der Nachkriegszeit und die Rolle, die es fortan für meine Eltern und mich spielte, sind ein wunderlicher Aspekt der Nachwirkungen der historischen Ereignisse von Unmenschlichkeit, Enteignung und Genoziden; Themen, die in meinen Augen in unserer heutigen Welt mit zunehmender Dringlichkeit nachhallen.

1941 reisten meine Eltern mit meinem älteren Bruder mit dem Zug quer durch Europa, von Bukarest nach Lissabon, mit gefälschten Papieren, die wiederholt an den Gestapo-Kontrollpunkten entlang ihrer Route unter die Lupe genommen wurden. Auslöser dafür war, dass kurz zuvor der jüngere Bruder meines Vaters, der 19-jährige Michael, bei meinen Eltern in Bukarest eingetroffen war, der sechs Monate Internierung in Dachau überlebt hatte. Er war dank eines ungarischen Verwandten freigelassen worden, der seine Beziehungen zu einem deutschen Beamten hatte spielen lassen, der etwas bewirken konnte – gerade noch rechtzeitig, sagte meine Mutter. Der Onkel und die Tante meines Vaters (und von seinen Geschwistern Michael, Stephan und Else), die in Ungarn lebten, hatten nicht so viel Glück. Sie wurden verhaftet und 1944 nach Auschwitz gebracht, von wo sie nie mehr zurückkehrten. Wie durch ein Wunder gelang allen anderen Familienangehörigen die Flucht. Aber sie verloren ihr Zuhause, ihre Besitztümer, ihre engen Freundinnen und Freunde und alles Vertraute. Sie mussten sich ihre gesamte Existenz in ihren neuen Wahlheimaten von Grund auf neu aufbauen. Doch sie haben haben es geschafft, und sie haben überlebt.

ORT UND MENSCHEN TROTZDEM LIEBEN?

Wie kann man die Liebe zu einem Ort und seinen Menschen mit einer derartigen Erfahrung in Einklang bringen? Das haben mir meine Eltern nie erklärt und, um die Wahrheit zu sagen, das ich habe sie auch nie gefragt. Sie hätten mir vermutlich auch keine einfache Antwort geben können. Mein Onkel Lenz war ebenfalls aus Europa geflüchtet, nach Toronto in Ontario, wo er zu einem erfolgreichen Arzt geworden war, geheiratet und eine Familie gegründet hatte. Er hatte sich nach dem Krieg geschworen, nie wieder auch nur ein einziges deutsches Produkt zu kaufen, aus Protest gegen die Rolle der Nation in den katastrophalen Ereignissen, die so viel zerstört und so viele vertrieben hatten. Doch auch er hat Grundlsee mit seiner Familie besucht, besaß dort ein Haus und genoss aus vollem Herzen alles, was der Ort und seine Menschen zu bieten hatten. Aber zu behaupten, dass die österreichische Bevölkerung keinerlei Mitverantwortung am Fanatismus und an der Aufgabe jeglicher moralischer Werte getragen hätte, durch die sich die Jahre vor, während und sogar nach dem Zweiten Weltkrieg auszeichneten, und dass sie daher keine Schuld träfe, wäre jedoch eine grobe Vereinfachung.

Viele Jahre nach diesem Familienurlaub in Österreich im Jahr 1957, als ich alt genug war, um das ganze tragische Ausmaß unserer Familiengeschichte zu verstehen, erzählte meine Mutter mir, wie sie mit meinem Vater in jenem Sommer in Grundlsee von Nachbarn zum Nachmittagstee eingeladen worden war. Trotz des herzlichen Gesprächs unter alten Freunden und der köstlichen Erfrischungen konnte meine Mutter nicht umhin zu bemerken, dass einige der Gegenstände, die sich offensichtlich jetzt im Besitz der Nachbarn befanden – ein kleines Bild, eine Vase, ein Set Muranogläser –, zuvor im Haus meiner Großmutter Anna gestanden hatten. Sie hatte sich gefragt, ob sie noch wussten, woher sie sie hatten. Warum versteckten sie sie nicht vor ihren Gästen, die sie doch gewiss wiedererkennen mussten? Hatten sie es einfach vergessen? Oder war es ihnen egal? Meine Mutter war zu höflich, um etwas zu sagen, aber hegte von da an diesen Nachbarn gegenüber gemischte Gefühle.

Der Autor Stefan Zweig, der Österreich zu Beginn des Zweiten Weltkriegs verlassen hatte, schrieb: „Selbst aus dem Abgrund des Grauens, in dem wir heute halb blind herumtasten mit verstörter und zerbrochener Seele, blicke ich immer wieder auf zu jenen alten Sternbildern, die über meiner Kindheit glänzten, und tröste mich mit dem ererbten Vertrauen, daß dieser Rückfall dereinst nur als ein Intervall erscheinen wird in dem ewigen Rhythmus des Voran und Voran."[1] Ich bin überzeugt, dass meine Eltern wie Stefan Zweig an eine bessere Zukunft geglaubt haben; in ihrem Fall in dem Wissen, dass Nazideutschland besiegt worden war und sich Europa im Wiederaufbau befand. Die Liebe meiner Eltern zu ihrem Heimatland war nie erloschen und lebte in den Nachkriegsjahren wieder auf, mit mir an ihrer Seite, der zum Zeugen dieser Liebe werden durfte.

2016 informierte der österreichische Kunstrückgabebeirat die Erben von Anna Mautner, ihre sieben Enkel, über den Beschluss der Rückgabe der Sammlung unseres Großvaters von Objekten der österreichischen Volkskunde aus dem Wiener Volkskundemuseum an unsere Familie. Wir waren von dieser Nachricht sehr überrascht.

Wir hatten nicht einmal gewusst, dass es diese Sammlung gab, geschweige denn, dass sie unserer Großmutter 1938, nach dem Anschluss Österreichs, weggenommen, vom Museum „sichergestellt", inventarisiert und in den acht Jahrzehnten, in denen das Museum sie besaß, regelmäßig ausgestellt worden war. Nach und nach erfuhren wir mehr über die Beziehung meiner Familie zu dieser Institution, die unsere Urgroßeltern Isidor und Jenny Mautner 1895 mitbegründet hatten. Nur 13 Jahre vor der Konfiszierung der Sammlung des verstorbenen Mannes meiner Großmutter hatte der Direktor ebenjenes Volkskundemuseums, Michael Haberlandt, im Jahresbericht von 1925 dankbar die großzügige Spende der Familie Mautner in Höhe von 2.250.000 Kronen vermerkt, der „Kranzablösungsspende" (eine Gedenkspende anstelle eines Trauerkranzes) im Andenken an den im Vorjahr frühzeitig nach einer Krankheit verstorbenen Konrad.

Der dramatische Wandel ihrer Beziehung im Lauf der Geschichte mag erschrecken. Doch gewiss war das 1938, als Anna Mautner die Mitteilung über den Raub ihrer Sammlung von über 500 Folklore-Objekten durch das Museum erreichte, eine ihrer geringsten Sorgen. Sie war vollauf mit der Planung ihrer Flucht mit ihren vier Kindern aus einem Heimatland beschäftigt, in dem sie nicht länger überleben konnten. Von der „Kranzablösungsspende" für das Lieblingsmuseum zur dringenden Notwendigkeit, vor großem Leid zu fliehen, um das Leben ihrer Familie zu retten, waren nur knapp 14 Jahre vergangen. Das ist der „Abgrund des Grauens", von dem Zweig schrieb.

Die Rückgabe der Sammlung der Mautner-Familie nach 78 Jahren war eine Überraschung, aber sie brachte auch unsere verstreute Familie wieder zusammen, in dem geteilten Wissen um das Schicksal unserer Eltern und Großeltern, und schärfte unser Bewusstsein für die Herausforderungen, Abenteuer und Unglücke, die sie im Laufe ihrer erzwungenen Emigration erlebt hatten. Zudem wurden wir so zu Zeugen der ehrlichen und mutigen Handlung des Volkskundemuseums, das die Dinge in Bezug auf seine eigenen Bestände richtigstellen wollte und die seinerzeitige Verantwortung des Museums in der Umsetzung nationalsozialistischer Politik öffentlich, transparent und proaktiv aufarbeitete. Wir Erbinnen und Erben waren uns sicher, dass Konrad und Anna gewollt hätten, dass die Sammlung für Folkloreinteressierte und zur Freude all jener, die anhand alltäglicher Gebrauchsgegenstände etwas über ihre Kultur lernen wollten, zugänglich sein sollte. Also entschlossen wir uns, langfristig zu denken, und schenkten die Sammlung zurück an das Museum, im Vertrauen auf den von Zweig beschriebenen „ewigen Rhythmus des Voran und Voran". ∎

Salzburg-Connection

Helga Rabl-Stadler

Wie es dazu kommt, dass sich das Ausseerland als Keimzelle der Salzburger
Festspiele fühlt

Bad Aussee ist der geografische Mittelpunkt Österreichs. Das können Sie sich
sogar zertifizieren lassen, wenn Sie den Gedenkstein im Kurpark besuchen,
wenige Meter von der Stelle entfernt, wo die Altausseer Traun in die Grundlsee-
Traun mündet. Das Salzkammergut insgesamt ist in den Augen der meisten seiner
Bewohner*innen vor allem aber der Mittelpunkt einer geistigen Welt. Sie wollen
ihre Gegend daher logischerweise nicht zwischen drei Bundesländern – Steiermark, Oberösterreich und Salzburg – politisch aufgeteilt sehen. Nein, sie stellen
den Anspruch, das Salzkammergut sei eine Art zehntes Bundesland und habe
gleichsam als Solitär weltweit Ausstrahlung. Hat ihnen doch bereits Alexander
von Humboldt 1797 bescheinigt, dass ihre Landschaft unvergleichlich sei. Das ist
jener, den wir Salzburger*innen so gern zitieren, weil er unsere Gegend gemeinsam mit Neapel und Konstantinopel angeblich zu den schönsten Orten der Welt
zählte: „Ich gestehe, daß ich in der Schweiz kaum solche großen Naturscenen

kenne [...]. Ich werde zu Fuß nach Ischl, Hallstatt und wenn die Witterung sich hält, bis Aussee in [die] Steiermark gehen [...]."[1]

Ja, wenn die Witterung nicht wäre. Während Salzburgs Ruf als Tourismusdestination durch den Schnürlregen leicht angekratzt ist, haben die Salzkammergutler*innen ihren eigenen vielen Regen sogar zu geistvollem Segen umgedichtet: „Das Ausseerland ist eine Gegend für gescheite Leute. Denn die Blöden ärgern sich, wenn es regnet, und fahren weg. Die gescheiten Leute, die darauf gekommen sind, was das für ein herrlicher Flecken ist und daß der Regen ja zum Leben gehört, bleiben dann da. Und so hat dieses Land immer wieder das Glück, eine Auslese von gescheiten Leuten hier zu haben."[2] Das sagte der Schauspieler Richard Eybner, der über 60 Sommer im Ausseerland verbracht und bereits unter Max Reinhardt den Dünnen Vetter am Salzburger Domplatz gespielt hat.

INSPIRATIONSORT FÜR STRAUSS & CO.

Zu dieser Art von gescheiten Leuten gehörten auch zwei der fünf Gründer der Salzburger Festspiele, nämlich Hugo von Hofmannsthal und Richard Strauss. Den Namen des Ersteren findet man in den Kurlisten von 1892 bis 1928. In einem für ihn erstaunlich bescheidenen Quartier in Obertressen hat Hofmannsthal an Werken gearbeitet, die noch heute auf den Bühnen Europas zu erleben sind: „Jedermann", „Der Schwierige", „Der Turm" sowie die wunderbaren Libretti zum „Rosenkavalier", zu „Ariadne auf Naxos", zur „Frau ohne Schatten".

Richard Strauss wiederum sollen die Töne für seine „Alpensinfonie" am Loser zugeflogen sein. Das Foto des Komponisten vor der Hütte gilt als Beweis dafür. Und auch andere Komponisten, deren Werke bei den Salzburger Festspielen aufgeführt wurden und werden, inspirierten die herrliche Landschaft und die ganz besonderen Naturstimmungen.

Gustav Mahler, eher bekannt für seine Attersee-Connection, schrieb im Ausseerland Teile seiner zweiten und vierten Sinfonie. Ebenso entstand das berührende Lied „Revelge" aus Mahlers Zyklus „Des Knaben Wunderhorn", das eindrucksvoll im Eröffnungsfestakt der Salzburger Festspiele 2023 ertönte, 1899 in Bad Aussee.

Johannes Brahms, Egon Wellesz, Paul Hindemith und viele andere schrieben ebenfalls im Ausseerland. Diese Kompositionen erreichten später bei den Festspielen Publikum aus der ganzen Welt.

KEIMZELLE DER SALZBURGER FESTSPIELE

Ist also „das Ausseerland die Keimzelle der Salzburger Festspiele"[3], wie ein Jubiläumsband 1995 behauptete und wie die Ausseer*innen es gerne voller Stolz verkünden? Ganz stimmt es nicht, aber irgendwie auch wieder schon.

Die Festspielidee war schon länger in der Luft gelegen. Und Theatermagier Max Reinhardt formulierte 1917, mitten im Ersten Weltkrieg, ein Gesuch an den Kaiser für Festspiele in Salzburg als „eines der ersten Friedenswerke"[4]. Sollten diese ein Bayreuth des Theaters werden oder ein Mozartfestspiel? Darin waren sich die künstlerischen Proponenten nicht ganz einig.

Eine wirklich entscheidende Begegnung hat tatsächlich im Salzkammergut stattgefunden. Auf halbem Weg zwischen Salzburg und Aussee, nämlich in Bad Ischl, trafen sich im Sommer 1918 Max Reinhardt, aus Salzburg kommend, und Hugo von Hofmannsthal mit Leopold Freiherr von Andrian, von Aussee kommend. Das Ergebnis floss in ein mit 5. September 1918 datiertes Memorandum ein. Dem Generalintendanten der k. u. k. Hoftheater Andrian gelingt es – all den Salzburger und Wiener Intrigen zum Trotz –, die Zustimmung des Kaisers „zu österreichische[n], mit den k. k. Hoftheatern verbundene[n] Festspiele[n] in Salzburg unter Max Reinhardts Leitung"[5] zu erreichen.

DER SCHNÖDE MAMMON ALS PROBLEM

Mit dem Zusammenbruch der Monarchie wird die kaiserliche Anordnung zwar Makulatur, aber die Idee einer Festspielgründung in Salzburg war so stark geworden, dass auch drückender Geldmangel ihre Verwirklichung nicht mehr verhindern konnte.

Das sich hartnäckig haltende Gerücht, Camillo Castiglioni hätte die Festspiele von deren Gründung an finanziert, ist schlicht falsch. Der schillernde Finanzmagnat war zwar ein wunderbarer Gastgeber für die Festspielkünstler*innen in seiner herrlichen Villa am Grundlsee. Aber sein Auftreten in Salzburg machte jede Zusammenarbeit zunichte. Er wollte, was selbstverständlich auch später keinem privaten Geldgeber in Salzburg erlaubt wurde, das Festspielgeschehen bestimmen. Tief verärgert schrieb im Dezember 1928 der Salzburger Landeshauptmann Franz Rehrl an Hugo von Hofmannsthal: „Ich muß gestehen, daß die ganze Art der Verhandlungen, wie sie die Wiener Gruppe zu führen beliebt, in mir das größte Unbehagen erweckt [...], die ganze Aktion scheint darauf abzuzielen [...], eine Diktatur in Salzburg zu errichten."[6]

DIE QUALITÄT ALS PROGRAMM

Finanzielle Quellen für die Salzburger Festspiele sprudelten im Ausseerland keine, dafür künstlerische. Und es gelang und gelingt den Festspielmacherinnen und -machern von einst und jetzt immer wieder, auch durch das Engagement von einheimischen und „zweitheimischen" Künstlerinnen und Künstlern dem Anspruch von Festspielen gerecht zu werden. Schon die Gründer hatten sich von der Alternative, Weihestätte für Mozart oder ein Bayreuth des Theaters werden zu wollen, verabschiedet. „Oper und Theater von beidem das Höchste"[7] sollte es sein. So beantwortete Hugo von Hofmannsthal die Frage nach der Programmatik. Die Qualität als Programm. Große Verantwortung, aber auch große Freiheit für alle künstlerisch Verantwortlichen. Vollendung durch die Besten.

Der Ausseer Klaus Maria Brandauer etwa gehört zu jenen Künstlerinnen und Künstlern, denen die Salzburger Festspiele den Ruf verdanken, die besten der Welt zu sein. In Hollywood wurde er zum Weltstar, bei den Salzburger Festspielen als „Jedermann" ein Publikumsliebling. Für ihn war heimatliche Tradition stets Kraftquelle, aber nie Ruhekissen, die Kultur der anderen Bereicherung, nicht Gefahr.

„FREMDELN UND EIGENTÜMELN" ALS HALTUNG

Eine Einstellung, die er mit einer Fastnachbarin, der Dichterin Barbara Frischmuth, teilt. Geboren in Altaussee und dann weit weg geflüchtet zum Studium in eine türkische Stadt, die weiter östlich von Istanbul liegt als Graz westlich. Ihre Bücher sind in zig Sprachen übersetzt. Sie selbst ist leidenschaftliche Übersetzerin aus dem Chinesischen, dem Ungarischen und aus Farsi, um nur die ungewöhnlicheren Sprachen zu nennen, in die sie sich hineindenkt und hineinschreibt. Bei den Festspielen hielt sie 1999 die Eröffnungsrede, deren Inhalt heute noch so aktuell ist wie damals. Und ihre Überlegungen zum „Fremdeln und Eigentümeln" – so lautet auch der Titel eines Frischmuth-Bandes mit Essays, Reden und Aufsätzen – formulieren jene Haltung, die 23 Gemeinden einnehmen müssen, um die Kulturhauptstadt Europas Bad Ischl Salzkammergut 2024 zum gemeinsamen Erfolg zu führen.

Der tolle Titel Kulturhauptstadt Europas hat dieser Region nämlich noch gefehlt, die sich als geografischer Mittelpunkt Österreichs, als Keimzelle der Festspiele fühlt! Erweckt er doch den herausfordernden Eindruck, dass Europa jedes Jahr feierlich seine kulturelle Mitte neu bestimmt und dass diese 2024 im Salzkammergut liegt.

Ich zitiere Barbara Frischmuth: „Man kann nicht davon ausgehen, den Wert des Eigenen immer dominieren zu sehen. [...] Nur wenn Verschiedenartiges gleichwertig aufeinandertrifft, kann Höherwertiges entstehen. Da helfen weder Fremdeln noch Eigentümeln, sondern nur genaues Schauen in beide Richtungen und die Bereitschaft, Gegensätze auszumachen, sie zur Kenntnis zu nehmen und sie miteinander in Beziehung zu setzen. Nicht das Aufeinandertreffen von Eigenem und Fremdem ist zu verhindern, sondern der Versuch ihrer gegenseitigen Auslöschung."[8] ∎

▶
Ma, ist das schön! 150
Narzisse 158
Vergessener Salon 236

Schnee

Sarah Kuratle

Zwei Gedichte über Kindheitsbilder vom ersten Schnee im Jahr, von fallenden Flocken und winterlichen Gartenansichten. ■

▶
Dachstein 34
Koexistenzen 130
See 206
Wald 254

Im Haus meiner Eltern
Liegt am Fenster meine Stirn
Am Abend, am Morgen
Im Dunklen, blauen Licht

                                        Früher abends kinderleicht
                                        Legten Vaters Hände den Schnee
                                        Aus dem Buch einen Hasen
                                        Auf meine Brust, ins weiße Bett

Das Jahr grün gelb rot
Streift die Stirn die Zeiten
Im Garten der Winter
Wind, ein Hauch am Glas

                                        Vaters Rücken morgens spät
                                        Werden meine Füße einen Berg
                                        Verwandte Bäume, Schnee
                                        An Ohren Erde, ein Hase weiß

Am Bauch wo mein Kind
Sind weiß meine Hände
Vom Berg wo ein Hase
Fällt auf die Stirn
Der erste Schnee

Schnee fällt in Knäueln
Zwischen Himmel und Nabel
Eine Schnur für die Arme zwei Ärmel
Junges Leben hat sich wie mit Wolle geknüpft
Über Laub liegt über Gräsern Schnee über Erde
Auf der Decke das Kind auf der Welt
Zwischen Herz und Schläfen
Steigt Wasser ans Licht

▶ Schnee-Aufschüttung in Hallstatt für Filmaufnahmen. Das Foto entstand im Rahmen des Kunstprojektes „Deconfining", eines interkontinentalen Dialogs zwischen Afrika und Europa, 2023.

WALKING ART
LEAVES NO TRACE
BY REMOVING NOTHING
FROM THE LAND
BY NEVER SELLING
NATURAL OBJECTS
BY ADDING NOTHING
TO THE LAND
BY NEVER
REMODELLING NATURE
2023

Schnürlregen, adé

Edith Kneifl

Ein Kurzkrimi, der in einer Zukunft spielt, in der
auch Natur und Menschen des Salzkammerguts
mit Wassermangel zu kämpfen haben

Erbarmungslose Hitze tagein, tagaus. Mein Herz raste, mein Gau-
men war ausgetrocknet, meine Haut drohte zu platzen. Hätte
mein ehemaliger minderbemittelter Schulkollege, der heute als
Aufseher im Straflager arbeitete, nicht hin und wieder meine Lippen mit ein paar Tropfen Wasser benetzt, wäre ich sicher dehyd-
riert. Der Idiot hatte mir das Leben gerettet.

Ich gehörte zur Widerstandsgruppe „Acqua alta". Wir kämpften gegen die fort-
schreitende Vernichtung unseres Planeten. Anfangs hatte unsere Zelle aus
dreizehn Leuten bestanden. Bei unserer letzten Aktion waren wir nur zu sechst.
Die anderen waren längst in die Wüsten Südeuropas verbannt worden, was
einem Todesurteil gleichkam. Im Süden gab es kein Leben mehr. Das totali-
täre Regime, in dem wir lebten, ersparte sich dadurch die Hinrichtungen und
Begräbniskosten.

Unser Protest gegen den Verkauf unseres Wassers, das in riesigen Hoch-
behältern gelagert wurde, hatte mit einem Blutbad geendet. Meine Mitkämpfer
hatten sich an die Gittertore der Einfahrt gekettet, um zu verhindern, dass die
großen Tankfahrzeuge auf das Gelände gelangten. Die Security-Leute hatten
meine Freunde mit einer Flex losgeschnitten und einige von ihnen grässlich ver-
stümmelt.

Ich war für das Transparent zuständig gewesen, war auf einen der Tanks
geklettert und hatte es ganz oben angebracht. Erst nach einer Stunde hatte das
Wachpersonal gewagt, mich und das Transparent herunterzuholen. Ich wurde

als Mitläuferin eingestuft und kam mit drei Tagen Wasserentzug in einem Straflager glimpflich davon.

Die Professorin war den Wasserwächtern nicht in die Fänge geraten. Meine ehemalige Lehrerin war eine sehr couragierte Frau. Unbequem und aufmüpfig rief sie unermüdlich zu zivilem Widerstand auf.

Sie hatte auch die letzte Aktion geplant, mit der Ausführung aber uns beauftragt. Für sie war es lebensgefährlich, die alte Jagdhütte, in der sie vor kurzem untergetaucht war, zu verlassen.

Eine Stunde müsse ich noch durchhalten, hatte der Idiot gesagt. Dann würde ich frei sein. Was für ein unpassendes Wort. Wir lebten in einem Überwachungsstaat.

Obwohl Denken nicht zu seinen Stärken zählte, hatte der Idiot ausnahmsweise eine gute Idee. Er wollte mich außer Landes schaffen. Heute Nacht ging wieder ein Wassertransport nach Deutschland. Er hatte sich freiwillig als Begleitschutz gemeldet. Mich wollte er im Kofferraum über die Grenze bringen. Security-Leute würden nicht kontrolliert, behauptete er.

Hocherfreut nahm ich sein Angebot an. In unserem Nachbarland waren die Verhältnisse eine Spur besser. Ich könnte mich vielleicht bis Hamburg und von dort weiter übers Meer nach Skandinavien durchschlagen. Aber ich wollte nicht ohne die Professorin fliehen.

Ihr stand mit Vollendung des siebzigsten Lebensjahres die Seniorenresidenz bevor, was gleichbedeutend mit dem Tod war. Pensionisten kamen zu teuer. Nach kurzem Aufenthalt ereilte sie in diesen Residenzen der Gnadentod in Form einer Spritze.

Ich erinnerte den Idioten daran, dass er der Professorin sein Leben verdankte. Ohne ihre Unterstützung wäre er als hinkender Zehnjähriger entsorgt worden. Körperlich behinderte Kinder wurden nach der Volksschule aussortiert. Man transportierte sie in Feriencamps, aus denen sie nicht zurückkehrten. Minderbegabte hingegen wurden mit vierzehn zu niederen Arbeiten verpflichtet.

Er erklärte sich bereit, die Professorin gegen Bezahlung ebenfalls im Kofferraum seines Wagens mitzunehmen. Von mir verlangte er kein Geld, sondern Sex.

Seine lüsternen Blicke stießen mich ab, jagten mir aber keine Angst ein. Ich wusste, dass er seit unserer gemeinsamen Schulzeit in mich verliebt war. Schon damals hatte ich mich immer über ihn lustig gemacht.

Mich hielt nichts in meiner Heimat. Es gab kaum Arbeit. Die meisten Menschen vegetierten am Existenzminimum dahin. Lethargie hatte sich breitgemacht. Das Land wurde von einer gierigen und korrupten Bande regiert. Um ihre Profite zu steigern, erhöhten sie kontinuierlich die Wasserpreise. Die Ressourcen waren knapp, die Wälder fast zur Gänze abgeholzt. Der Grundwasserspiegel war stark gesunken. Es gab keine Quellen und Brunnen mehr zu erschließen. Die Papierfabriken in Laakirchen hatten längst zusperren müssen. Sogar der Traunsee drohte auszutrocknen. Die steilen Ufer waren mit Stacheldraht eingezäunt.

Für uns Normalsterbliche war Schwimmen, Wassersport und Fischen verboten. Wir standen permanent unter Beobachtung. Gemeindewächter kontrollierten die Straßen und hielten nach Regelbrechern Ausschau. Die Nichteinhaltung der Wasservorschriften wurde besonders schwer bestraft. Diese

Vorschriften galten jedoch nicht für die Reichen und Mächtigen in ihren prächtigen Villen am Ufer des Sees.

Ich zählte zu den Nichtprivilegierten. Mein Produktivitätsfaktor bewegte sich, seit ich mein Medizinstudium aus Geldmangel abbrechen musste, gegen null. Ich war ein unnützes Individuum. Am linken Unterarm war mir ein Chip eingebaut worden, der meinen persönlichen Wasserverbrauch anzeigte, meinen Puls kontrollierte, Gewichtsschwankungen und Schlafrhythmus aufzeichnete.

Geschwächt von dem dreitägigen Wasserentzug, schleppte ich mich zum Versteck der Professorin und erzählte ihr vom Plan des Idioten. Sie misstraute ihm, weigerte sich mitzukommen. Lieber wollte sie weiterhin den Widerstand im nördlichen Salzkammergut organisieren. Es blieb ihr fast noch ein ganzes Jahr bis zu ihrer Entsorgung. In einem Jahr könne viel passieren, meinte sie.

In der Dämmerung brach ich auf. Als Treffpunkt hatte der Idiot die kleine Wehr beim ehemaligen Traunfall vorgeschlagen. Da die Traun seit Jahren kaum Wasser führte, gab es bei Roitham keinen Wasserfall mehr.

Auf einmal vernahm ich ein leises Plätschern. Ein kümmerliches Rinnsal quälte sich über die Felsen. Ich hielt es für ein gutes Zeichen.

Der Idiot erwartete mich bereits. Breitbeinig lehnte er an seinem mit Wasserstoff betriebenen Dienstwagen, auf dem in Großbuchstaben SECURITY stand.

Ich verfluchte meine Naivität, als er mir hämisch grinsend befahl, mich auszuziehen. Rasch schätzte ich meine Chancen, ihm zu entkommen, ein. Ich zögerte zu lange. Er packte meine Arme und zerrte mich zu seinem Wagen. Spöttisch fragte er, ob ich im Ernst geglaubt hatte, dass er mir zur Flucht verhelfen würde.

Zu spät kapierte ich, dass er es auf die Belohnung abgesehen hatte, die auf Flüchtende ausgesetzt war.

Scheiß-Kopfgeldjäger, schrie ich.

Seine Faust traf meine Kehle.

Ich verstummte.

Er packte mich unter den Achseln, hob mich auf die Kühlerhaube seines Wagens und zerriss mein dünnes Sommerkleid. Als er in mich einzudringen versuchte, fiel ein Schuss.

Der Idiot klammerte sich an mich und riss mich mit zu Boden.

Sein Rücken war von Dutzenden Schrotkörnern durchsiebt. Er atmete aber noch und stöhnte leise.

Ich stieß ihn weg, rappelte mich auf und glaubte, meinen Augen nicht zu trauen.

Die Professorin hielt dem Schwerverletzten die Mündung einer alten Jagdflinte an den Kopf. Sie forderte mich auf sofort loszufahren. Als ich in seinen Wagen stieg, brachte sie den Idioten endgültig zum Schweigen. ■

▶
Leerstand & Versiegelung 142
See 206
Widerstand 262

See

Sarah Kuratle

Ein Gedicht über den Nussensee bei Bad Ischl – geschrieben nach den Geschichten, die eine Verwandte von Sarah Kuratle ihr von früher erzählte. ■

▶
Dachstein 34
Ja, bitte 113
Schnee 198
Wald 254

Der See hieß nach den Nüssen
Ersten Küssen auf den Wiesen
Im Boot sagte er, *Ich steig aus*
Sprang schwamm
Stieg zurück

An Ästen Stanniolpapier hingen sie
Flogen wie im Karussell spielten sie
Weihnachten im Sommer im Wald
Läuteten um den See
Ein Glöckchen

Mit ihnen wuchsen ihre Kleider
Aus Fallschirmseide geflickt aus
Krieg Mänteln, *Braun hasse ich*
Sagte sie im Wasser
Ausgezogen nackt

Für Eis gruben sie im Winter
Wege verloren Marken Mittel
Leben zogen wie Hut Hase
Aus dem Stiefel
Eine Wurst

Nüsse
Vom See
Alte Nussbäume
Im Garten erzählt sie
Von Boot Glocke Wurst
Vom Krieg den Jahren danach
Der See, sagt sie, *heißt Nussensee*
Nach ersten Küssen nach dem Krieg
Ob sie, frage ich, noch schwimmt
Nein, aber wenn doch dann
Als Kind an Weihnachten
Ausgezogen nackt

Pia Johanna Fronias
Serie „onehourlake",
eine fotografische
Studie zur Raum- und
Oberflächentransfor-
mation des Traunsees

Sehnsucht

Ulrike Anton

Idylle der Moderne – Arnold Schönberg
am Traunsee

„Sehnsucht ist das einzige positive Glück; Erfüllung ist Enttäuschung"[1], schrieb der Komponist Arnold Schönberg einmal. Schenkt man seiner Aussage Glauben, so muss das Salzkammergut für Schönberg ein großer Sehnsuchtsort gewesen sein, denn immer wieder zog es den Komponisten in diese reizvolle Landschaft: Zwischen 1905 und 1923 verbrachte er sechs Mal die Sommermonate am Traunsee – gemeinsam mit seiner Familie und umgeben von Schülern, die während der wochenlangen Aufenthalte regelmäßig zu Besuch kamen. In der Idylle der Sommerfrische erlebte Schönberg Momente höchster künstlerischer Kreativität, genoss die Natur, gab Unterricht, schwamm, ruderte über den See und begann sich intensiv mit Malerei zu beschäftigen. Einige seiner ersten Zeichnungen sind am Traunsee entstanden.

Während der ersten drei Sommeraufenthalte 1905, 1907 und 1908 wohnte Familie Schönberg beim „Hois'n", einem Gasthof am Ostufer des Traunsees. Arbeiten an Schlüsselwerken – Zweites Streichquartett op. 10, erste Lieder aus dem „Buch der hängenden Gärten" op. 15 – bildeten den Übergang von Schönbergs tonalen zur freitonalen Komposition und ebneten den Weg für die kommende Erneuerung, die der Komponist durch die Entwicklung seiner „Methode mit nur zwölf aufeinander bezogenen Tönen" auslösen sollte.

Die Idylle, die zu solch kreativen Leistungen inspiriert hatte, fand im dritten Salzkammergut-Sommer 1908 ein jähes Ende, als Mathilde Schönberg ihren

Mann für den Maler Richard Gerstl verließ und gemeinsam mit dem Geliebten vom Traunsee nach Wien flüchtete. Nachdem Mathilde sich schließlich dafür entschied, bei Schönberg und den beiden gemeinsamen Kindern zu bleiben, wählte Richard Gerstl im November 1908 den Freitod.

Es sollten 13 Jahre vergehen, bis Schönberg mit seiner Familie wieder an den Traunsee zurückkehrte. Als der Komponist sich entschloss, den Sommer 1921 in Mattsee bei Salzburg zu verbringen, ahnte er noch nicht, dass der Traunsee unbeabsichtigt zu seinem Zufluchtsort werden sollte. Gleich zu Beginn des Aufenthalts in Mattsee war Schönberg starken antisemitischen Anfeindungen ausgesetzt. Mit Plakaten und Schildern wurde darauf hingewiesen, dass Juden unerwünscht waren und den Ort zu verlassen hatten. Schönberg entschied sich kurzerhand, seine Sommerfrische nach Traunkirchen zu verlegen, wo er mit seiner Familie die Villa Josef, die sich im Besitz von Baronin Anka Löwenthal befand, bewohnte. Räumlich und dadurch vielleicht auch emotional auf Distanz zu den kürzlich erlebten Anfeindungen gelang Schönberg mit dem Präludium und Intermezzo aus der Suite für Klavier op. 25 der Durchbruch in der Entwicklung seiner Zwölftonmethode.

Jahre später aber noch wirken diese am eigenen Leib erlebten Anfeindungen in Schönberg nach: „Es ist traurig, zugeben zu müssen, dass die Mehrzahl der Menschen es für ihr Menschenrecht hält, die Menschenrechte der andern zu bestreiten, ja zu bekämpfen. Weit trauriger noch ist der Anblick der Welt, der heute keine Hoffnung auf Besserung in absehbarer Zukunft gestattet. Das sollte jedoch nicht die Sehnsucht ersticken nach einem Weltzustand, in welchem jedem die Heiligkeit der Menschenrechte unantastbare Selbstverständlichkeit ist."[2]

Im darauffolgenden Sommer 1922 bewohnte Familie Schönberg die Villa Spaun. Ein besonderes Ereignis bei diesem Aufenthalt war das von Schönberg organisierte Konzert im Hotel „Am Stein", das bei der Finanzierung von zwei neuen Kirchenglocken helfen sollte. Am Programm standen keine Schönberg-Werke, sondern u. a. Kompositionen von Beethoven, Chopin, Brahms und Mahler.

Ein Jahr später verbrachte Schönberg den Sommer zum letzten Mal in Traunkirchen, wo er intensiv an seinem Bläserquintett op. 26 schrieb. Seine Frau Mathilde erkrankte schwer, konnte sechs Wochen das Bett nicht verlassen und musste schließlich in ein Sanatorium nach Wien gebracht werden, weil sich ihr Gesundheitszustand immer weiter verschlechtert hatte. Sie verstarb im Oktober 1923.

Der Traunsee im Salzkammergut war für Schönberg ein Ort der Inspiration, den er immer wieder aufsuchte, um Ruhe zu finden und Neues zu erschaffen. Trotz des seelischen Schmerzes, den er in dieser Idylle auch erleben musste, kehrte er – ob als Reisender oder in Gedanken – immer wieder an diesen Ort der Sehnsucht zurück. ∎

Ölbild von Arnold
Schönberg, um 1906/07

Drei Selbstport-
raits von Arnold
Schönberg, ent-
standen zwischen
1907 und 1909

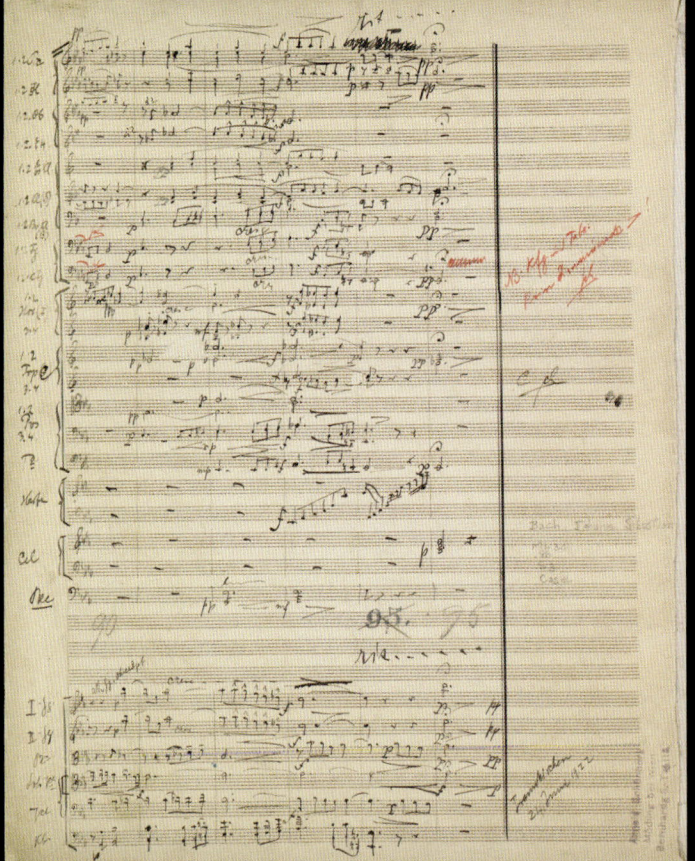

Im Juni 1922 in Traun-
kirchen vollendete
Bearbeitung Schön-
bergs von J. S. Bachs
„Schmücke Dich, o
liebe Seele!" (BWV 654)

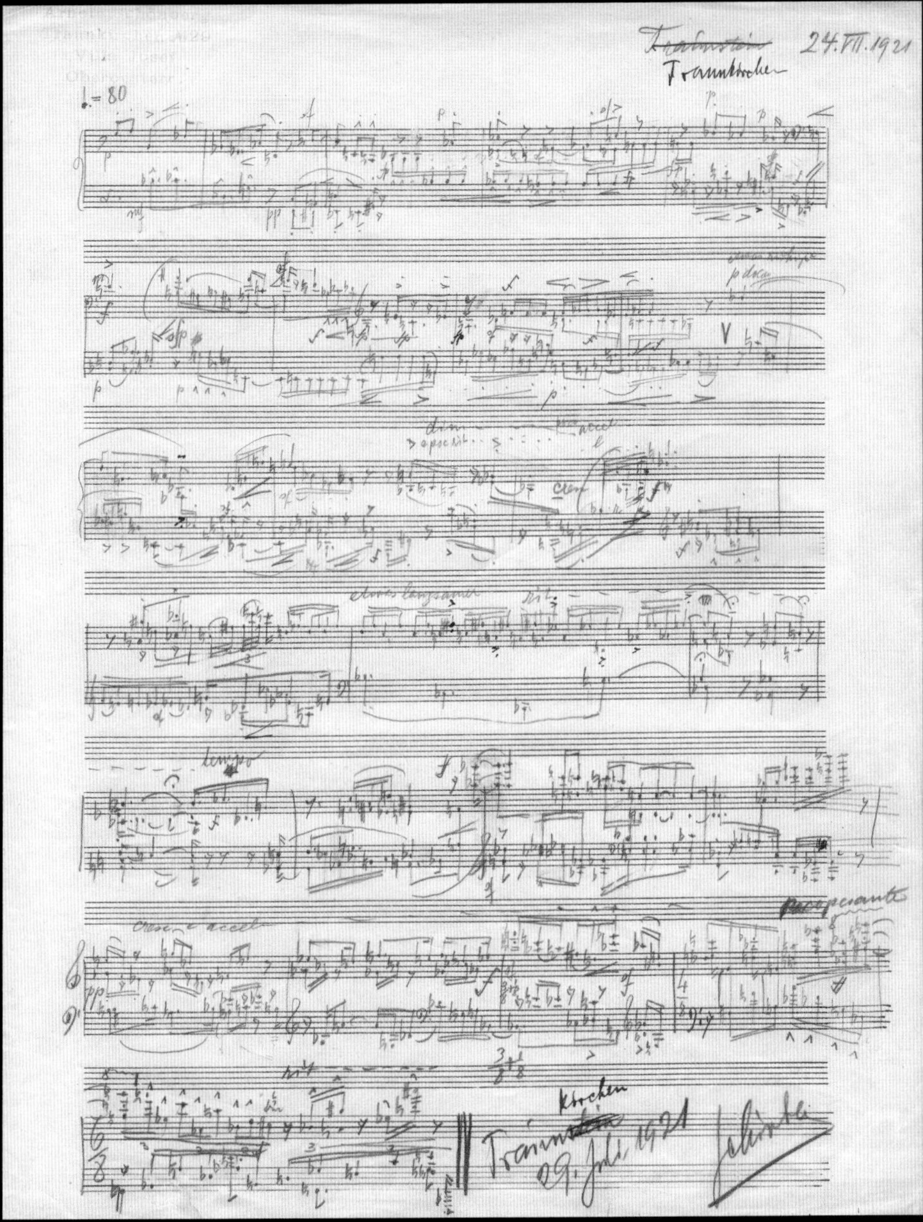

Seite aus Schönbergs im Sommer 1921 in Traunkirchen komponierter Suite für Klavier, op. 25

Mathilde, Trudi und Arnold Schönberg 1907 auf dem Traunsee

Sisi 1 Romyfizierung einer Kaiserin

Franz Schuh

Eine Glosse über Aristo-Kitsch, Idolisierung,
Ernst Marischkas Sissi-Filme und all die
Dinge, die diese penetrant nicht zeigen

Diese Glosse fängt mit etwas an, das man auf jeden Fall unterlassen sollte,
nämlich mit der Klage des Autors über das Thema, das er sich doch selbst aus-
gesucht hatte. Das Thema ist die Frage, wie denn *die Idolisierung* der Kaiserin
Elisabeth zu sehen ist und aus welchen Bestandsstücken sie gemacht wird. Ich
beschränke meine Ansicht auf Ernst Marischkas Filme. Sie sind klassische Beispiele einer Idolisierung, die immer noch „gesendet" werden, im billigen Mas-
senprogramm des Nachmittag-Fernsehens, wo ihr Glanz schäbig geworden ist
und ihre Penetranz unübersehbar.

Was gibt es da zu klagen? Marischkas Sissi-Filme, von denen das Fernsehen (das man früher einmal „Patschenkino" genannt hat) nicht lassen kann, verdienen vielleicht die halbwegs freundliche Parodie von Bully Herbig: „Lissi und der wilde Kaiser". Sehr schön auch, wenn die zwei verspotteten Figuren in älplerischer Umgebung einander ihre Vornamen zuseufzen. Er: „Sissi", und sie: „Franz." Aber die Härte, mit der im folgenden mit dem KaiserInnenkitsch abgerechnet wird, geht scheinbar über das Maß hinaus, das man dem Publikum, geschweige denn dem Salzkammergut zumuten darf.

IKONE AUS BEWEGTEN BILDERN

Es ist doch auch ein harmloses Vergnügen, der Kaiserin zuzusehen, wenn sie hoch zu Ross durch Wald und Wiese dahindonnert. Die Sissi-Filme mit Romy Schneider (mit einer der bedeutendsten Frauengestalten ihrer Epoche, sowohl als Künstlerin als auch biographisch) sind allerdings eine Ikone aus bewegten Bildern, deren penibel durchkomponierte Signale eine unterschwellige Aufdeckung des Seelenzustandes der Fünfzigerjahre ermöglicht.

Aus dieser Zeit erinnere ich mich an einen anderen Film, den ich als Kind zusammen mit einigen älteren Frauen aus meiner Unterschicht im Trianon Kino, Wien 16. Bezirk, gesehen habe: „Anastasia" – so einen Film aus dem Jahr 1956 nannte man ein „US amerikanisches Filmdrama". Die Frage war, ist sie's oder ist sie's nicht, nämlich die Tochter des Zaren. Das stickige Drama erfüllte uns im Saal ganz und gar, handelt es doch von einer verkannten und zugleich vielleicht doch durchschauten Hocharistokratin. Die Botschaft ist: Der Mensch, der wir sein wollen, können wir nicht sein, es gibt immer welche, die uns auf unsre Echtheit überprüfen.

Der hausgemacht österreichische Kitsch der Fünfzigerjahre fügte der Sehnsucht nach aristokratischem Umgang (und nach der nicht minder hochgestellten Herkunft) noch ein heilsgeschichtliches Moment hinzu. Ich erinnere mich an einen der mir verhassten Antel-Filme, in dem Kaiser Franz Joseph im Schönbrunner Schloßpark lustwandelt, anstatt dass er ordentlich regiert und entschlossen in den Ersten Weltkrieg eintritt. Im Film kommt dem Kaiser ein Schauspieler, ein gewisser Hans Moser, entgegen, der submissest ein Anliegen hat, welches Seine Majestät, der guate oide Kaiser, in seiner knöchernen Bürokratenhaftigkeit natürlich sofort auf die Tagesordnung setzt.

DER NICHT GEZEIGTE KRIEG

In Marischkas Sissi-Filmen werden Kaiserin und Kaiser als Friedensengel dargestellt, die sogar die feurigen Ungarn zur Umwertung nationalistischer Werte bringen können. So was wäre auch für heute gut zu gebrauchen. Das Kaiserpaar im Film signalisiert, Friede sei das höchste Gut – gegen alle Abneigungen, die charismatische Persönlichkeiten doch leicht wieder gutmachen könnten. Auch deshalb lautet meine nicht sehr originelle und zugleich meine mich ängstigende, sehr harte These: Marischkas Sissi-Filme handeln vom Krieg und von Hitler, die sie penetrant *nicht* zeigen.

Vom bösen Führer zur guten Kaiserin führt uns die filmische Sozialromantik. Das scheint das eigentliche Kalkül von Marischkas Traumwelt zu sein: eine Zeit, in der glanzvolle Feste auf höchster Ebene gefeiert werden, Luxus für den verdunkelten Kinosaal, und die zentralen Akteure sind Österreicher und keine Deutschen. Selbst die Bayern aus Possenhofen haben einen österreichischen Einschlag. Sie gehen so gerne auf die Jagd, und nachdem sie alle Tiere des Waldes gekillt haben, gehen's halt fischen.

Ein unterschwelliges, zugleich ins Auge stechendes Phänomen ist die an der jungen schönen Frau, an Romy Schneider festgemachte *Unschuld*. Für die Plausibilität dieser These erinnere ich an eine Künstlerin, die die gleiche professionell simulierte Unschuld verkörperte: an Johanna „Hannerl" Matz. Anders als Romy Schneider, ist sie ihr Leben lang nie ganz aus der bebilderten Ideologie herausgekommen. Auch sie hat in einer verfilmten Haupt- und Staatsaktion – in „Der Kongress tanzt" – die vom Bösen des Weltlaufs unbeirrbare Schönheit und Mädchenhaftigkeit gespielt, was im Film kein Geringerer als der russische Zar freudig konsumiert. „Der Kongress tanzt" war ein kopierter Klassiker aus dem Jahr 1931, von Antel 1955 schlecht und recht revitalisiert.

UNSCHULD UND SCHULDFRAGE

Wenn man eine Gesellschaft wie die österreichische in ihrer Fünfzigerjahre-Gestalt verstehen möchte, dann kommt man leicht auf die Idee, dass die Unschuld damals ein ungeheuerlicher Wert war. Die Unschuld feierte in der Doktrin, Österreich wäre Hitlers erstes Opfer gewesen, politische Urständ. Wahrscheinlich hatten die konservativen Denker in Deutschland mit ihrer Meinung sehr recht, falls man im Ernst damals die Schuldfrage gestellt hätte, dann wär's nichts gewesen mit dem „Wiederaufbau". Es hätte, wie man heute sagt, die Gesellschaft „gespalten".

Der österreichische Weg der Verlogenheit (von dem ich glaube, dass die französische Romy Schneider ihn voller Entsetzen durchschaut und ihren Anteil daran durchlebt hatte) ging über die heimische Kulturindustrie. Sie arbeitet nicht als Verschwörung und eher wenig mit kalkulierter Manipulation. Ihre Mechanik aus Ästhetik und Kommerz beruht nicht zuletzt auf (pseudo-)künstlerischer Inspiration, die die Motive, die in einer Gesellschaft vorliegen, so umformt, dass sie „gut ankommen", dass sie, wie man in der Branche sagt, „den Nerv treffen". Genau das machte ihre Produkte zu dem, was sie absolut nicht sein wollen, nämlich zu soziologischen Experimenten, die all das, was sie verschleiern, zugleich bloßlegen.

DIE REINHEIT DER HERRSCHENDEN

Und Marischka versammelte für die Sissi-Filme großartige Leute, einen Karlheinz Böhm mit seiner wunderbaren Stimme, die grandiose Vilma Degischer, die als Kaiserin Mutter Sissis Unschuld in die Zange nahm. Sissis Unschuld musste für die ideologische Dramaturgie des höfischen Lebens ja einen Nachteil haben: Die junge Frau war „naturverbunden" und so war in der Film-Kaiserin Sissi etwas sanft Unbändiges, dem kein Hofzeremoniell beikommen konnte. Das Hofzeremoniell und seine Agentin, die Kaiserin-Mutter, führten auf aristokratischer Ebene das kleinbürgerliche Alltagsschicksal auf, nämlich nicht sein zu können, was man sein möchte, weil immer jemand, der die Macht hat, dagegen ist.

Gendermäßig hatte die junge Sissi etwas von einem Knaben, bis sie sich zur „reifen Frau" entwickelte. Auf diesem Weg gab es aber im Unschuldsfilm Sexualität kaum in Andeutungen. Der Kaiser begegnete der Kaiserin vor allem in aller Unschuld. Die Reinheit der Herrschenden soll sich in den Augen der Beherrschten abbilden, und als – während unserer Zeitgenossenschaft – Prinzessin Diana dieses Spiel nicht mitspielte, war man enttäuscht. Sie blieb die *„Königin der Herzen"*. Das Mindeste, das man von einer Königin erwarten muss, ist ja, dass sie den Stammbaum mit Hilfe des Gatten erweitert. Und das wird in seltsam entsexualisierter Weise kommuniziert, man posaunt die Vermehrung hinaus, aber so, als sei sie in den höchsten Kreisen jenseits allzu menschlicher Vorgänge möglich.

In der Arbeitsgesellschaft gilt die Sehnsucht nach aristokratischem Umgang auch der Entlastung von der kleinbürgerlichen Alltagslast. Das kompensatorische Trugbild ist, allein die eigene Person und nichts als sie (re-)präsentieren zu können – und das noch im Interesse des Großen und Ganzen. Wie wunderbar Romy Schneider das Trugbild vor Augen führt, kann man an ihrer Blickkunst sehen, mit der sie widerspenstige ungarische Aristokraten ins Visier nimmt: entschieden-herrschaftlich und doch verständnisvoll. Es ist, wie gesagt, der Friede, um den es nach den noch nicht existierenden, den niemals existierenden Weltkriegen geht.

HEIMELIG-UNHEIMLICH

In diesem Sinne sind die Schauspieler exzellent rekrutiert – in der großen Mehrheit lauter sogenannte „Publikumslieblinge", die bei Hof eine heimelige Atmosphäre schaffen. Josef Meinrad geht dafür tief unter sein Niveau, wo er einen Infantilismus zelebriert, mit dem er – selbst als zum Oberst beförderter Leibwächter – das Komische im Kindischen verfehlt. Allerdings die Frau, die an der Seite von Gustav Knuth eine ältere Unschuld vom Lande spielt, hat keinen heimeligen, sondern einen unheimlichen Hintergrund: In den Fünfzigerjahren war es noch gar nicht lange her, als auf Hitlers Obersalzberg Magda Schneider vor der Kamera der Eva Braun einen guten Eindruck machte. ■

▶
Filmwelten 74
Habsburg Forever 99
Sisi 2 Im Spiegelsaal 218

Sisi 2
Im Spiegelsaal

Liv Strömquist

Ein feministischer Comic über Kaiserin Elisabeth als frühe Vorreiterin des modernen Schlankheits- und Schönheitswahns. ■

Sie erinnern sich an Sisi, Kaiserin Elisabeth von Österreich-Ungarn (1837 – 1898)? Sie hatte mit nur 16 Jahren ihren Cousin Kaiser Franz Joseph I. geheiratet.

Im Laufe der Zeit wurde sie in Europa wegen ihrer sagenhaften Schönheit immer bekannter.

Das Bild stellt den Spiegelsaal der Hofburg bei Wien dar, wo Sisi wohnte.

Sisi hatte unglaublich lange Haare, die Aussagen zufolge bis zum Boden reichten.

Sie stellte eine Zofe an, deren einzige Aufgabe es war, sich um ihr Haar zu kümmern.

Es zu kämmen und zu frisieren, dauerte täglich drei Stunden.

Es zu waschen, dauerte einen ganzen Tag.

Hierfür kam eine Mischung aus Cognac und Ei zur Anwendung.

Nichts machte die Kaiserin wütender als eine schlecht sitzende Frisur oder ausgekämmte Haare.

Quellen berichten, dass Elisabeths Hofdienerin die Bürste präsentieren musste, um zu zeigen, wie viele Haare sie ausgekämmt hatte.

Elisabeths Haar wog so viel, dass es ihr bisweilen Kopfschmerzen bereitete.

An solchen Tagen blieb sie mit an Bändern aufgehängten Haaren in ihrem Zimmer, um ihrem Kopf zu entlasten.

Elisabeth war zudem für ihre unglaubliche Zierlichkeit und vor allem für ihre extrem dünne Taille bekannt.

Sie hatte Todesangst, zuzunehmen, und sobald es passierte, unterzog sie sich strengster Diäten, verschiedener Arten von Fasten- und Hungerkuren etc.

Quellen beschreiben, wie sie sich zeitweise ausschließlich von Sorbet und Bouillon ernährte, zeitweise nur Milch trank, zeitweise nur eine Mischung aus rohem Ei und Salz zu sich nahm, zeitweise nur Soße aß.

Sisi absolvierte außerdem täglich ein hartes körperliches Training: Reiten, stundenlange Wanderungen, Gymnastik. In den unterschiedlichen Schlössern und Herrenhäusern, in denen Sisi sich aufhielt, richtete sie sich einen mit Hanteln, Gewichten, Barren und Ringen ausgestatteten Trainingsraum ein.

Ein Mann namens Christomanos, den Elisabeth als Griechisch-Vorleser beschäftigte, beschreibt, wie er von ihr am Neujahrstag 1892 (Sissi war 54 Jahre alt) in den mit Trainings-geräten vollgestellten Salon gerufen wurde.

Treten Sie ein!

Christomanos schreibt: „Ich traf sie gerade, wie sie sich an den Handringen erhob. Sie trug ein schwarzes Seidenkleid mit langer Schleppe und von herrlichen schwarzen Straußenfedern umsäumt."

„Ich hatte sie noch nie so pompös gesehen. Auf den Stricken hängend, machte sie einen phantastischen Eindruck, wie ein Wesen zwischen Schlange und Vogel."

Lesen Sie mir aus der Odyssee vor!

Tradition

Im Rahmen des Improvisationstheater-Projekts „Sog's uns, Soizkammerguat" befragte ein aus der österreichischen Improtheater-Szene rekrutiertes Team rund um Projektleiter David Wagner im Mai und Juni 2023 die Bevölkerung einiger Kulturhauptstadtgemeinden nach ihren Ideen und Anliegen zum Thema Kultur, unter anderem stellten sie auch die Frage **„Was ist für Sie Tradition?"**. Das sind die Ergebnisse.

Hufschmid | Bschoad Binkerl | Jagern | Wüdan | Lederhosen | Feuerwehr | Musikkapelle | Kirchenchor | Goldhauben | Vereinsleben | Zusammenhalt (Mehrfachnennung) | Ehrenamtlich tätig sein | Fasching feiern | Holzschüsseln drechseln | Viele kleine regionale Limonadenhersteller | Umwelt, Ökologie | Nachbarschaftshilfe | Nahversorger | Gemütliches Kaffeehaus im Ort (Mehrfachnennung) | Dirndlkleid und Lederhose | Fischen und Fische | Regionale Schokoladenerzeuger | Inklusion | Zusammenhalt | Ein Miteinander, gegenseitige Unterstützung in den Gemeinden | Man hält zusammen (viel ehrenamtliche Arbeit) | Grillfeiern | Blumenschmuck in der Gemeinde | Familie | Sommerurlaub im Salzkammergut | Bauernhöfe | Zusammengehörigkeit

KIRCHHAM
Weissert (Geschenk zur Kindsgeburt oder Hochzeit) | Der Hollerbusch (Treffpunkt für Techtelmechtel)

OBERTRAUN
Fuhrbauer, Plätten bauen für den See | Konzerte in der Rieseneishöhle | Höllwirt (ehem.)/Gaststätten | Baden im Hallstätter See | Gemütliches Caféhaus ganzjährig (ehem.) | Konzerte

GOSAU
Gosinger Schaftag | Holzarbeit im Gosinger Wald | Kultur | „In d'Gosau" | „Griass eng" („Was bringt man in Gosau den Kindern als Erstes bei?" – „Grüßen") | Schuhplatteln

STEINBACH
Solidarität, gesellschaftliches Miteinander | Trachtenverein D'Schobastoana | Dorfleben | Kühe auf der Alm | Feuerwehr | Frühschoppen | Stammtischkultur | Der Sundowner – „unser Alpenglühen" | Gustav Mahler, Gustav Klimt | Sommerkonzerte

SCHARNSTEIN
Zusammengehörigkeit | Gemeinschaft, gegenseitige Wertschätzung

VORCHDORF
Ehrenamt (eine Vorchdorferin arbeitet 800–1000 h pro Jahr bei der Rettung!) | Almspaziergang (Spaziergang an der Alm) | Gastronomie | Der beste Platz zum Leben | Liebe zur Heimat | Blasmusik

PETTENBACH
Leonhardi-Ritt | Magdalenaberg und seine Bewohner*innen | Schriftmuseum Bartlhaus | Theatergruppe KunstbrettlAGe (seit über 40 Jahren)

UNTERACH
Korbflechter | Lederermayrhaus (ehemaliges Bauernhaus) | Alte Architektur | Märchenwald | Schifffahrt

GRÜNAU
Vereine (40 aktive in Grünau) | Kasberg/Hochtour auf den Kasberg | Romantische Bahnstrecke (Almtalbahn) | Theaterverein Bühne Grünau | Mountainbiken | Wilderei | Bergsteigen | Ein eigener Pfarrer

ROITHAM
Gemeinsame Feste wie das Roithamer Dorffest | Zusammenhalt | Platzlsingen | Dorffest | Lebensmittelgeschäft im Ort | Volksmusik

▶
Glossar 285

Traunseher

Walter Pilar

Eine Anregung, den Ebenseer Schriftsteller, Zeichner und *domestic ethnographer* Walter Pilar, seine Sprache und seine Salzkammergut-Spurensuchen zu entdecken. ■

▶
Brauchtum 26
Geniales Versteck 92
Widerstand 262

BEGEGNUNGEN BEIM WIEDERBEGEHN

Der See gluckst, gluckert, plätschert bis unter die
brandigen Blattblätschn am Ufer. Oder es klät-
schert grün von den kalfatierten Plätten herauf.
... so ein malerisches Gefährt, eine *Malerzille*
bzw. -plätte war einmal eines der *Traunseher-
ziele*. & eine hölzerne Schiffhütte zum Einstellen,
möglichst dem Traunstein gegenüber ... Hans
hätte vielleicht aus bestimmten Schwemmfun-
den irritierende *Objekte der Wandlung* geformt,
Peter hier noch so manchen *Kunstfisch* an Land
gezogen, ich hätte mit haderndem Kuli erzeich-
nete *Landschaftsdetails* verfremdet, *skurrealisiert*
... aber letztlich bleiben nur die Seeflächen – ob
smaragdgrün-unergründlich oder in blauweiß
wellenden Schlieren den Himmel &/oder Berg-
formen bizarr spiegelnd – bestehn. Sie reflektieren tausendfach die sie umgebende Kleinwelt an
einem alpinen See. Wird deswegen dieses Linien-
geschlängle gern als romantische Landschaft
bezeichnet? Die Fischer stehen heute wie gestern
am Ufer. Sie *be-zeichnen* nichts, sondern schau-
en nur. Schauen aus nach ihrer Beute, sehen oft
nur mehr die Flosse von so einem Wascher & wie
er nach jähem Wendeschlag in der dunkelgrü-
nen Tiefe verschwindet. Oder jene fernen Berufs-
fischer, die weit draußen aus samtigem Seegrün
ihre Netze hervorziehn. Die Spiegelungen der
Seefläche gehen natürlich weiter. Sie wellen hin-
aus-herzu (räumlich) oder hinein (in die Memora-
bilien des Zeitgefühls), werden für viele ein Super-
toto od. ein traumhafter Videofilm auf Knopfdruck.
& je nachdem: ob viel od. nichts daraus geworden
ist. Wie/was/wo/warum & auf welche Weise
wohinkommt & worauf es ankommt? Der sogen.
Kunstmarkt scheint in seiner Willkür unergründlich:
einmal mehr grün oder blau, dann wieder mehr
rot, ein anderes Jahr (od. gar Jahrzehnt?) mehr
schwarz: ich weiß, viele Schatten ... art is only
a question of date and signature.

▶ Walter Pilar am
Soleweg in Langwies
bei Ebensee mit von
ihm 1980 entdeckten
Inschriften französi-
scher Kriegsgefange-
ner. Diese hatten 1940
bei Arbeiten am Weg
ihre Herkunftsorte und
die Jahreszahl in fri-
schen Mörtel eingeritzt.
Fotocollage von Peter
Putz.

Überleben

Günter Kaindlstorfer

Stefan Meyer war einer der bedeutendsten Physiker des 20. Jahrhunderts. Die NS-Zeit überlebte der jüdische Radiumforscher unter abenteuerlichen Umständen in Bad Ischl.

◄ Ein Labyrinth aus Salz von Motoi Yamamoto, Roppongi Art Night, Tokyo 2016

Die Villa Maass-Portheim, am westlichen Ortsrand von Bad Ischl gelegen, hat etwas Zauberisches. Spaziert man an einem himmelblauen Sommernachmittag an diesem stattlichen, mit Fachwerk und schmucken Türmchen bestückten Anwesen vorbei, deutet nichts, aber auch gar nichts darauf hin, dass hier in den „dunklen Jahren" des Nationalsozialismus ein Naturwissenschaftler von internationalem Rang – zusammen mit seiner Familie – ums Überleben kämpfte. Der Boltzmann-Schüler Stefan Meyer, pensionierter Direktor des Wiener Instituts für Radiumforschung, hatte sich im April 1941 hierher, in die ehemalige Villa Fanny, zurückgezogen, weil er sich im Salzkammergut, fernab der Großstadt Wien, bessere Überlebenschancen erhoffte. Meyer war nicht allein nach Ischl gekommen: Seine Ehefrau Emilie, seine Tochter Agathe und die 81-jährige Schwiegermutter Fanny begleiteten ihn; Theresia Sefl, die Haushälterin der Familie, kam im Oktober 1941 nach.

DIE WAFFEN EINES WELTKLASSEPHYSIKERS

„How did Meyer survive?", so heißt ein hervorragend recherchiertes Buch, das der Wissenschaftshistoriker Wolfgang L. Reiter, selbst ein gebürtiger Bad Ischler, dem Überlebenskampf der Meyers in der NS-Zeit gewidmet hat. Reiter zeichnet auf 200 Seiten nach, wie Meyer und die Seinen mit einer Mischung aus Chuzpe und Courage der nationalsozialistischen Mordmaschinerie trotzten. Man könne Meyers Strategie mit den Mitteln der Spieltheorie erklären, meint Reiter: „Stefan Meyer nutzte seine ‚Spielerposition' – im Rahmen der von den Nazis vorgegebenen ‚Spielregeln' – für eine Strategie von wechselnden offensiven wie defensiven Zügen, ohne freilich selbst das Geschehen in seiner Gesamtheit jemals entscheidend beeinflussen zu können."

Wer aber war Stefan Meyer? Zusammen mit dem Neuseeländer Ernest Rutherford und der Französin Marie Curie zählte der Gründungsdirektor des Wiener Instituts für Radiumforschung zu den auch international renommierten Pionieren der Radioaktivitätsforschung. Meyer gelang der Nachweis, dass Polonium kein stabiles Element ist, und auch die Erkenntnis, dass es sich bei der Radiumstrahlung um eine Teilchenstrahlung handelt, geht auf seine Forschungen zurück.

MEYERS „ÜBERLEBENSSPIEL" AB 1938

Als die Nationalsozialisten im März 1938 die Macht auch in Österreich übernahmen, entfaltete der von den neuen Machthabern als „jüdisch" stigmatisierte Wissenschaftler eine Vielzahl von Aktivitäten, um sich und seine Familie vor den Verfolgern zu schützen. Meyers erster Schritt: Er suchte um Versetzung in den Ruhestand an, um sich wissenschaftspolitisch aus dem Schussfeld zu nehmen. Dann schickte er seinen Sohn Friedrich zu Verwandten nach England. Tochter Agathe ging – mit engagierter elterlicher Unterstützung – vor dem Standesamt Wien-Innere Stadt eine Scheinehe mit dem norwegischen Chemiker Ivan Thoralf Koss Rosenqvist ein, um die norwegische Staatsbürgerschaft zu erlangen – was allerdings nur eine Zeitlang funktionierte, denn im Februar 1941 wurde die Ehe wieder geschieden. Beim „Reichssippenhauptamt" in Berlin brachte Stefan Meyer schließlich einen „Antrag auf Eröffnung eines Verfahrens zur Abstammungserhebung" ein – mit dem Ziel, seine angeblich arische Abkunft zu beweisen. Er sei in Wirklichkeit kein Jude, behauptete Meyer; seine biologische Mutter, ein Dienstmädchen namens Maria Mayer, habe ihn vor 69 Jahren als uneheliches Kind bei einer jüdischen Familie untergebracht, die ihn – einesteils aus Mitleid, andernteils, weil sie sich selbst sehnlichst ein Kind wünschte – an Sohnes statt angenommen habe: eine wenig glaubhafte Geschichte. Der Antrag auf Abstammungsänderung hatte auch so gut wie keine Aussicht auf Erfolg, das Verfahren brachte aber wertvolle Zeit.

DIE RETTUNG: BAD ISCHL UND EIN ALLERWELTSNAME

Der wichtigste Schritt zur Rettung Stefan Meyers und seiner Familie allerdings war die Übersiedlung nach Bad Ischl im Frühjahr 1941. Im fernab des Kriegsgeschehens gelegenen Kurstädtchen an der Traun schien kaum jemand zu wissen, dass die Meyers Juden waren. Von der Familienvilla in der Lindaustraße 7 aus begann der in der Wissenschaftsszene bestens vernetzte Radioaktivitätsforscher nun „ein Pokerspiel ums Überleben", wie Wolfgang L. Reiter es nennt. Ihr Vermögen war den Meyers längst geraubt worden, die Wiener Wohnung am Karl-Lueger-Ring 6, direkt gegenüber dem Burgtheater, war verloren, die wertvolle Kunstsammlung perdu, die Meyer'sche Pension hatten die neuen Machthaber auf 400 Reichsmark herabgesetzt – zum Leben zu wenig, zum Sterben zu viel. „Wir haben in Ischl oft nur von Erdäpfeln und Brennnesseln gelebt", erinnerte sich Meyer später: „Und von den Beeren und Schwammerln, die wir aus dem Wald holten."

Wie ist es nun zu erklären, dass der berühmte Physiker und die Seinen die NS-Zeit in Bad Ischl ohne weitere Schikanen überlebt haben, obwohl die Gestapo in Wien und Linz Kenntnis von ihrem Aufenthaltsort besaß? Darauf hat auch Wolfgang L. Reiter, trotz intensiver Recherchen, keine überzeugende Antwort gefunden: Bis zum Jahr 1940 scheint der langjährige Gemeindesekretär von Bad Ischl, Anton Kagerer, seine schützende Hand über die Familie gehalten zu haben. Nach Kagerers Tod im August 1940 war es damit vorbei. Dass später einflussreiche Personen in der Region die Meyers protegiert haben – sei es in der NSDAP, sei es bei der Polizei –, glaubt Wolfgang L. Reiter nicht: „Wenn es solche Personen gegeben hätte, hätten die bei den Entnazifizierungsverfahren nach '45 mit Sicherheit einen ‚Persilschein' von Stefan Meyer erbeten. Das war aber nicht der Fall."

GUTE UND TAPFERE LEUTE

Viel wahrscheinlicher ist eine andere Erklärung: Meyer und seine Familie konnten in Ischl weitgehend unbehelligt von den NS-Behörden leben, weil es schlicht und einfach niemanden gab, der sie denunziert hätte. Ein Gutteil der Verhaftungen in der NS-Zeit erfolgte aufgrund von Denunziationen. Es habe in Ischl doch auch „gute und tapfere Leute gegeben", resümierte Friedrich Meyer, der Sohn des Physikers, später im britischen Exil. Widerstand, das hieß in der NS-Zeit oft einfach nur: den Mund zu halten.

Und noch etwas scheint die Meyers geschützt zu haben, so banal es auch klingen mag: ihr Allerweltsname. Hätte der weltbekannte Radiumforscher „Kohn" oder „Goldfarb" geheißen, wäre es mit dem nachbarschaftlichen Schweigen wahrscheinlich auch in Bad Ischl nicht weit her gewesen. ∎

▶
Die Ehrenwerten 44
Geniales Versteck 92
Widerstand 262

Vereinskultur

Salzkammergut der Vereine – eine Auswahl

Gmunden
Alpenverein
Asphaltsurfer Skateboard Verein
Fischerverein Traunsee
Ruderverein
Hospizbewegung
Musealverein
Privilegierte Schützengesellschaft Gmunden seit 1567
Schachverein
Sozialmarkt Gmunden – Verein für Mitmenschen mit geringerem Einkommen
Der Verein – Keramikstadt Gmunden
Verein Pro Gmundner Straßenbahn
Verein Salzkammergut Festwochen Gmunden

Grünau im Almtal
Bergrettung
Fotoclub
Gegenseitiger Brandhilfeverein
Motorradverein
Union Bogenschützenverein

Kirchham
Bogenclub Laudachtal
Literaturkreis
Musikverein
Prangerschützen
Trachtenverein d'Hochkogler

Laakirchen
Goldhauben-, Hut- und Kopftuchgruppe
Gestaltender Ideenkreis
Traunriver Linedancer
Hubertusbläsergruppe der Jagdgesellschaft
Singgemeinschaft Rockhouse
Verein Papiermachermuseum
Verein Mundharmonikachor
Aquarien- und Terrarienverein

Pettenbach
Bierflaschenmuseum
Faschingsverein Sauzipf
Fotoclub
Frauen.Leben.Almtal
Freiwillige Feuerwehr
Leonhardiritt-Komitee
Musikverein
Plogging – Bewegung und Müll sammeln
Schrift- und Heimatmuseum Bartlhaus
Schuhplattler
Seisenburgfreunde
Theater mit Weitblick
Wanderverein
Theaterverein Kunstbrettl-AGe

Roitham am Traunfall
Heiterer Zirkel für Brauchtumspflege
Kulturerbe-Verein
Union-Fotorunde
Goldhauben- und Kopftuchgruppe
Musikverein

Scharnstein
Almtaler Bauernbühne
Freiwillige Feuerwehr Bäckerberg
Freiwillige Feuerwehr Scharnstein
Freiwillige Feuerwehr Viechtwang
Verein Almtaler Kinderatelier
Kultur- und Heimatverein
Kulturverein Sternberg
Schützenverein
Sensenverein Österreich
Theaterverein Almtal
Verein Rundumadum
Verein Almtaler Bergwiesn
Verein Stoamandeln

St. Konrad
Goldhaubengruppe
Imkerverein
Ortsmusikkapelle
Schi- und Aktivclub

Traunkirchen

- Faschingsgilde
- Kammermusik
- Traunkirchner Mordsgschicht
- Verein Archekult (Verein für Archäologie und Kultur)
- Verein Internationale Akademie Traunkirchen
- Verein Ortsmusik
- Wasserrettung

Vorchdorf

- Freiwillige Feuerwehr
- Islamischer Kulturverein
- Kitzmantelfabrik
- OTELO Vorchdorf – Offenes Technologielabor
- Puch-Moped-Freunde
- Sängerbund FROHSINN
- Schützengesellschaft 1879
- Verein für ganzheitliches Lernen mit der Natur (Schule an der Alm)

Altmünster / Neunkirchen / Reindlmühl

- Viechtauer Schiachperchten
- Vogelfreunde
- Eisschützen Verein Winkl
- Männergesangsverein
- Unser Reindlmühl – Verein zur Dorferhaltung
- Viechtauer Faschingskomitee
- Ski-Club
- Trachtenverein

Ebensee

- Arbeitergesangsverein „Kohlröserl"
- Kulturverein Kino
- Verein „Zeitgeschichte Museum Ebensee"
- Verein Frauen*forum Salzkammergut
- Dartclub „Hoppala"
- Hochzeits- und Prangerschützenverein
- Kranzlschützenverein
- Salzkammergutverband der Vogelfreunde

Bad Ischl

- Freies Radio Salzkammergut – Verein zur Förderung freier, nichtkommerzieller Radioprojekte
- Jazzfreunde
- Ischler Armbrustschützenverein Rettenbach
- Country Circle
- Ischler Faschingsverein
- Pernecker Stahelschützen
- Verein ICH BIN ICH

Bad Goisern

- Armbrustschützen Au
- Armbrustschützen Berg
- Armbrustschützen Goisern
- Armbrustschützen Posern
- Armbrustschützen Unterjoch
- Armbrustschützen Untersee
- Armbrustschützen Lasern
- Armbrustschützen Ramsau
- Armbrustschützen St. Agatha
- Kunstmue Veranstaltungsverein
- Otelo Goisern – Zukunft Handwerk Kunst Kultur
- Kripperlverein
- Obst- und Gartenbauverein
- Privatzimmer-Vermieterverein
- Vogelfreunde Bad Goisern
- Vogelfreunde-Salzkammergut
- Verein Hand.Werk.Haus Salzkammergut

Hallstatt

- D'Hirlatzer Trachtenverein
- Museal-Verein-Hallstatt
- Verein Bürger für Hallstatt
- Privilegierter Schützenverein

Obertraun

- Kulturverein Kreativ
- Höhlenforscherverein
- Glöcklergruppen

Gosau

- Armbrustschützenverein
- Freiwillige Feuerwehr

Altaussee

- Literaturmuseum
- Taubenschützenverein
- Verein der Jodler und Weisenbläser im Ausseerland
- Altausseer Seitelpfeifer

Bad Aussee

- Happy Dance Ausseerland
- Freiwillige Feuerwehr
- Kulturverein Traungeflüster
- Ausseer Knoschpnbühne
- Kulturverein KIK/Ausseer Festsommer
- Verein der Musikfreunde Inneres Salzkammergut
- Salzkammerspiele
- iMPULS Aussee

Grundlsee

- Verein Die Arche am Grundlsee
- Verein Ausseer Barocktage
- Fischereiverein Ausseerland
- Grundlseer Schützengesellschaft

Bad Mitterndorf

- Verein E. I. K. E. Forum – Wolferlstall
- Verein für Höhlenkunde
- Nikologruppe

Steinbach am Attersee

- Freunde der Sommerkonzerte
- Gebirgstrachten Erhaltungsverein D'Schobastoana
- Verein Kind und Kegel
- Naturpark Attersee-Traunsee
- Heimatverein
- Freiwillige Feuerwehr

Unterach am Attersee

- Trachten- und Schützenverein D'Adlerstoana
- Perchtenverein The Bad Devils
- Theatergruppe
- Österreichische Wasserrettung
- Yacht Club
- Goldhauben- und Kopftuchträgerinnen

Vergessener Salon

Marie-Theres Arnbom

Die Salonkultur als Herz der künstlerischen Sommerfrische um 1900 und der nachlässige heutige Umgang mit den Orten dieses kulturellen Erbes

▶ Eine Seitentür des verfallenden Haidenhofs aka Villa Robinson bei Bad Ischl

Seit vielen Jahren, ja Jahrzehnten wende ich bei meinen Fahrten von St. Gilgen nach Bad Ischl bei Pfandl den Blick automatisch nach links. Ich sehe dann ein beeindruckendes Gebäude – den Haidenhof. Mächtig und imposant steht er da, aber der Putz bröckelt ab, die Farbe verblasst. Ein Gruß aus einer einst prächtigen, großen Vergangenheit.

DIE IDEE DES SALONS

Zunächst als Poststation errichtet, kommt der Haidenhof 1931 in den Besitz von Armin und Trude Robinson. Sie füllen das Haus mit Leben, führen dort in den 1930er-Jahren das, was man „einen Salon" nennt. Ursprünglich wurde damit nichts weiter als der Gesellschaftsraum einer großzügigen Wohnung oder eines Schlosses bezeichnet. Man unterhielt sich im Salon, spielte Karten, musizierte. Mit dem konkreten Raum verbindet sich nach und nach eine größere Idee: Der Salon wird zum zentralen gesellschaftlichen Ort der Vernetzung, des geistigen Austausches unter Gleichgesinnten, im Gespräch, beim Konzert – in entspannterem und unkomplizierterem Rahmen als auf dem großen Gesellschaftsparkett. Der Salon im Haidenhof entwickelt sich bald zum Mittelpunkt des Ischler

Gesellschaftslebens, die Größen der österreichischen Unterhaltungsszene gehen hier ein und aus. Alles, was Rang und Namen hat, gibt sich die Ehre: Komponistengrößen von Emmerich Kálmán über Oscar Straus bis Jean Gilbert, die Schriftsteller und Librettisten Brammer, Grünwald und Rudolf Österreicher und der Impresario Max Tauber befinden sich unter den Gästen – Ischl als glanzvolles Zentrum der Unterhaltungsbranche.

DIE SALONS DES SALZKAMMERGUTS

Der Haidenhof ist nicht das einzige Beispiel eines einstmals glanzvollen Salons im Salzkammergut. Schon wesentlich früher regt sich der Salon-Gedanke in Bad Aussee. Dort entsteht ab 1877 ein neues Sanatorium, gegründet von Josef und Clara Schreiber, 1880 kommt eine Villa als Hotelpension dazu – das Sanatorium wird zum Salon. Und auch am Grundlsee trifft sich die Gesellschaft: Eugenie Schwarzwald betreibt in einer Villa ein Sommerheim – ihre Gäste leben den Salon dort Tag für Tag.

Dem Salon Schwarzwald widmet *Das interessante Blatt* 1930 einen eigenen Artikel, in dem die Idee des Salons direkt benannt wird: Er sei „eine Stätte schöner und geistiger Geselligkeit", heißt es darin, „ein Verständigungsheim zwischen Österreichern und dem Ausland. Neben strebender und aussichtsreicher Jugend hat das Heim immer bedeutende Gäste aus dem Reiche der Kunst und der Wissenschaft. Egon Friedell, Professor Frenzel, der Cellist Heinrich Grünfeld, die Malerin Käthe Kollwitz, die Sängerin Lotte Leonard, der Pianist Rudolf Serkin und andere sind immer wiederkehrende Gäste vom Grundlsee.

Gegenwärtig dient der Seeblick allen Nationen."[1] All diese Künstler*innen tragen etwas bei: „Jeder Besucher, der über eine Fertigkeit oder ein Können verfügte, stellte sich ,Frau Doktor' gerne zur Verfügung. Pianisten (Rudolf Serkin, Robert Goldsand) konzertierten, Schriftsteller (Arno Holz, Egon Friedell, Jakob Wassermann) lasen aus ihren Werken vor, und ihren Höhepunkt erreichte die Saison, wenn die ausgezeichnete und von allen geliebte Sängerin Lotte Leonard ihren alljährlichen Liederabend gab und die Zuhörer zu stürmischen Beifallskundgebungen hinriß."[2] Künstlerische und intellektuelle Nahrung prägen die Salonkultur dieser Jahre nicht nur in der Stadt, sondern auch im Sommer am Land.

SALONS & SOMMERFRISCHE

Sommerfrische im 19. und frühen 20. Jahrhundert bedeutet: Die Familie übersiedelt für Monate aufs Land, „mit Menage". Wäsche, Bücher, Instrumente, Sportgeräte – alles reist mit und ermöglicht den gewohnten Lebensstil. Während die Männer aber weiterhin nach Wien pendeln, um ihren Geschäften nachzugehen, und nur wenige Wochen in den diversen Sommerfrischeorten bleiben, verbringen die Frauen wirklich Monate auf dem Land.

Die Sommerfrische, könnte man sagen, ist weiblich. Oder anders formuliert: Die Damen der Gesellschaft emanzipieren sich durch die Sommerfrische zu selbständigen Architektinnen der Räume des gesellschaftlichen Lebens. Sie gestalten den Salon – als Ort des interessanten Austauschs, der schillernden Feste und der künstlerischen Arbeit, ganz nach ihrem Geschmack. Ein Salon ist damit immer auch Ausdruck der Persönlichkeit der Salonière. Sie wählt die Gäste aus, bringt das Gespräch in Gang, animiert die Künstler*innen.

ZWEI BEMERKENSWERTE SALONIÈREN

Es verwundert daher nicht, dass sich unter den Salonièren, die im Salzkammergut gewirkt haben, interessante Frauencharaktere finden. Clara Schreiber etwa, die Sanatoriums-Salonière von Bad Aussee, ist eine frühe Verfechterin der Frauenrechte, zieht Künstler*innen ebenso an wie Intellektuelle. Viele prominente Patientinnen und Patienten kommen nach Aussee, um hier ihre Beschwerden auszukurieren, Clara sorgt für Zerstreuung und intellektuelle Anregungen. Mit aller Konsequenz korrespondiert sie mit Schriftstellern, führt Gespräche in Aussee und ebenso im zweiten Sanatorium der Familie, in ihrem Geburtsort Meran, und erschafft abseits der Großstädte einen intellektuell anregenden Kreis, der sich auch in Wien sehen lassen könnte. „Meine Mutter war ein Menschenmagnet", erinnert sich die Tochter, „zog wertvolle Menschen, die ihren Rat und ihre Freundschaft suchten, an."[3]

1884 widmet sich Clara in ihrem Buch „Eine Wienerin in Paris" dem Kampf für die Frauenrechte, der Kindererziehung, aber auch herausragenden Journalistinnen und Salonièren – also starken Frauen, denen früh ihre Benachteiligung aufgrund ihres Geschlechts klar wird und die sich auf verschiedene Art und Weise für eine Gleichstellung der Geschlechter einsetzen. „Das Reich der französischen Frau ist von Alters her der Salon", schreibt Clara passenderweise, „er ist zumeist ein Spiegelbild des Augenblicks."[4]

Eine zweite schillernde Salonière des Salzkammerguts ist Margarethe Stonborough-Wittgenstein, die Tochter des Stahlmagnaten Karl Wittgenstein und Schwester des Philosophen Ludwig Wittgenstein. Gemeinsam mit ihrem US-amerikanischen Ehemann Jerome Stonborough erwirbt sie 1913 bei einer öffentlichen Auktion die große und die kleine Villa Toscana samt dem 88.000 m² großen Park, also die gesamte Halbinsel Toscana am Traunsee. Ihr Antrieb gilt der Gestaltung der Villen. Vor allem die große Villa, erbaut 1869 bis 1870 im Auftrag der Großherzogin der Toscana, Maria Antonia, befindet sich nach längerem Leerstand in schlechtem Zustand. Margarethe beauftragt den Wagner-Schüler Rudolf Perco als Architekten,[5] engagiert Künstler und entwickelt eigene Ideen, um das imposante Anwesen im Jugendstil neu zu gestalten. 1920 schreibt sie an ihre Schwester Hermine: „Neulich in der Nacht habe ich mir etwas Schönes für mein Zimmer in Gmunden ausgedacht. Du weißt, daß ich Möbelvitrinen verachte und da will ich nun folgendes tun. Ich baue in mein Zimmer zwei Säulen, die vom Boden bis zum Plafond reichen. Sie haben einen niederen Sockel und ein kleines Kapitäl, sind aus hellgrau gestrichenem cannelierten weichen Holz gemacht und gehören somit zur Architektur."[6]

DAS ENDE DER SALON-ÄRA

So gelungen die Neugestaltung der Villa Toscana sein mag, sie bringt Margarethe Stonborough-Wittgenstein am Ende kein allzu großes privates Glück. 1923 wird die Renovierung abgeschlossen, im selben Jahr trennt sich das Ehepaar. Scheiden lässt sich Margarethe wegen der beiden Söhne erst im Juni 1938. Kurz danach erschießt sich Jerome mit einem Jagdgewehr – in der Villa Toscana.

Aber auch für die anderen Salons des Salzkammergutes markiert das Jahr 1938 und der Beginn des Zweiten Weltkrieges das Ende ihrer Ära. Die Robinsons flüchten vom Haidenhof nach Amerika. Ihr Versuch, nach dem Krieg an die alten Zeiten anzuknüpfen, scheitert. Freundinnen und Kollegen von einst sind in alle Welt verstreut, die mondän-sommerfrischende Gesellschaft von früher gibt es so nicht mehr.

Heute erinnern nur noch die Gebäudehüllen an die Salonkultur von damals. 2012 gedenkt die Filmemacherin Sina Moser in dem Film „Leben für die Herrschaft" des Glanzes der großen, vergangenen Salon-Zeiten im Haidenhof, der heute der Gemeinde Bad Ischl gehört und, denkmalgeschützt, seit Jahren leer steht. Aus dem Sanatorium in Bad Aussee ist ein Landesjugendheim geworden. Und die große Villa Toscana am Traunsee? Die gehört heute zum Kongresszentrum Gmunden. Als Hochzeitslocation ist sie zumindest noch ab und zu Ort eines rauschenden Festes. ∎

▶
Handwerk 104
Parallelwelten 179
Salzburg-Connection 192

Eine Vogelgeschichte

Franz Kain

Eine grandiose Kurzgeschichte über den im Salzkammergut bis heute verbreiteten Vogelfang, über Gefangenschaft und Freiheitssehnsucht – und zugleich eine dringliche Empfehlung, den Goiserer Schriftsteller Franz Kain (1922–1997) neu zu entdecken

In finsteren Stunden beginnt oft die Poesie des einfachen Lebens zu leuchten wie ein warmes Licht, das in eine Brust voller Trauer fällt. Dann sprengt wohl eine wilde und reißende Sehnsucht das Herz, aber schaudernd spürt man auch, daß ein Herz, das sich im Auf und Nieder der Trübseligkeiten diese Spannkraft bewahrt hat, nicht untergehen wird. Und wer könnte von sich sagen, daß er in den schweren und harten Prüfungen unserer Zeit nicht zuweilen einer solchen Trübseligkeit anheimgefallen sei?

▶ „selfcaged" von Shaki Korber

Auf dem Weg durch die Kerker des Dritten Reiches hat mich in einer Nürnberger Gefängniszelle einmal ein Mann angesprochen. „Hast du den Reif gesehen, draußen in den Gärten?" fragte er. Seine rauhe Stimme wurde weich, als er hinzufügte: „Jetzt pfeift bei uns daheim ein scharfer Wind über die Schneid."

Ich horchte auf, denn der Mann, ein Gefangener in zerschlissener Häftlingskleidung mit einem scharf gekerbten und geschnittenen Gesicht und seltsamen hungrigen Augen, sprach den weichen Dialekt meiner Heimat.

„Bei uns?" fragte ich mißtrauisch, denn längst hatte ich gelernt, daß man allen Vertraulichkeiten in solchen Sammelzellen, in denen Gefangene aus vielen Lagern und festen Bauten auf irgendeinem Transport irgendwohin zusammenkamen, stets mit größter Vorsicht begegnen muß.

Mein Nachbar, der neben mir auf der Holzpritsche saß, lächelte. „Ist dir denn noch nicht aufgegangen, daß du der einzige ‚Zivilist' unter uns bist und noch dazu einen grünen Rock trägst?" hielt er mir vor. „Da weiß man doch gleich, wo du herkommst."

Jetzt fiel mir ein, daß der Mann neben mir derselbe war, der auf dem Weg vom Bahnhof in der Reihe vor mir gegangen war. Wir waren immer je zwei Mann, der eine am rechten, der andere am linken Handgelenk aneinandergekettet. Während wir so über die Straßen durch ein Spalier uns verächtlich und neugierig musternder Menschen gegangen waren, war mir die Gangart meines Vordermannes aufgefallen. Es war der etwas schwerfällige Gang von Menschen, die in ihrer Jugend viel bergauf gestiegen sind. Eine solche Gangart fügt sich nicht recht in den glatten Gleichschritt marschierender Kolonnen, immer bemerkt man, daß sich die Knie nicht recht durchdrücken wollen und daß der Fuß weit lieber mit den Zehen als mit der Ferse zuerst aufgetreten wäre.

So sagte ich dem Mann jetzt ins Gesicht: „Auch ich habe erkannt, daß du von uns daheim sein mußt."

Dann schwiegen wir lange. Mein Nachbar schien seine Gedanken jetzt an den ersten Satz anzuknüpfen, den er mit mir gesprochen hatte.

Die Gärten der Stadt waren an diesem Oktobervormittag mit Reif bedeckt. Die Schöpfe der Grasnarben waren wie mit feinem Silber bestreut, durch das noch das Grün der Gräser schimmerte. Die Bäume waren noch nicht ganz kahl, aber man konnte schon durch die Zweige hindurch den blauen Himmel sehen. Unendlich weit und frei schien sich das Land hinter den Bäumen auszudehnen. Als wir über eine Straße geführt wurden, auf der das Kastanienlaub der letzten Nacht leise raschelte, weil es nur welk, aber noch nicht dürr war, schaute ich die Allee hinunter. Sie führte in schnurgerader Richtung ins Land hinein, und mir war, als könnte sie Hunderte Kilometer reichen, bis in unser Gebirge hinein.

Denn ihr müßt wissen, daß der Herbst in unserer Heimat etwas ganz Besonderes ist. Da wird die Luft leichter und durchsichtiger als das ganze Jahr. Während im Tal von den Flüssen der Nebel aufsteigt, kommt aus den Wäldern von den Höhen eine Glut, die von einem solchen Feuer ist, daß sie das Land zu erleuchten scheint.

Wenn der erste Reif fällt, dann wird das Leuchten am stärksten, und es ist, als ob sich alles Leben des Jahres in einem Tag zusammenpreßt. Wer an solchen Tagen in der Zone über den Wäldern geht, dort, wo das Buchengestrüpp nur noch am Boden wuchert und nicht mehr aufrecht wächst, der überblickt die fernen Gebirge, und das, was er tausendmal gesehen, dünkt ihm jetzt neu wie ein Wunderland.

Während wir so unseren Gedanken nachhingen, kam allmählich das Leben einer großen Sammelzelle in Gang. Leute, die aus demselben Lager oder demselben Gefängnis kamen, drängten sich zu kleinen Gruppen zusammen und wispelten. Sie tauschten ihre Mutmaßungen aus über den Bestimmungsort, dem sie entgegenfuhren, oder über eine bevorstehende Verhandlung, wo es auf genaue Erinnerungen für Zeugenaussagen oder gar für ein wiederaufgenommenes Verfahren ankam. Einzelne Gefangene standen bald bei dieser, bald bei jener Gruppe und erteilten wie gewiegte Advokaten Ratschläge, die meistens in die Frage einmündeten: „Hast einen Priem?"

Schließlich gab es noch einzelne Gefangene, die allein auf der Pritsche saßen und vor sich auf den Boden starrten. Das waren meistens unerfahrene Häftlinge, die den Rhythmus des eingesperrten Lebens noch nicht kannten und stets von banger Erwartung und voll Unruhe waren, oder Gefangene, die die Sprache der anderen nicht verstanden.

In solchen Zellen, die stets vor Schmutz starrten, obwohl sie aufdringlich nach Lysol rochen, fragte man nicht viel, weshalb der andere hier sei, man wußte, daß man kaum eine richtige Antwort bekommen hätte. Auch von meinem Nachbarn erfuhr ich nur, daß er ein „Politischer" sei und daß seine Sache mit Angehörigen der Internationalen Brigade in Spanien zu tun hätte, denen er noch in den Jahren vor 1938 geholfen hatte, über die Grenzen aus dem Land zu gelangen.

Dafür erzählte er mir, daß er in einem Dorf, etwa zwanzig Kilometer von dem meinen entfernt, aufgewachsen war und später als Begleiter eines Holzeinkäufers die Wälder der Gegend gründlich kennengelernt hatte. Später sei er dann in die Stadt verzogen.

„Aber wenn die reifigen Nächte kommen", sagte er, „da packt's mich jedesmal wieder."

Ich dachte an den Herbst in der Heimat, an die Schläge, in denen das braune Holz auf großen Haufen lag. „Kennst du den Henn-Kogel auf der Ewigen Wand?" fragte mein Nachbar.

„Ja, ich hab dort oft Vögel gefangen", erwiderte ich.

„Ich auch", gab er schnell zurück, und dann setzte er sinnend hinzu: „Den schönsten Schnabel meines Lebens."

Es war in der gewölbten Zelle, die halb unter der Erde lag, Abend geworden, als mir mein Nachbar die Geschichte dieses Vogelfanges erzählte. Wir hatten gerade unsere Steckrübensuppe verschlungen, die den leeren Magen schmerzhaft reizte, und von der Decke brannte ein winziges trübes Licht, durch ein starkes Drahtgitter geschützt wie eine Notbeleuchtung in einem muffigen Keller.

Er saß auf der Kante der Pritsche und hatte sich mit dem Rücken an die graue Mauer gelehnt. „Du weißt", begann er, „daß die roten Kreuzschnäbel die schlauesten Vögel sind und einen wochenlang zum Narren halten können. Mich hat einer sechs Wochen lang gefoppt. Es war Anfang Oktober, als ich ihn zum erstenmal gesehen hab. Ich war unten im Anzenberg beim Holzmessen, und weil ich immer schon ein Vogelnarr war, hab ich bei der Arbeit ein kleines Vogelhaus mit einem alten Schnabel mitgenommen. Die Förster sehen dieses Geschäft nicht gern, aber ich war nicht beim Forst, sondern freier Arbeiter, und so brauchte ich mich nicht darum zu kümmern, wenn hie und da einer von den Forstleuten vorbeikam und recht ärgerlich fragte, ob ich mein Geding mit dem Kreuzschnabel teile, der nicht weit von mir in seinem Drahthaus hockte, das auf einem Stock stand.

Den Schnabel hatte ich schon drei Jahre, und einmal war auch er rot gewesen. Durch die Jahre der Gefangenschaft war sein Gefieder gelb geworden, so wie auch wir grau werden bei diesem Leben. Früher war er ein recht guter Singer gewesen, aber im letzten Jahr hatte er nachgelassen, und wenn ich ihn so beobachtete, dann kam er mir oft recht verdrossen vor. Vielleicht hätte ich ihn auslassen sollen, aber nach drei Jahren hätt er wohl den Winter im Wald nicht mehr ausgehalten. Dann würd's mich auch gereut haben, denn der gelbe Schnabel war die beste Lock weit und breit. Zu Hause gab er oft keinen Laut von sich, außer daß er mißmutig schimpfte, wenn ihm ein Samen aus den Fichtenzapfen ins Wasser fiel, denn vor einer Tür hatte ich ihm ein gläsernes Bad angebracht. Auch sonst saß er oft auf seinem Sprissel, putzte sich langsam und gemächlich und tat ganz wie ein alter Mann, der nicht mehr gerne herumspringt wie ein Junger.

Aber sowie ich mit ihm in den Wald kam, wurde er unruhig, und seine Augen begannen zu funkeln, wenn er die Vögel hörte. Er warf sich mit der Brust gegen das Dach des Vogelhauses, hielt sich mit den Krallen am Draht fest und stieß seinen Ruf aus. Und was für eine Stimme er hatte! Wenn Kreuzschnäbel wiehern könnten, meiner wäre der Hengst unter ihnen gewesen. Ich hab es erlebt, daß auf seinen ersten Pfiff hin ein ganzer Schwarm Kreuzschnäbel niederschoß. Sie waren so hoch geflogen, daß ich sie überhaupt nicht gesehen hatte. Aus den Wolken hat er sie durch seinen Ruf niedergerissen."

Mein Nachbar hielt den Kopf gesenkt, als ob er auch jetzt dem scharfen Vogellaut lausche. Aber es war nur das heisere Summen der Gefangenen um uns, das gelegentlich anschwoll und in einem lauten Ausruf gipfelte.

„Damals im Oktober", fing mein Nachbar wieder an, „hab ich also den gelben Kreuzschnabel auf einen Stock gestellt. Es hat nicht lange gedauert, da ist's um sein Haus lebendig geworden. Junges Gimpelzeug hat sich eingestellt, obwohl der Kreuzschnabel sie gar nicht angelockt hat. Nur hin und wieder hat er einen Schilper getan, so als ob er mit sich selber geredet hätte. Die Gimpel flatterten neugierig um das Haus herum, aber mein Schnabel kümmerte sich nicht darum, sondern riß weiter an seinem Apfel, den ich ihm zwischen den Draht gezwängt hatte. Ich hab auch gar nicht aufgerichtet gehabt, denn schöne Schnäbel sind im Anzenberg nicht zu fangen, und mit Gimpeln hab ich mich nie abgegeben. Sie singen wohl ganz gut und mit einem weichen Ton, aber mir sind sie zu ruhig, sie haben mir zu wenig Leben. Da ist doch ein Schnabel etwas ganz anderes. Wenn er die Zapfen zu zerhacken beginnt wie ein Zimmermann und seine Augen dabei funkeln, das ist Kraft und Wildheit.

Und wenn er zu singen beginnt, dann ist das ein harter Gesang, und der ganze Vogel zittert dabei vor Aufregung. Er krallt sich ans Gitter und schreit seine Lust und seinen Schmerz heraus.

Ich hab mich also um die Gimpel nicht viel gekümmert und bin meiner Arbeit nachgegangen. Auf einmal, gegen Mittag zu, hör ich, wie meine Lock zu singen beginnt. Eine gute Lock ist nicht die, die nur Vögel niederholt, sie muß schmeicheln können, damit die Vögel auch bleiben. Und mein alter gelber Schnabel konnte schmeicheln. Er zog die anderen heran bis an sein Drahthaus, und die Art, wie sich die Vögel dann verständigten, war wie eine Liebelei. Richtig beschwörend konnte seine Stimme werden, wenn sich einer von den Schnäbeln entfernen wollte.

Ich hab das Singen gehört und habe gewußt, daß beim Haus etwas Außergewöhnliches vorgeht. Hinter dem Holzstoß hab ich mich herangeschlichen. Als ich auf fünf Schritte heran war, sah ich, wie ein zweiter Schnabel um meinen gelben herumhüpfte. Es war der schönste Schnabel, den ich je gesehen hab."

Mein Nachbar hielt inne, als müßte er sich genau überlegen, wie er den Kreuzschnabel beschreiben sollte. Er machte eine Handbewegung, um den

Qualm zu vertreiben, den ein anderer Häftling, der eine Zigarette aus Kautabak und Zeitungspapier rauchte, aus der Ecke blies.

„Er war so klein wie ein Zeisig", begann er wieder, „und du weißt, daß das bei einem Kreuzschnabel das erste Zeichen von Qualität ist. Und sein Rot war wie Purpur. Die Flügelspitzen waren schwarz eingefaßt und die Linie so scharf, als wäre sie mit Tusche nachgezogen. Der Schnabel glänzte wie braun poliert, und darunter, gleich über der schön gewölbten Brust, wuchs ihm ein seidiger, silbergrauer Flaum.

Ich mußte eine unvorsichtige Bewegung gemacht haben, denn der Vogel wurde unruhig und hüpfte aufgeregt auf und ab. Umsonst begann ihn die Lock anzuflehen, er flatterte noch auf einen Größling, und dann schoß er wie ein Pfeil kerzengerade in die Luft. Mein gelber Schnabel zerrte verzweifelt am Drahtgeflecht des Hauses. Aber es half nichts, der Vogel war so schnell verschwunden, wie er gekommen war."

Und dann begann mein Nachbar zu berichten, wie er den Standplatz des Vogels ausfindig gemacht hatte. Das war ein langwieriges Beginnen, denn Kreuzschnäbel sind Strichvögel und wechseln häufig die Gegend. Halbe Tage lang war er mit seiner Lock durch die Wälder gestreift, immer noch ohne Fallen, nur um den Vogel wieder ausfindig zu machen. Schließlich bekam er ihn am Henn-Kogel auf der Ewigen Wand wieder zu Gesicht.

Er schilderte, wie er ein zweites Mal gekommen war, noch immer ohne Fangzeug, nur um sich zu überzeugen, daß der Wunderschnabel tatsächlich jeden Morgen hier anzutreffen war. Der gelbe und der rote Schnabel wurden bald die besten Freunde.

„Man weiß ja nicht, was die Lock dem anderen Vogel erzählt", sagte mein Nachbar auf der Pritsche, „aber mir ist's so vorgekommen, als ob mein gelber Teufel dem anderen zugeredet hätte, alle Fallen zu meiden. Wie richtige Verschwörer sind sie bald gewesen, und manchmal haben sie zwei Stunden miteinander gespielt, während ich von einem Bein auf das andere getreten bin.

Einmal ist es beinahe soweit gewesen. Ich hab meine Klemmfallen mit dem weichesten Stoff überzogen, den ich nur auftreiben konnte, damit er sich nicht verletzt, wenn er doch einmal eingehen wird. Zwanzig Fallen hab ich gesteckt um das Haus der Lock herum, in die kleinen Fichten und auf den Boden. Und über eine Falle hab ich einen großen Buschen von wildem Majoran gesteckt.

Der hat's dem Schnabel angetan, denn er flatterte darum herum, während die Lock ganz leise dazu sang, und riß mit dem Schnabel den Majoran aus dem Kraut. Jetzt wirst nicht mehr lange tanzen, frohlockte ich schon hinter meiner zottigen Fichte. Da gaukelt ein junger, noch grauer Gimpel daher, fliegt auf den Majoran zu und patscht in die Falle. Aufgeschreckt schoß der Schnabel davon."

Während mein Nachbar erzählte, hatte ich beobachtet, wie die kleinen Gruppen der anderen Häftlinge sich nach und nach auflösten. Die einen kamen näher, um die Geschichte mit anzuhören, die anderen warfen sich gegenseitig boshafte Bemerkungen zu, wie „Heinrich der Vogeler" oder „Spatzengeschichten", und einer deutete mit dem Kopf zu uns herüber und brummte: „Ein gebratener Vogel, auch wenn's nur ein dummes Huhn wär, wär mir lieber als das Gewäsch von dem Vogelzeug!"

Allmählich hatten sich zwei Parteien gebildet. Jene, die zuhörten, fuhren die anderen, die mit Sticheleien die Erzählung unterbrechen wollten, scharf an ruhig zu sein. Aber die Stänkerer gaben keine Ruhe, und plötzlich war die offene Auseinandersetzung da.

Ein Häftling, der auf einmal entdeckte, daß er nun schlafen müsse, rief zu meinem Nachbarn herüber: „Hör doch endlich auf mit deinem Vogelmist!" Während er seinen kahlgeschorenen, riesigen Kopf senkte und in seiner Tasche nach Tabakstaub suchte, schimpfte er weiter. „Blödes Volk das, mit seinen Kindergartengeschichten." Der Raum war mit einer bösen Spannung geladen.

„Ja, dich mein ich, du Blödmann", schrie der Häftling jetzt außer sich in einer plötzlich aufsteigenden Wut, als mein Nachbar ihn nur fragend angeblickt hatte.

„Den alten Trottel laß ruhig schrein", versuchte jemand zu beschwichtigen, „Stundenlang haben sie vom Fressen und von den Weibern gequatscht, und weil sie beides nicht haben können, bekommen sie den Koller!"

Aber der Schreier gab nicht nach. „Ein einziger Weiberarsch ist mir lieber als hundert von deinen rupfigen Spatzen", rief er, und seine Augen quollen vor Streitlust aus den Höhlen. „Soweit sind wir noch lange nicht, daß wir uns alles blöde Zeug ruhig anhören müssen, da geht's ja zu wie beim Pastor!" schrie er wieder.

Da trat ein Häftling, der den ganzen Abend noch kein Wort gesagt hatte, auf den Stänkerer zu und sagte herausfordernd: „Du kennst dich wohl nur be Kanarienvögeln aus!"

„Was geht's dich an!" gab der Schreier zurück, aber seine Stimme war unsicher geworden. Der andere aber ließ nicht locker und fuhr fort, wobei er den Häftling mit dem großen Kopf lauernd ansah: „Du bist wohl einer von denen, die schon einige Jahre lang einen Kanarienvogel in der Zelle gehabt haben, ja? Nach drei Jahren Haft habt ihr ja früher diese Vergünstigungen gehabt. Zur Besserung versteht sich, aber bei dir hat's wohl nichts genützt, bist ja schon wieder da!"

Nun war der Schreier still und warf nur noch giftige, haßerfüllte Blicke zu uns herüber.

Mein Nachbar setzte fort. Um den Erzähler hatte sich ein Kreis gebildet Hungernde, schmutzige Gefangene, durch die böse Zeit selber böse, mißtrauisch und hart geworden, lauschten der einfachen Geschichte, die sie wohl alle schmerzhaft an Kindheit, Geborgensein und Heimat erinnerte. Mein Nachbar unterstrich seine Worte durch Handbewegungen, aus seiner Stimme und seiner Gesten entstand das Bild eines spannenden Ereignisses. Er ahmte den Gesang der Schnäbel nach, und manchmal war ein Zwitschern in der Zelle, als ob der Wald selbst zu uns gekommen wäre. Ein polnischer Landarbeiter, den sie vom Feld weggeholt hatten und der kein Wort Deutsch verstand, kauerte am Boden und wandte seinen Blick nicht von den Lippen des Erzählers.

„Es kam mir vor, als ob die Vögel, der rote Kreuzschnabel und die Lock, sich geradezu lustig über mich machten", fuhr mein Nachbar fort. „Aber je weniger der Schnabel Lust zeigte, in die Falle zu gehen, um so größer wurde meine Leidenschaft. Ich mußte und ich mußte ihn haben. Dabei war es mir weniger darum zu tun, daß ich mit ihm in jeder Ausstellung den ersten Preis machen könnte, nein, das war es nicht. Aber wenn er so um das Haus der Lock herumhüpfte und seine brennendrote Brust spreizte, da schien mir dieser Vogel wie der Stolz und die Geschmeidigkeit des Lebens zu sein. Heute", sagte der Erzähler und seufzte, „heute denke ich oft, es war vielleicht das dunkle Gefühl in mir, daß dieser rote Kreuzschnabel ein Inbegriff der Freiheit war, einer Freiheit, die stark und berauschend ist. Warum, so frage ich mich heute, brüten die Kreuzschnäbel ihre Jungen mitten im Winter aus? Heißt das für ein solches Ding nicht, alle Gewalten herauszufordern? Und doch tun sie's und trotzen den Stürmen und den kalten Nächten. Und deshalb glaube ich, ist es durchaus keine Spielerei, seine List und Geschicklichkeit mit solch einem Sänger zu messen. Gimpel und Zeisige gehen auf den Leim, nicht aber Kreuzschnäbel, die muß man besiegen, Zug um Zug.

Es war schon Mitte November, aber bis hoch ins Gebirge hinauf noch aper. Der Reif krachte unter den Füßen, als ich den Zugweg zum Anzenberg hinaufging. Wo sich der Weg im Jungwald verliert, bin ich abgebogen und bin auf dem Gefährte, auf dem das Holz vom Radsteig heruntergebracht wird, in den Kogel gestiegen. Im Rucksack hab ich die Lock gehabt, und auf ihr Haus hab ich noch ein kleineres Fanghaus gestellt.

Der Schnabel rührte sich nicht, obwohl ich, da es noch finster war, oft gegen einen Stein stieß und das Vogelhaus dabei jedesmal hin und her schwankte. Aber oben, wo der Wald lichter wird, gegen den Henn-Kogel zu, ist er lebendig geworden. Ich hab gespürt, wie er auf seinem Sprissel auf und ab gesprungen ist. Er hat, im finsteren Rucksack eingesperrt, genau gewußt, daß wir am Ziel waren. Ich hab das Fangzeug abgestellt, aber zum Aufrichten war es noch zu früh. Ich mußte noch warten, bis hinter dem Sarstein der Morgen heraufkommen würde.

Der Henn-Kogel ist kein hoher Berg, auf drei Seiten fallen wohl Felswände ab, aber die sind nicht hoch, denn die Fichten reichen von unten mit ihren Wipfeln herauf. Auf dem Kogel selbst wachsen einige Latschenschöpfe, Schwarzbeerkraut und einige Büsche Dirndlblüh. Weil aber die Blöße auf dem Kogel ganz von Wald umgeben ist, fliegen hier am frühen Morgen die Schnäbel an, und von hier ziehen sie nach allen Richtungen auseinander.

Ich richtete meine Fallen auf. Die Lock stellte ich diesmal nicht in die Mitte der Blöße, sondern an den Rand der Felswand, mitten hinein ins Schwarzbeerkraut.

Über den ganzen Kogel verteilte ich die Fallen. Ich hatte beobachtet, daß der rote Kreuzschnabel von Zeit zu Zeit von der Lock weg in die Fichten geflogen war, um einen Zapfen aufzuhacken. So brachte ich einige Fallen über der Lock in einer Fichte an, in den Zweigen verborgen. Die letzte stieß ich in den Stamm des Wipfels hinein und steckte darauf ein Büschel Ligusterbeeren, die ich gerade am Hut getragen hatte.

Inzwischen war über dem Grimming drüben der Tag heraufgekommen. Wenn auch der Henn-Kogel kein hoher Berg ist, so hat man doch von ihm einen weiten Rundblick. Im Süden steigt wie eine Mauer der Dachstein auf, und seine Gletscher sind um diese Tageszeit noch ganz blaß und von einem müden Grau. Kaum, daß man sie von den weißen Kalkfelsen unterscheidet. Daran schließt sich der Krippenstein, der Sandling, das Tote Gebirge und die ganzen Züge bis zurück zum Ramsaugebirge, das sich wieder an den Dachstein anlehnt. An diesem Tag lag kein Nebel im Tal, und ich konnte genau sehen, wie das Licht von den Höhen niederkam. Beim Aufrichten sah der Einschnitt, in dem der Hallstätter See liegt, noch wie ein schwarzer Schlund aus, aber eine Viertelstunde später konnte ich schon den dunklen See unterscheiden. In Ischl unten flimmerten noch die Lichter, die allmählich verblaßten. Über mir die Sterne waren schon verschwunden, und weit hinten im Norden ragte das kahle Höllengebirge hoch über die bewaldeten Berge empor. Man sieht vom Henn-Kogel die Gebirgskämme nicht in einer Linie, weil die Wipfel der Fichten die Grate unterbrechen. Aber durch die Äste hindurch sehen die Felsen ganz anders aus, und man tut einen Blick in ein fremdes Land, weil man sich ja meistens nur die große Linie des Gebirges einprägt, nicht aber die Einzelheiten."

Als mein Nachbar so die Schönheit seines Heimatlandes pries, senkten die Gefangenen wie unter lastenden Erinnerungen die Köpfe. Die Gesichter sahen nachdenklich aus, und es war keiner mehr da, der den Erzähler unterbrochen hätte. Sogar der Schreier sah jetzt verstohlen zu uns herüber, er lag auf der Pritsche und hatte seinen kahlgeschorenen Kopf auf die Hand gestützt.

„Ein leichter, aber scharfer und trockener Wind fuhr an diesem Tag über den Kogel hin", setzte der Erzähler fort. „Der Geruch von wildem Majoran war in der Luft, und ich hatte mich an den Rand der Blöße unter einem Latschenschopf versteckt. Als es hell wurde, zog hoch oben der erste Schwarm Kreuzschnäbel über uns hin. Die Lock rührte sich nicht, obwohl sie die Vögel genau gehört haben mußte. Sie schalt nur verdrießlich vor sich hin.

Aber kurz bevor die Sonne kam, begann die Lock inbrünstig zu singen. Da sagt man immer, ein Schnabel hätte eine harte Stimme, dabei kann sein Gesang so innig sein, daß es einem warm ans Herz greift. Dann kam er. Schräg durch die Fichtenwipfel schießend, flog er direkt auf die Lock zu. Sie unterbrach sich nicht, und ich glaube, daß sie zu singen begonnen hatte, weil sich die beiden Schnäbel schon vorher bemerkt haben mußten.

Der rote Geselle setzte sich ganz knapp vor das Haus der Lock und begann dort auf und ab zu hüpfen. Schließlich sprang er sogar auf den Käfig, und dann begann er zu singen. Er wölbte die purpurne Brust, reckte die Kehle empor, und der Wind spielte mit seinem seidigen Flaum. Er stieß zunächst nur kurze Rufe aus, und die Lock antwortete. Dann aber fielen beide zugleich ein, und sie waren so aufeinander abgestimmt, daß es schien, als hätten sie schon immer zusammen gesungen. Ihr Gesang hob sich jubelnd über die Fichten empor, und dann begannen sie sanft zu schleifen wie winzige Birkhähne.

Ich weiß nicht, wie lange dies gedauert hat, ich kauerte wie gebannt hinter dem Schopf und spürte keinen Wind und keine Kälte. Später wurde die Lock unruhig, weil der rote Schnabel hin und her zu flattern begann. Sie stieß schrille Schreie aus, als wollte sie den anderen warnen. Aber der brauchte keine Warnung. Er flog die Stellen an, an denen ich die Fallen gestellt hatte. Wie um mir zu zeigen, daß er mich durchschaut hatte, machte er über den gefährlichen Stellen kleine Sprünge in der Luft. Schließlich turnte er auf der Fichte hinter der Lock herum. Warum hab ich nur die eine Falle so sichtbar gesteckt, warf ich mir vor, denn ich fürchtete, daß der Schnabel, davon erschreckt, in den Wald zurückfliegen würde. Und dazu noch die Ligusterbeeren, die können ihn doch nicht locken.

Aber gerade weil dem Schnabel die Beeren unbekannt waren – denn sie wachsen in dieser Höhe nicht –, zog es ihn zu ihnen hin. Er flatterte aufgeregt daran herum, versuchte, eine aus der ganzen Dolde herauszureißen, berührte die Stange der Klemmfalle und war gefangen."

Das Gesicht meines Nachbarn glühte jetzt förmlich. Seine Augen waren ins Dunkle gerichtet, als sähe er durch die Wände des Kerkers und weit hin über das Land in den Wald.

„Die Lock fing verzweifelt an zu schilpen, als sie sah, wie der rote Schnabel in der Falle flatterte. Ich sprang hin, um ihn auszunehmen. Er war unverletzt, und dann nahm ich den Vogel in die Hand. Ich spürte, wie sein Herz pochte, und seine Augen funkelten böse. Noch gab er sich nicht verloren, und er hackte mit seinem gekreuzten Schnabel wütend auf meine Finger ein. Behutsam schob ich ihn in einen kleinen Leinensack und legte den Sack in das Fanghaus. Ich holte schnell das Fangzeug zusammen und stieg hinunter zum Anzenberg.

Ganz behutsam trat ich auf, damit der Schnabel sich nicht am Drahthaus stoßen sollte. Ich schmiedete auf diesem Heimweg Pläne, wie ich den beiden Vögeln ein großes Haus bauen würde, damit sie genug Platz hätten. Nur bis zum Sommer, versprach ich dabei insgeheim, denn ich hätte nicht ertragen, daß dieser purpurrote Schnabel in der Gefangenschaft seine Farbe verloren hätte.

Im Rucksack zirpten die beiden ganz leise, und ich schritt wie ein Sieger zu Tal."

Jetzt machte der Erzähler eine lange Pause, dann fuhr er sich wie geistesabwesend durch das Haar und schloß mit einem Seufzer seine Erzählung: „Als ich zu Hause das Fanghaus aufgemacht habe, war der rote Schnabel tot."

Die Zelle schien noch enger und das Gewölbe noch drückender geworden zu sein, als der Erzähler geendet hatte. Einige Häftlinge kramten in den schmutzigen Decken herum, aber niemand sagte ein Wort. Man hörte, wie draußen ein Wächter auf Filzsohlen vorbeischlich. In das kleine Fenster schaute die Nacht, und es blinkte ein einziger Stern.

Ich wurde am nächsten Morgen schon früh aus der Zelle geholt und ging mit einem Transport nach Salzburg. Ich konnte mich nicht verabschieden, weil alles sehr rasch gehen mußte. Der Gefangene, der die Schnabelgeschichte erzählt hatte, schlief noch, aber ich glaube, er täuschte seinen Schlaf nur vor, damit ich nicht bemerken sollte, wie ungern er mich noch ungewissen Gefängnissen entgegengehen sah.

Nach meiner Heimkehr ging ich einmal in das Nachbardorf hinüber und fragte nach ihm. Aber offenbar mußte er mir einen falschen Namen gesagt haben, denn niemand kannte ihn, und ich habe nie erfahren, wo er geblieben ist. ∎

Von einem, der auszog, um wiederzukehren

Hubert von Goisern

Ein Blick auf die Heimat, wie man die
Volksmusik aus den Angeln hebt und
den Rechten die Lederhosen auszieht

Natürlich kenn' ich ihn, den Blick zurück im Zorn, er widerfährt mir aber nur
mehr selten. Gott sei Dank, weil Zorn, der sich auf Vergangenes richtet, den Lauf
der Dinge ja doch nicht mehr ändern kann. Zudem macht er unrund oder, noch
schlimmer, verbittert. Und diese Bitterkeit breitet sich dann aus, legt sich über
den ganzen Tag, über das Hier und Jetzt, über alles und jeden. Man verstehe mich
bitte nicht falsch, Zorn hat schon auch seine Berechtigung. Wenn er auf Aktuel-
les gerichtet ist. Er mobilisiert, macht Druck, fordert Handlungen von uns, Entscheidungen ... Zorn hat die Qualität eines alttestamentarischen Gottesgefühls
und von daher eine Aura des Heiligen. Das Gegenteil vom zornigen Rückblick
ist die Verklärung. Sie ist nicht weniger trügerisch und ebenso unbrauchbar für
die Beurteilung der Vergangenheit. Sich oder anderen die Dinge schönzureden,
mag kurzfristig trösten, aber es ist letztlich Betrug, Betrug an sich selbst, und
steht daher dem Erkenntnisgewinn entgegen. Denn darum geht es schon auch im
Leben: den Lauf der Dinge und vor allem sich selbst verstehen zu lernen. Es geht
nicht darum zu vergessen, sondern mit dem, was war, Frieden zu schließen. Also,
wenn schon Wunschdenken, dann nach vorn gerichtetes Wunschdenken.

DER RAUSSCHMISS AUS DER HEIMAT
Ich war gerade zwanzig geworden, als ich Goisern und dem Salzkammergut meinen Rücken zukehrte. Ich wusste nicht, wohin ich wollte. Ich wusste nur, dass
ich wegmusste, weg von dieser Katzenfreundlichkeit, dieser tückischen, weil von
tiefen Gräben durchzogenen Idylle. Ich wollte die Enge hinter mir lassen, andere,
offene, gleich oder ähnlich gesinnte Menschen treffen. Was war passiert?

Meine wichtigste und genau genommen einzige Anbindung an die Dorfgemeinschaft hatte sich gerade in Rauch aufgelöst. Ich war damals erster Trompeter bei der Bürgermusik Bad Goisern, einer von sechs (!) örtlichen Blasmusikkapellen, und trug zu diesem Zeitpunkt – wir schrieben die Anfänge der Siebzigerjahre – schulterlanges Haar. Der Kapellmeister, ein Militarist und Verfechter strammer Zucht und Ordnung, hatte mich zum wiederholten Mal aufgefordert, mir „diese Zotten", wie er sie nannte, abschneiden zu lassen, als ich irgendwann genervt zurückfragte, ob seine Ablehnung dem Umstand geschuldet sei, dass er selbst eine Glatze habe. Damit war meine Karriere als Blasmusiker beendet. Ich musste als Konsequenz des Hinauswurfs mein Instrument abgeben. Jene Trompete, welche ich mit dreizehn Jahren als Leihgabe bekommen und die mich als Gefährtin und Verbündete durch die wilden Jahre des Erwachsenwerdens begleitet hatte. Eine Woche lang heulte ich mich vor Verzweiflung in den Schlaf, ohne dass es mir je in den Sinn kam, mich zu entschuldigen. Im Gegenteil, ich weiß noch ganz genau, dass ich mir eine Entschuldigung vom Kapellmeister erwartete.

Die Zeit hat auch diese Wunde geheilt. Wir trafen uns viele Jahre später einmal und bedauerten diesen Eklat gegenseitig. Das heißt, ich bedankte mich sogar bei ihm. Auch wenn es sich nämlich angefühlt hatte, als hätte Goisern mich regelrecht ausgespuckt, so hatte mir dieser Kapellmeister doch den Weg hinaus in die Welt geebnet. Kurz bevor ich wegging, schrieb ich auf meiner Gitarre ein paar Lieder, es waren meine ersten. Eines trug den Titel „Mir wird's z'vü, i bin dahin ...".

SIEBEN WANDERJAHRE

Es folgten sieben Wanderjahre, die mich durch das südliche Afrika, Kanada, die amerikanische Ostküste, die Philippinen und Nepal führten. In dieser Zeit veränderte sich mein Blick auf die Heimat und auch auf die Volksmusik. Ich hatte schon als Kind Probleme mit den Traditionalisten des Salzkammergutes. Ich meine jetzt nicht die Blasmusik. Im weiteren Sinn kann man natürlich Märsche auch zur Volksmusik rechnen, aber die sind, jedenfalls die schönsten von ihnen, alle von böhmischen Komponisten, mit entsprechend heiterem Einschlag, und wir spielten neben den obligaten Märschen auch Musik von Verdi, Suppè, Ralph Benatzky, Robert Stolz ... Nein, die Volksmusik war und ist schon noch einmal eine andere musikalische Disziplin. Sie ist widerständig, kratzig, rau und hitzig. Selbst da, wo sich ihre orthodoxe Schönheit und Erhabenheit entfaltet, gibt sie sich verkappt und rätselhaft. Sie war mir in meiner Jugend definitiv nicht geheuer.

Nun, aus der Distanz, wurde mir bewusst, dass es nicht die Volksmusik selbst war, die mich abstieß, sondern ihre Vertreter*innen und Protagonisten, die ganze Szene, in der diese Musik stattfand. Jene, die – noch immer nationalistisch umwölkt und mit autoritärem, reaktionärem Gehabe – der Tradition jegliche Frischluftzufuhr verweigerten, gegen den Zeitgeist, für die Reinheit der Terz, für die Unterwerfung unter die Vergangenheit und für als Brauchtum getarnte Gewohnheit kämpften. Uniformierte Verbände in Lederhosen, Stutzen, Haferlschuhen, Gamsfrack und mit Hahnfeder bewehrtem Hut beziehungsweise Dirndlgwand und Kropfband.

Hubert von Goisern

und seine ORIGINAL® **ALPINKATZEN**

Unverschämte Volksmusik

Aufgeig'n stått niederschiass'n

Tourneekontakt: Bela Kasper, Tel. 08 81 - 34 55 · Verlag: Blanko Musik, Tel. 0 89 - 6 92 41 46

DIE RÜCKKEHR – DAS PROJEKT ALPINKATZEN

Mitte der 1980er-Jahre erklärte ich meine Wanderschaft für beendet, wählte Wien zu meinem Lebensmittelpunkt und gründete, nachdem mir wenig später die diatonische Ziehharmonika buchstäblich zuerst aus den und dann in die Hände gefallen war, die Band Alpinkatzen. Leitgedanke war: Wir ziehen den Rechten die Lederhosen aus und spielen die Steirer und Landler so, dass den Hütern des Heiligen Grals die geschredderten Fetzen um die Ohren fliegen. Vom ersten Tag an wurde mir von allen Seiten erklärt, mich damit zwischen alle Stühle gesetzt zu haben. Ich erwiderte, sitzen sei was für die Alten, ich wolle tanzen, und dazu brauch' ich keinen Stuhl. Es war eine spannende Zeit. Damit, dass mich die Traditionalisten und Rechten zur Hölle wünschten, hatte ich gerechnet, dass es auch von Seiten der Progressiven und Linken Giftpfeile regnete, überraschte mich dann aber doch. Es machte mir bewusst, wie sehr das Thema Tradition mit Tabus belegt war. Und ja, ich kratzte nicht sachte daran, ich hatte tatsächlich unverhohlen das Stemmeisen angesetzt.

Ich weiß nicht mehr, wie ich auf den – im Nachhinein betrachtet absurden – Gedanken gekommen bin, ausgerechnet mit diesem Ansatz im Rahmen der Goiserer Gamsjagatage aufzutreten. (Damals hießen sie noch Gamsbartolympiade.) Vielleicht war es das sprichwörtliche Bild der „Faust aufs Auge", das ich auf die Bühne bringen wollte. Ich lief jedenfalls, wie man so schön sagt, von Pontius zu Pilatus, von den Veranstaltern bis hinauf zum Bürgermeister und wieder zurück. Allein es stellten sich alle stur oder blöd oder beides. Ich schien ihnen nach wie vor suspekt, da half auch mein damaliger Kurzhaarschnitt nichts. War es früher die Länge meiner Haare, so stieß man sich nun an ihrer Kürze. Jetzt hieß es, ich sehe mit meiner Stoppelfrisur aus wie ein Jugoslawe. Was mich zwar genauso wenig kränkte wie der seinerzeitige Vorwurf des mädchenhaften Aussehens, aber meinen heiligen Zorn entfachte ob der Konsequenzen. Als ich merkte, dass es für mich in diesem Rahmen keine Auftrittsmöglichkeit geben würde, ging ich kurzerhand nach Bad Ischl und organisierte zusammen mit Hannes Heide ein Gegenfestival. Für dasselbe Wochenende!

Damals entstand die legendäre Fotomontage jenes ikonischen Bildes, auf dem ein Jäger mit der Büchse in der Hand einen Wilderer auf frischer Tat beim Ausweiden einer Gams ertappt. Wir drückten dem Jäger anstatt der Waffe eine Stromgitarre und dem Wilderer statt des Messers eine Ziehharmonika in die Hand. Und um die zu den Gamsjagatagen diametral entgegengesetzte Ausrichtung des Programms auch im Titel zu unterstreichen, nannten wir das Festival „Aufgeigen stått niederschiassen". Zwei Jahre später gab ich meinem neuen Album diesen Namen. Es sollte die Volksmusik endgültig aus den verrosteten Angeln heben.

Als ich 1993, auf Einladung des Goiserer Sportvereins, am hiesigen Fußballplatz ein Open-Air-Konzert vor tausenden Besucherinnen und Besuchern spielte, stand in den hintersten Reihen und mit trotzig verschränkten Armen die Nomenklatura, während vorne die Jugend die Lieder mitsang und in eine neue Zeit tanzte. Ich war, knapp zwanzig Jahre nachdem ich meine Heimat verlassen hatte, wieder zurück. Ich war zuhause angekommen. ∎

▶
Enge 50
Eine Lederhose ist eine Lederhose 138
Eine Vogelgeschichte 240

Wald

Bodo Hell

Ein Gedicht über Bretter, Holz und Wald und das Errichten eines Trocknungsstoßes. ∎

▶
Dachstein 34
Ja, bitte 113
Koexistenzen 130

Bretterzeilengedicht   (der Wald)

sehr warm
warm
kühl
kalt
sehr kalt
das sind die 5 Stufen im Wald
bald
sobald
alsobald
alsbald
Wald
Laubwald
Hartlaubwald
Gemeindewald
Hegewald
Sumpfwald
Jungwald
Anflugwald
Hochwald
Mischwald
Buschwald
Bruchwald
Lohwald
Nadelwald
Grindelwald
Mittelwald
Gnadenwald
Odenwald
Regenwald
Eichenwald
Buchenwald
Kastanienwald
Trockenwald
Birkenwald
Fahnenwald
Tannenwald
Espenwald
Föhrenwald
Fichtenwald
Schattenwald
Mittenwald
Auenwald
Bannwald
Schonwald
Fronwald

Kiefernwald
Bauernwald
Monsunwald
Niederwald
Schilderwald
Plenterwald
Hinterwald
Unterwald
Blätterwald
Dauerwald
Bregenzerwald
Moorwald
Urwald
Greifswald
Wirtschaftswald
Auwald
Neuwald
Schwarzwald
Schutzwald
Wald am Schoberpaß

Feld
Lavafeld
Gradfeld
Getreidefeld
Landefeld
Schneefeld
Karl Lagerfeld
Ruhefeld
Gemüsefeld
Kräftefeld
der Dollar fällt
Erntefeld
Prüffeld

statt Kahlschlag auf Kalk ist eine plenterwald- bzw.: femelschlagartige Wirt-
schaftsform angezeigt, Reinbestände werden nach Möglichkeit durch Misch-
wälder ersetzt, der zyklisch auftretende Befall durch die Miniermotte läßt das
sonst gewohnte Frühjahrslärchengrün spätherbstlich braun überlaufen aus-
schauen, die Nadelschütte der Fichte infolge Befalls durch Rhizosphäre- und
Lophodermiumarten oder andere Schwächeparasiten ist weit verbreitet, mit
forstlichen Mitteln allein ist der Forst nicht zu retten, das Aufforsten mit relativ rauchharten Baumarten anstelle der empfindlichen Tannen und Fichten
wird angeraten, eine akute Gefahr durch SO_2 im Lee der Hauptemittenten
und eine starke Schädigung des Traufs ist insbesondere in Westexposition zu
erwarten, bei gleichzeitiger Einwirkung von Luftschadstoffen und Klimaex-
tremen wie hoher Trockenheit, Strahlungsintensität und späten Frösten kann

es zu unerwünschten Synergieeffekten kommen, auch in der Landwirtschaft gibt es bereits Anzeichen dafür, daß Pflanzen überhaupt nicht mehr wachsen wollen, Wildverbiß infolge jägerseits erwünschter hoher Wilddichte setzt der Naturverjüngung außerhalb des Zauns stark zu, drinnen läßt sich eine reiche nitrophile Flora sowie Regenwurmfauna bei verstärktem unverzwieseltem Aufwuchs feststellen, ab dem Stangenholzalter wird jetzt nicht mehr in die Kronenschicht eingegriffen, damit ein dichter Bestandesschluß erhalten bleibt und den Schadstoffen die geringstmögliche Angriffsfläche geboten wird, der Ausdruck „Kompensationskalkung" könnte bei den Emittenten leicht den Eindruck erwecken, der Schadstoffeintrag lasse sich kompensieren, der dichte, tote Boden wird bis 45 cm tief gelockert und so zu neuer Feinverwurzelung tauglich gemacht, Voraussetzung für die Spatendiagnose zur Feststellung der Intensität des Bodenlebens ist das Herausheben eines Profilklotzes zu verschiedenen Wachstumszeiten, unterirdisch können sich wesentlich mehr Lebewesen ernähren, als dies auf gleicher Fläche oberirdisch möglich ist, der Druckkeil, der sich bei der Holzrückung vom punktuell aufgesetzten Pferdehuf bildet, ist zwar wesentlich stärker als jener des rollenden Breitreifens, er baut sich aber im Gegensatz zur Spurverdichtung beim Pneu am Boden sehr schnell wieder ab, nitratreiches Grundwasser unter Intensivanbauflächen muß zur Trinkwassergewinnung mit nitratarmem Wasser aus dem Wald auf den gesetzlich zulässigen Grenzwert heruntergemischt werden

bei
der Errichtung eines
Trocknungsstoßes empfiehlt
der Holzfachmann das präzise Auflatteln
der Bretter mittels Sägewerkslatten aus der
Seitenware, dem sogenannten Besäumholz mit
der Waldkante, wobei der Stoß nach der Form des
Stamms aufgeschichtet sein kann, d. h., er erscheint
von der Stirnseite gesehen wie ein sich erweiterndes
und jetzt wieder verengendes Bretterzeilengedicht,
das dann luftig an der wetterabgekehrten Seite
oder gleich unter Dach, wenn im Freien, dann
aber auf jeden Fall abgedeckt und even-
tuell steinbeschwert für 4 bis 5
(oder auch für fünfhundert)
Jahre zum Trocknen da-
steht

Warten auf Frau Wolf

René Freund

Eine Geschichte über die Büchereien
des Almtals als Heimatorte des Geistes

Oft werde ich gefragt, warum ich in Grünau im Almtal lebe. Meine Antwort ist schlicht: „Weil es hier so schön ist!" Ich liebe das Almtal, weil es breit und weit ist und weil es im Hintergrund von den grauschimmernden Gipfeln des Toten Gebirges eingerahmt wird. Aus den unterirdischen Quellen dieser Bergkette, die alles andere als tot ist, speisen sich die Flüsse und Seen und Bäche des Almtals. Ja, es mag woanders auch schön sein. Aber das türkisgrünblauklare Wasser der Hauptarterie Alm mit all ihren Nebenlebensadern, das gibt es weit und breit nur hier.

Zweite Frage: „Aber fehlt dir nicht die Großstadt? Die Kultur?" Meine Antwort ist zweigeteilt. Da ich in jungen Jahren als Mitarbeiter eines großen Theaters sehr intensiv am Wiener Kulturleben teilgenommen habe, muss ich nicht mehr überall zwingend dabei sein. Jahrelang jeden Abend irgendeine Darbietung, das hatte bei mir zu einem kulturellen Burn-out geführt, das eigentlich eher ein No-Burn war. Das ist ein bisschen wie mit dem Lambrusco, den wir als Adoleszente getrunken haben, als ob es kein Morgen gäbe. Das war öfter der Fall, und man hat dann für lange Zeit genug davon.

▶ Standfoto aus dem Video „Salted Lake" der israelischen Künstlerin Sigalit Landau

RÜCKZUGSGEBIET DES GEISTES

Zweiter Teil der Antwort: Kultur fehlt mir in Grünau nicht, weil wir ja unsere Bücherei haben. Wann immer ich Gleichgesinnte sehen will, mich über ein neues Buch oder literarische Trends oder Klassiker austauschen will: Ich muss nur in die Bücherei gehen. Die Bücherei ist hier das Rückzugsgebiet des Geistes, das Refugium der Nachdenkenden – oder, wie eine Bibliotheksmitarbeiterin einmal sagte: ein Ort, am dem sich die Grünauer Außerirdischen treffen. Und eine Heimat finden. Solche Heimatorte des Geistes entstanden auch in anderen Bibliotheken des Almtals und des übrigen Salzkammerguts; in Scharnstein, Pettenbach, Vorchdorf, Bad Wimsbach, Laakirchen, Gschwandt oder Bad Ischl, um nur einige zu nennen.

TREFFPUNKT BIBLIOTHEK

Als Autor hatte ich früher ein etwas zwiespältiges Verhältnis zu Bibliotheken, weil Bücher dort ja nicht gekauft, sondern ausgeliehen werden. Das ist aus Autorensicht nicht gerade ein gewinnbringendes Geschäftsmodell. Mittlerweile ist mir vollkommen klar geworden, dass Bibliotheken das einzige Bollwerk gegen den um sich greifenden Analphabetismus sind und damit ein Garant für das Überleben von Büchern.

Menschen, die lesen, sind anders. Es ist im Prinzip nicht so wichtig, was sie lesen, da muss man nicht snobistisch sein, denn allein der Akt des Lesens bewirkt, dass man mit eigenen Bildern in eine eigene Welt eintaucht, dass man sich in andere Persönlichkeiten und Charaktere hineinversetzt, mit einer anderen Sprache und anderen Worten auseinandersetzt. Wer liest, will das Andere kennenlernen. Das führt fast zwangsläufig zu Offenheit und Verständnis.

Mit Menschen, die lesen, kann ich immer etwas anfangen, zum Beispiel ein Gespräch. Ich habe in den lokalen Büchereien so viel über Literatur gelernt, weil ich mit literaturbegeisterten Menschen zu tun hatte, die aber meist nichts mit dem Literaturbetrieb zu tun haben. Ihre Urteile nehme ich doppelt ernst, denn sie sind unbefleckt von Modeerscheinungen und großstädtischem Mainstream.

Gendergerecht habe ich bisher von „Menschen" geschrieben, was allerdings die Wirklichkeit nicht widerspiegelt, denn die Lesenden sind in erster Linie weiblich. Und die Teams der Bibliotheken, die ich kenne, bestehen fast ausschließlich aus Frauen. In der Bücherei Grünau haben wir zudem eine Vorarlbergerin, eine Kärntnerin, eine Tirolerin, eine zugezogene Deutsche, eine gebürtige Bosnierin und Leute aus wirklich allen Parteien. Immer wieder denke ich mir hoffnungsfroh, dass der einzig haltbare Kitt der Gesellschaft die Kunst ist, weil nur Kunst die wechselnden Ideologien, politischen Systeme und die damit einhergehenden Katastrophen überstehen kann.

FRAU WOLF, WEIN & WERKSTATTGESPRÄCH

Auch bei unseren Lesungen in Grünau besteht das Publikum überwiegend aus Frauen, obwohl wir auf unsere kulturaffinen Männer stolz sind, Stammkunden zumeist. Einzig bei unseren beiden Veranstaltungen mit Vea Kaiser befanden sich richtig viele Männer im Publikum, einige talfremde darunter, die man sonst noch nie gesehen hatte. Vea dürfte Groupies um sich scharen.

Das Ritual der Veranstaltungen in unserer kleinen Bücherei läuft stets gleich ab: geselliges Beisammenstehen bei einem Glas Wein, Bier oder Wasser vor der Veranstaltung. Der Autor oder die Autorin müssen zwangsweise mitplaudern, weil es keinen Backstage-Bereich gibt. Alle warten auf Frau Wolf. Wir können erst beginnen, wenn Frau Wolf eingetroffen ist, die noch keine Lesung versäumt hat, die bei jedem Wetter mit ihrem Fahrrad vom Berg herunterkommt (und wieder hinauffährt!), die allerdings erst die Tiere ihres kleinen Hofs versorgen muss, bevor sie sich der Literatur widmen kann. Meist kommt sie eine, höchstens zwei Minuten zu spät. Ein Raunen geht durch den Saal: Frau Wolf ist da, Frau Wolf ist da, wir können beginnen! Klein und weißhaarig sitzt sie dann im Publikum, nickt aufmerksam oder schüttelt verhalten den Kopf, hat sich von Avantgardistischem bis Mundartlichem alles angehört und war noch nie verdrossen.

IM GESPRÄCH BLEIBEN

Nach der Lesung darf ich meistens ein „Werkstattgespräch" mit unserem Gast führen, was mir ermöglicht, ganz unverblümt jene Fragen zu stellen, die mich beschäftigen, und das führt oft zu weiteren Fragen aus dem Publikum und lebhaften Diskussionen. Bibliotheken: Orte, an dem man im Gespräch bleibt.

Wir hatten außer der bereits erwähnten Vea Kaiser – um nur einige zu nennen – auch noch Margit Schreiner zu Gast, Barbara Coudenhove-Calergi, Karin Peschka, Theodora Bauer, Petra Piuk, Hans Eichhorn, Radek Knapp, Rudi Habringer, Stefan Kutzenberger, David Fuchs, die Thomase Baum, Raab und Sautner, Andreas Jungwirth, Hamed Abboud, Hans Platzgumer, Arno Camenisch, Nataša Dragnić, Judith Taschler, Ljuba Arnautović … und alle, alle mussten sie warten, bis Frau Wolf ihre Kuh in den Stall gebracht hatte. ■

▶

Anarchischer Geist 8
Ex libris 62
Next Generation You 166

Widerstand

Bettina Balàka

Ein Essay über den NS-Widerstand im
Salzkammergut, das Versteck IGEL,
Frauen als Partisaninnen und ein mutiges
Mädchen namens Annerl

„Wir wollen keinen Krieg, wir wollen keinen Sieg. Wir wollen unser
Österreich und eine schöne Führerleich'." Ein Ohrwurmspruch, der
durch Rhythmus, Reim und nicht zuletzt die überraschende Schluss-
pointe im Gedächtnis bleibt und bestens zum Skandieren geeignet ist.
„Eine schöne Leich'" bezeichnet in Österreich nicht einen attraktiven toten Körper, sondern ein prachtvolles Leichenbegängnis, das hier für Adolf Hitler imagi-
niert wurde. Wer den zündenden Spruch erfunden hat, ist nicht verbürgt, wer ihn
im Mai 1940 in Umlauf brachte, schon: Eine gewisse Katharina Straubinger gab
an, auf einer Bahnfahrt von Bad Ischl nach Goisern einen Fahrgast davon reden
gehört zu haben, dass in Ebensee ein Flugzettel mit dieser Aufschrift gefunden
worden sei. Dies erzählte sie ihrer Bekannten Elisabeth Stadler weiter, die es
wiederum vier Arbeitskolleginnen kolportierte. An dieser Stelle fand die Stille
Post ihr Ende, denn die besagten Arbeitskolleginnen erstatteten Anzeige gegen
Straubinger und Stadler. Dank eines Urteils des Landesgerichts Linz wegen
Vergehens gegen das Heimtückegesetz wurde der Spruch, dessen Verbreitung
unterdrückt werden sollte, der Nachwelt überliefert und fand sogar in den TV-
Film „Ein Dorf wehrt sich" (2019) über den Widerstand in Altaussee Eingang.
     Widerstand in diktatorischen Regimen kann zarteste Formen annehmen.
Wo ein falsches Wort genügt, um ins Gefängnis zu kommen, wo so etwas wie
„Heimtücke" überhaupt einen Straftatbestand darstellt, werden Bagatellen zu
Heldentaten. Ist es nicht auch denkbar, dass Katharina Straubinger den Spruch

▶ Der KZ-Gedenk-
stollen in Ebensee

selbst erfunden hat? Um ihn in Umlauf zu bringen, war es durchaus sinnvoll, eine Geschichte zu erfinden, anstatt sich durch das Drucken von Flugzetteln schwerer zu inkriminieren. Man habe gehört, dass jemand etwas auf einem Flugzettel gelesen habe. Was kann man schon dafür?

LITERARISCHE ZEUGNISSE DES WIDERSTANDS IM SALZKAMMERGUT

Während der Mythos „Alpenfestung" und der rege Verkehr von Nazi-Größen im Salzkammergut in den letzten Tagen des Dritten Reiches allgemein bekannt ist, wird über den Widerstand seltener geredet. Dabei fand er sogar auch literarischen Niederschlag, beginnend mit Franz Kain, der noch Zeitzeuge war („Der Weg zum Ödensee", 1974), Barbara Frischmuth („Einander Kind", 1990, wo Teile der Geschichte ihrer Tante, der Widerstandskämpferin Edith Hauer-Frischmuth, verarbeitet sind) oder zuletzt in Franzobels Theaterstück „Hirschen" (2006), das sich mit dem Leben von Sepp Plieseis (1913–1966) befasst, und Sabine Scholls Roman „Die im Schatten, die im Licht" (2022), dessen Figur Rosi an Resi Pesendorfer (1902–1989) angelehnt ist. Pesendorfer war 1943 maßgeblich an der spektakulären Flucht Plieseis' aus dem KZ-Nebenlager Hallein mitbeteiligt. Glücklich im Salzkammergut angelangt, wurde er Mitbegründer der Ischler Widerstandsgruppe Willy-Fred. Ob es sich bei diesen Renegaten um Partisanen im strengen Sinn handelte, ist umstritten. Nein, es gab keine Erschießungen von Ortsgruppenleitern oder Sprengungen der Soleleitung, der Salzkammergutbahn oder von Elektrizitätswerken, obwohl dies immer wieder von jüngeren Mitgliedern der Gruppe gefordert wurde. Plieseis hielt solche riskanten Aktionen für militärisch wirkungslos und wollte nicht durch die unweigerlich folgenden Repressalien die Sympathie der Bevölkerung verlieren. Seine Ziele waren realistisch: Allein durch die Existenz der Gruppe wurden Energien und Ressourcen der Nazi-Behörden gebunden, langfristig ging es um die Wiederherstellung eines demokratischen Österreich, wofür in der Moskauer Deklaration von 1943 explizit das Vorhandensein österreichischer Selbstbefreiungsstrukturen als Voraussetzung genannt worden war.

FRAUEN IN DER WIDERSTANDSGRUPPE

Die Rolle der Frauen in der Bewegung gilt als maßgeblich. Die Beschaffung von Lebensmitteln, Kleidung, Waffen und Munition, Kurierdienste, Spionage, Nachrichtenübermittlung, die Bereitstellung von Unterschlüpfen und konspirativen Treffpunkten waren jene von ihnen übernommenen Aufgaben, ohne die das Überleben der Wehrmachtsdeserteure, Flüchtigen aus Gefängnissen und KZs und anderen Untergetauchten nicht möglich gewesen wäre. Dass sie als Frauen den Nazi-Behörden wenig gefährlich erschienen und leichter unter dem Überwachungsradar durchschlüpfen konnten, wussten sie sich zunutze zu machen. Dennoch waren im IGEL, dem im Frühjahr 1944 errichteten Unterschlupf im Toten Gebirge, Frauen nicht zugelassen – um Rivalitäten zwischen den auf engstem Raum zusammenlebenden Männern ebenso zu vermeiden wie die Gefährdung der Frauen durch Gestapo-Verhöre. Doch auch hier gab es eine Ausnahme: Marianne Feldhammer (1909–1996) kannte den Weg und brachte mehrfach Nachschub hinauf. Ihr Mann Karl Feldhammer (1909–1945) lebte im IGEL, kam aber unvorsichtigerweise immer wieder ins Tal und wurde schließlich bei der Flucht aus dem eigenen Haus von der Gestapo erschossen.

LEBEN IM VERSTECK

Das Leben im IGEL – benannt nach einem bei seiner Errichtung auftauchenden Igel und wegen der Assoziation mit „Einigeln" – war hart. Angelehnt an eine zerklüftete Felswand errichtete man eine Konstruktion aus Rinde und Baumstämmen, die im Winter kaum verlassen werden konnte, da Spuren im Schnee die Verfolger aufmerksam gemacht hätten. Fleisch konnten sich die Männer, unter denen sich versierte Wilderer befanden, noch am ehesten selbst beschaffen – auch die „Entführung" eines Ochsen und einer Sau (letztere bei Hinterlegung von mehr Geld, als sie wert war) sind verbürgt. Schlimm jedoch war das Fehlen von Brot (und generell von Kohlenhydraten wie Kartoffeln, Gries, Zucker etc.). Gab es zu lange keines, wurden die Leute „narrisch". Dass der Unterschlupf nie ausgehoben wurde, zeigt, wie groß die Unterstützung in der Bevölkerung war.

ALBRECHT GAISWINKLERS RETTUNG

Eine andere Widerstandsgruppe wurde schon 1940 von dem Ausseer Albrecht Gaiswinkler mitbegründet. 1942 wurde er jedoch zur Wehrmacht eingezogen und desertierte schließlich in Frankreich. Am 8. April 1945 kehrte er filmreif ins Salzkammergut zurück: Gemeinsam mit drei weiteren Österreichern sprang er aus einer britischen Halifax-Maschine mit dem Fallschirm ab. Die vier Exilierten waren für die britische Special Operations Executive tätig und hatten den Auftrag, Propagandaminister Joseph Goebbels, der sich in der Villa Roth am Grundlsee aufhalten sollte, zu verhaften. Die Villa Roth, auch als Schloss Grundlsee bekannt, steht auf der Schattseite des Sees und wird vor allem im Winter kaum von der Sonne erreicht. 1939 kam es dort zu einer Tragödie, als der dreiundzwanzigjährige Sohn des Besitzers seine Verlobte und sich selbst erschoss. Goebbels nutzte den in mehrfacher Hinsicht düsteren Bau für sich und seine Familie.

Das Flugzeug mit den Fallschirmspringern startete in Brindisi und kam um drei Uhr nachts bei äußerst schlechter Wetterlage am Einsatzort an. Versehentlich sprangen sie nicht wie geplant beim Zinkenkogel bei Bad Aussee, sondern über dem Feuerkogel im Höllengebirge ab. Die Hochebene, auch im Sommer durch Spalten, Schründe und Einsturztrichter schwer zu begehen, war tief verschneit. Gaiswinkler und einer seiner Kameraden – die beiden anderen waren unauffindbar – machten sich auf die Suche nach einem Unterschlupf. Im Morgengrauen entdeckten sie eine Hütte, aus deren Schornstein es rauchte – und die von unzähligen Skispuren umgeben war. Obwohl sie die Anwesenheit von Gebirgsjägern befürchten mussten, näherten sie sich. Durchnässt und völlig erschöpft sahen sie im Freien keine Überlebenschance mehr. Hier kam nun wieder eine Frau ins Spiel, deren Handeln und Hilfe sich als maßgeblich erweisen sollten: In der Hütte befand sich, wie Gaiswinkler in seinen Erinnerungen erzählt, niemand außer einem jungen, eingeschüchterten Mädchen namens

Annerl. Wie alt mochte sie gewesen sein, siebzehn, sechzehn oder noch jünger? Wie fühlte sie sich wohl mutterseelenallein in der abgelegenen Hütte, als plötzlich zwei wild aussehende Fremde hereintraten?

Zunächst glaubte sie, sie habe es mit Russen oder Amerikanern zu tun. Um ihr die Angst zu nehmen, stellten sich die beiden als abgeschossene deutsche Flieger vor. Annerl bewirtete sie mit heißem Tee. Irgendwann musste die Wahrheit ans Licht gekommen sein, denn Annerl versprach, weder den Gebirgsjägern noch der Bergwacht etwas von der Anwesenheit der Fallschirmspringer zu verraten. Und sie hielt Wort. Kaum hatten sich die beiden in eine Kammer in den oberen Stock zurückgezogen, kam eine Streife vorbei. Ob Annerl etwas Verdächtiges bemerkt habe? Sie verneinte.

Was ging in ihr vor, als sie sich entschloss, den Versteckten zu helfen? Ihre Chefin, die Hüttenwirtin, war Mitglied der NSDAP, aber Annerl hatte wohl ihre eigene Meinung. Dem jungen Mädchen, das hier bemerkenswerten Mut bewies, wurde Glauben geschenkt. Die Streife zog ohne Hausdurchsuchung ab, die Widerstandskämpfer waren gerettet. Auch wenn aus der Verhaftung Goebbels' nichts wurde (bis man die Kameraden fand und endlich im Tal ankam, war dieser längst abgereist), konnten sie in den letzten Tagen des NS-Regimes noch Wertvolles zur Befreiung des Landes beitragen.

WEIBLICHE ÜBERREDUNGSKUNST

Da Gaiswinkler später seine Rolle bei der Rettung der Kunstschätze in der Ausseer Saline stark übertrieb, ist er umstritten. Doch auch eine der berühmtesten Widerstandskämpferinnen gab an, mit ihm zusammengearbeitet zu haben: Edith Hauer-Frischmuth. Für ihre Hilfe bei der Rettung von Jüdinnen und Juden wurde sie vom Yad-Vashem-Institut als „Gerechte unter den Völkern" geehrt. Ab 1944 lebte sie bei ihren Schwiegereltern im „Seehotel" in Altaussee, wo sie mit Nazi-Größen zechte und sie dabei ausspionierte. Aus den allerletzten Tagen des Untergangs berichtet sie folgende Geschichte: Um sinnlose Kampfhandlungen zu verhindern, begab sie sich zur Ehefrau des Gauleiters Eigruber in die Villa Kremenezky. Ihr war auch zu Ohren gekommen, dass die SS um die Villa einen Minengürtel zu legen plante. Frau Eigruber empfing sie kühl und erklärte, dass sie im Falle einer Niederlage Deutschlands gemeinsam mit ihren sechs Kindern Selbstmord begehen werde. Nun bot Hauer-Frischmuth ihre gesamte Überredungsgabe auf, gemahnte die Fanatisierende an ihre Mutterpflichten, die über der Treue zum Führer stünden. Nach einem Tag Bedenkzeit erklärte sich Eigruber einverstanden. Der Minengürtel wurde nicht gelegt und einige Kriegstreiber mussten Aussee verlassen. Die Eigruber-Kinder überlebten, eines von ihnen, Hermann Eigruber, wurde später FPÖ-Abgeordneter. ■

▶
Geniales Versteck 92
Des Kaisers Geld 118
Überleben 231

Zauner

Nicolas Mahler

Zaunerstollen und Ischler Törtchen: Ein Comic über die Geschichte der legendären Konditorei Zauner in Bad Ischl. ∎

Zauner
Mythos

1821 eröffnet Johann Zauner seine Konditorei,
67 Jahre später erhält sein Sohn Karl eine
unheimliche Prophezeiung:

Diese Geschichte erzählt man sich so (oder so ähnlich)
seit Jahrzehnten in Bad Ischl. Tatsächlich wird sehr lange
keinem von Karl Zauners Nachkommen ein *Stammhalter*
geboren (was dem damaligen Zeitgeist als *absolutes
Nonplusultra* galt).

Zauner
Stollen

1905 erschafft Karl Zauners älterer Sohn Viktor
zusammen mit dem Zuckerbäckermeister Josef Nickerl
die legendären *Ischler Oblaten*.

Tatsächlich presst der sparsame Nickerl die Oblatenreste,
von den Ischler Kindern *Nickerl-Batz* genannt, in eine
längliche Kuchenform und übergießt sie mit Schokolade,
der ZAUNERSTOLLEN ist geboren.

Zauner
Ischler Törtchen

Der populärste Konditormeister Guatemalas, Richard Kurth,
wird mit der 60 cm hohen Nachbildung des Vulkans Água
aus Schokolade, Marzipan und Karamell berühmt.

Goldmedaille
auf der
internationalen
mittelamerikanischen
Handwerksausstellung

1947 heiratet er Viktor Zauners Adoptivtochter Rosina und erschafft 24 Jahre
lang in der Konditorei Zauner Meisterwerke wie die ISCHLER TÖRTCHEN.
Die Törtchen sind zwar deutlich kleiner als der berühmte Schokovulkan,
Kurth erhält aber dafür erneut eine Goldmedaille, nämlich auf der
Weltausstellung 1958 in Brüssel.

Zauner
Jubiläumstorte

Die zweite Frau von Richard Kurth, Hildegard Zauner, adoptiert nach dem Tod ihres Mannes den Konditormeister Josef Ferner. Als Josef Zauner wird er Geschäftsführer der Konditorei Zauner, außerdem becirct er das Publikum jahrelang als Fernsehkoch in der ORF-Sendung *Häferlgucker*.

Zum 150. Jubiläum der Konditorei Zauner kreiert er die JUBILÄUMSTORTE. Außerdem durchbricht er die Prophezeiung: Sein Sohn Philipp Zauner ist heute Juniorchef und der erste männliche Nachkomme seit über 100 Jahren.

Ziehharmonika

Nick Oberthaler

NICK OBERTHALER ÜBER SEINE ARBEIT „ZIEHHARMONIKA", 2023:
Das farbige Kaleidoskop des Faltenbalgs der Ziehharmonika besteht aus den Wappenfarben der 23 Kulturhauptstadtgemeinden, die in CMYK-Farbwerte übersetzt und dann gemäß der im Wappen vorkommenden Farben proportional aufgeteilt und aneinandergereiht wurden - nach alphabetischer Reihenfolge von links nach rechts und ohne Hierarchie. Die Größen- bzw. Breitenverhältnisse ergeben sich einfach aus dem Verhältnis von im Wappen vorkommenden Farbwerten und der Teilung des Seitenmaßes auf die Gesamtzahl 23. Die 23 schwarzen Punkte stehen ebenso symbolisch für die teilnehmenden Orte wie sie die Tastatur der Harmonika darstellen. ■

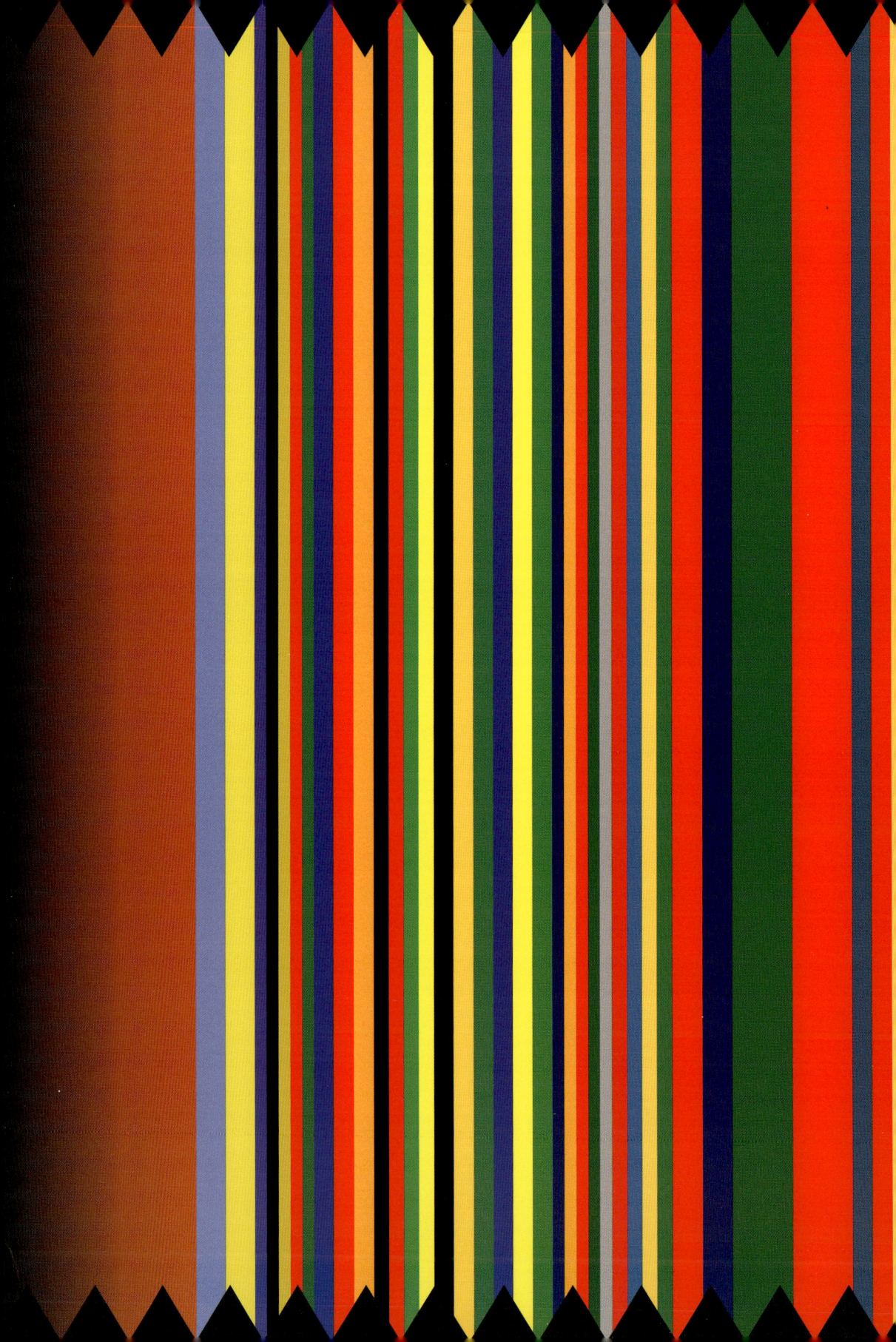

Appendix

COVER

Bildnachweis:

© Kurt Zaiser/AustrianImages.com
© www.wirliebe.at, Shaki Korber

EINLEITUNG

Bildnachweis:

Sammlung Kulturhauptstadt Europas
Bad Ischl Salzkammergut 2024 GmbH

ANARCHISCHER GEIST

Bildnachweis:

© Michael Kurz

DER BERG SPRICHT

Bildnachweis:

© Salzwelten/Bergauer

BERNHARD, THOMAS

Quellenverweis:

Rudolf Habringer: Thomas Bernhard seilt
sich ab. Resistenz Verlag 2003.

Bildnachweis:

© Isabella Kohlhuber
Aus dem Gesetz, 2016,
Dampfbremsfolie, Lasercut, Stahlrohr,
1 × 16 m, Dimensionen variabel,
www.isabella-kohlhuber.com

BRAUCHTUM

Bildnachweis:

Hyperglöckler: © Nachlass Walter Pilar,
Reproduktion © Peter Putz,
www.ewigesarchiv.at

Für die 9. und letzte Ausgabe der von Hans Kienesberger, Walter Pilar und Peter Putz von 1978–1981 herausgegebenen Bild-Text-Edition „Der Traunseher" zeichnete Walter Pilar 1981 die Grafik „Hyperglöckler (fliegende Projekte)".

Transkription der handgeschriebenen Texte in der Zeichnung, von li. ob.:

(Super-) Überglöckler*) im Telemarkabflug // Ein sowjetischer Drachen*) entführt die Edelweißgruppe Kohlstatt**) Ortsteil von Ebensee mit gigantischen Glöcklerpassen & Kappenbaumeistern // Die Pass der Rauhpräservativglöckler in dieser denkwürdigen Rauhnacht (Rauhreifler aus Kondomas) // METSCHLESS LEBE HOCH EBENSEE Teil einer Glöcklerpass nach der industriellen Revolution //

Text am rechten Rand:

Schwarzer Teil: Hyperglöckler. Grafiken aus dem Ideenfluß des Salzkammergutschnürlregenzeichners Walter Pilar, in denen er sich mit dem Brauch des Glöcklerlaufens (am Abend vor Dreikönig – 6. Jänner) auseinandergesetzt hat. Zum Brauch: Bei diesem magisch-mythisch angehauchten Kollektivgeschehen laufen weißgekleidete Glöcklerpassen in verschiedenen Tanzformen (Kreise, Achter, Spiralen) & tragen dabei verschiedene Kappenformen (Sterne, Halbkreise = Sturmhauben, 5 zack, 7 zack etc.) wodurch sie symbolisch Sterne & Planeten bewegen, phonetisch unterstützt durch helle oder dumpfe Glockenschläge (aus den umgehängten schweren Glocken). Mittels dm weißen Gewand (im Schnee!) suggerieren sie durch ihre kopflings getragenen hellerleuchteten Kappen (in der dunklen Winternacht) die Illusion schwebender Symbole. Zur Form der Glöcklerkappen: ... auch liegen die bizarren Bergspitzen & -formen sehr nahe vor ihren alltäglich mehr oder weniger bewußt lebenden Augen. W. P.

Transkription: Peter Putz

CUM GRANO SALIS

Anmerkungen:

1 Zitate berühmter Personen, https://beruhmte-zitate.de/suche/?h=Thomas+Mann+Salz

2 George Tabori: Der alte Mann und was mehr. In: Die Zeit, 25. Mai 1984, http://www.zeit.de/1984/22/der-alte-mann-und-was-mehr

Bildnachweis:

© Simon Schwartz

DACHSTEIN

Bildnachweise:

http://data.onb.ac.at/AKON/AK120_443
© 2015 Österreichische Nationalbibliothek

http://data.onb.ac.at/AKON/AK029_568
© 2015 Österreichische Nationalbibliothek

DIRNDL

Quellenverweis:

Der Text ist die für dieses Buch adaptierte Fassung eines Beitrags, der am 31.7.2013 im österreichischen Nachrichtenmagazin FORMAT erschienen ist.

Anmerkungen:

1 Daniela Müller, Susanne Trettenbrein: Alles Dirndl. Anton Pustet 2013.

2 Ulrike Kammerhofer-Aggermann: „Eine reiche Auswahl der herrlichsten Volkskostüme und der schönsten Menschentypen". Etappen der Entstehung unseres gegenwärtigen Begriffs von Tracht. In: Herbert Justnik (Hg.): Gestellt. Fotografie als Werkzeug der Habsburgermonarchie. Wien: Löcker 2014, S. 57–70.

3 Georg Seeßlen: Tracht und Niedertracht. In: taz, 9. 6. 2011, https://taz.de/!5119024/

Bildnachweis:

Von der Kollektion 'Andreas Kronthaler fuer Vivienne Westwood', Herbst/Winter 2018/19

© Paolo Colaiocco

DREIUNDZWANZIG FÜR VIERUNDZWANZIG

Bildnachweis:

o. T. (Photomontage Bürgermeister), 2023 Courtesy Studio Semotan © Elfie Semotan

DIE EHRENWERTEN

Anmerkungen:

1 Zit. Nach Christian Seiler, André Heller: Feuerkopf. Die Biografie, München 2012.

2 Zur Person Höttl vgl. Martin Haidinger: Wilhelm Höttl. Spion für Hitler und die USA, Wien 2019.

3 Wilhelm Höttl: Einsatz für das Reich, Koblenz 1997, S. 401.

4 Zit. nach Christian Seiler: André Heller. Feuerkopf. Die Biografie, München 2012, S. 75.

5 Haidinger, S. 177.

6 Vgl. Gregor Holzinger: Das letzte Urteil. Die beiden Prozesse gegen Johann Vinzenz Gogl. In: Gregor Holzinger (Hg.): Die zweite Reihe. Täterbiografien aus dem Konzentrationslager Mauthausen, Wien 2016, S. 295–306.

7 Simon Wiesenthal: Recht, nicht Rache. Erinnerungen, Wien 1988, S. 376.

8 Wiesenthal, S. 378.

9 Vgl. dazu Daniela Ellmauer, Michael John, Regina Thumser: „Arisierungen", beschlagnahmte Vermögen, Rückstellungen und Entschädigungen in Oberösterreich, Band 17/1, Wien 2004, S. 257f; S. 381–398. Nina Höllinger: Vermögensentzug („Arisierungen") an Liegenschaften in Bad Ischl. In: betrifft widerstand 92, Juli 2009, S. 19–25.

10 O. A.: Der Nazi-Erpresser von Bad Ischl. In: Kurier, 6.7.2017.

11 Heimatblatt, Jg. 2 (1939), Nr. 3, S. 8.

12 Zit. nach Ellmauer, John, Thumser, S. 184.

13 Vgl. Maria-Theres Arnbom: Die Villen von Bad Ischl. Wenn Häuser Geschichten erzählen, Wien 2017, S. 151–157.

14 Stadt Bad Ischl, Stecknadeln der Erinnerung, https://www.bad-ischl.ooe.gv.at/Kultur_Freizeit/Kultur/Stecknadeln_der_Erinnerung

Bildnachweis:

© Edwin Husic, www.edwinhusic.com

ENGE

Quellenverweis:

Der Text stammt aus der Tetralogie „Lebenssee" des gebürtigen Ebenseers Walter Pilar, einer „Chronik des Provinziellen" (Walter Pilar: Lebenssee IV, Ritter Verlag 2018, S. 248).

Bildnachweis:

Steg Landungsplatz Ebensee, Ella Raidel, 2004 © Dietmar Tollerian

DER ENTHUSIAST

Anmerkung:

1 Marcuse, Ludwig: Heinrich Heine. Melancholiker, Streiter in Marx, Epikureer.

Bildnachweis:

© Edwin Husic, www.edwinhusic.com

ES WAR EINMAL UND SOLLTE WIEDER SEIN

Literatur:

Jürgen Osterhammel: Die Verwandlung der Welt. Eine Geschichte des 19. Jahrhunderts. München: C. H. Beck 2010.

Bildnachweis:

© 2022 studio77 metropa – grenzenlose und nachhaltige Mobilität in Europa, unterstützen Sie uns auf www.metropa.eu (links)

© 2023 studio77 exklusiv für SKGT'24 entworfener Plan eines (zukünftigen) ÖPNV-Netzes der Region Salzkammergut (rechts)

EX LIBRIS

Anmerkungen:

Auswahl Angelika Doppelbauer, Kuratorin Schrift- und Heimatmuseum Bartlhaus.

1 Werner Berg (1904–1981)
Exlibris Helga Scheicher
Holzschnitt
7,4 × 7,9 cm

2 Melly Bachrich (1899–1984)
Exlibris Paula Brüll
Radierung
15,8 × 12,6 cm

3 Hans Frank (1884–1948)
Alice Birnholz, A. B. 9 VI 35
Farbholzschnitt
16 × 12,1 cm

4 Prof. Werner Pfeiler (* 1941)
Exlibris Wilhelm Wiszkocsil
Stahlstich
9,2 × 7,6 cm

5 Karl Bauer (1868–1942)
Mein Buch V. R. (Valentin Rosenfeld)
mit Porträt von Friedrich Nietzsche und
Zitat aus Also sprach Zarathustra
Lichtdruck
9,4 × 8,9 cm

6 Franz Heinrichvon Blittersdorff
(1907–1983)
Exlibris Kardinal Dr. F. G. Piffl Fürsterzbischof
Lithografie
12,7 × 9,6 cm

7 Emil Bröckl (1906–1992)
Exlibris Lore Beissner
Weißlinienschnitt
6,5 × 5,1 cm

8 Emil Bröckl (1906–1992)
Exlibris Mia Bubnik
Linolschnitt
3,3 × 4,3 cm

9 Emil Bröckl (1906–1992)
Exlibris L
Holzschnitt
6,6 × 6 cm

10 Gerhard Brandl (1930–2021)
Exlibris J. H. A. Jansen
Holzschnitt
14,4 × 13,2 cm

11 Klemens Brosch (1894–1926)
Eigentum der Sparkasse Urfahr
Radierung
19 × 12,6 cm

12 Fritz Cernajsek (1910–1996)
Exlibris Max Fuchs
Klischee
12,9 × 8,5 cm

13 Gertrud Danner-Dehne (1898–1971)
Exlibris Dr. Stephan Licht
Radierung
14,3 × 11,6 cm

14 Hermann Deim (1901–1988)
Me suis adnumerant libris.
Dr Gertrud Spinnhirn
Radierung
11,5 × 10,5

15 Erhard Amadeus Dier (1893–1969)
Paula Kirsch
Radierung
18,3 × 13,3 cm

16 Erhard Amadeus Dier (1893–1969)
Dr Richard Singer
Radierung
17,3 × 12,6 cm

17 Josef Diveky (1887–1951)
Ex Libris Ida Roessler. Et ego in arcadia
Holzschnitt
12,1 × 7,5 cm

18 Josef Diveky (1887–1951)
Exlibris N. P. Thomsen
9,7 × 7,6 cm

19 Melly Bachrich (1899–1984)
Exlibris Claire Born
Radierung
17,7 × 13,8 cm

20 Hans Frank (1884–1948)
Ex Libris Hans Frank
Holzschnitt
11,1 × 9,9 cm

21 Alfred Cossmann (1870–1951)
Ex Libris Dr.is Leo Lippmann.
Glückseeligkeit der Narren, Loos der
Weisen
Kupferstich, Kaltnadel
19,9 × 16,3 cm

22 Alfred Cossmann (1870–1951)
Exlibris Dr.is Alfred Markowitz
Kupferstich, Kaltnadel
13,5 × 12,5 cm

23 Alfred Cossmann (1870–1951)
Ex Libris Friedrich Perutz
Radierung, Kaltnadel
15,8 × 10 cm

24 Ernst Dombrowski (1896–1985)
Ex Libris Helmut Lang
Holzschnitt
12,4 × 9 cm

25 Ernst Dombrowski (1896–1985)
Aus der Bücherei Helmut Kothbauer
Klischeedruck
9 × 7,4 cm

26 Hedwig Pauwels (* 1934)
Ex Libris Barbara und Werner Daniel
Radierung, Aquatinta
8,5 × 11 cm

27 Hedwig Pauwels (* 1934)
Ex Libris Florian Hausher
Radierung, Aquatinta
12 × 9 cm

28 Melly Bachrich (1899–1984)
Exlibris Hans Sachsel
Radierung
17 × 11,7 cm

Bildnachweise:

Sammlung Schrift- und Heimatmuseum
Bartlhaus

Werner Berg © VG Bild-Kunst, Bonn 2023

Cernajsek, Fritz © VG Bild-Kunst, Bonn
2023

FEMINISTISCHE GSTANZLN

Bildnachweis:

© Edwin Husic, www.edwinhusic.com

FEST IM SATTEL

Bildnachweis:

Selma Selman, Platinum, Performance,
2021, Nationalgalerie in Sarajevo © Damir
Šagolj

FILMWELTEN

Anmerkungen:

1 Offiziell schrieb sich die Kaiserin „Sisi";
doch die Film-Trilogie trägt den Titel
Sissi, weswegen ich im Folgenden auch
diese Schreibweise in Bezug auf die dort
dargestellte Figur der Kaiserin verwenden werde.

2 Der Film ist inspiriert von einem Broad-
way-Musical, das auf einer Operette von
Robert Stolz beruht, die wiederum von
einem Theaterstück inspiriert ist, das
Oscar Blumenthal und Gustaf Kadelburg
1896 in der Villa Blumenthal in der Nähe
von Ischl verfassten.

3 Tragischerweise beging die französische
Schauspielerin Estrella Blain später, wie
auch Romy Schneider aus der Sissi-Trilogie, Suizid.

4 Daniel Kehlmann bei seiner Poetikdozen-
tur-Eröffnung, 2014: „In diesen Nach-
kriegsfilmen wird eine Fratze des Wahnsinns sichtbar." Vgl. Peter Alexander
kennen. Frankfurter Rundschau vom 15.
01. 2019. unter: https://www.fr.de/frank-
furt/peter-alexander-kennen-11220291.
html

5 Der verwobenen Entstehungsgeschichte
dieser zwei Filme könnte man einen eige-
nen Essay widmen. Die amerikanische
Filmproduktion „The Sound of Music"
basiert auf den Memoiren von Maria
Augusta von Trapp, The Story of the
Trapp Family Singers (1949), die 1952 ins
Deutsche übersetzt wurden (Die Trapp-
Familie. Vom Kloster zum Welterfolg).
Diese Übersetzung war die Inspiration
des deutschen Heimatfilms „Die Trapp-
Familie" (1956) – dessen Geschichte drei
Jahre später, 1959, mit dem Musical „The
Sound of Music" für US-amerikanische
Bühnen adaptiert wurde.

Bildnachweise:

1–6, Marischka, Ernst: „Sissi-Trilogie", Teil 1,
Bad Ischl: Erma Film, 1955 (00:31:40/00:32:
53/00:34:34/00:48:09/00:50:36/00:51:42)

7–12, Jacobs, Werner: „Im weißen Rößl",
Sankt Wolfgang: Graf Filmproduktion, 1960
(01:19:10/00:49:05/00:48:47/00:48:35/00:4
8:35/01:24:18/00:12:44)

13–15, Leitner, Hermann: „Schlosshotel
Orth: Tag der Entscheidung", Gmunden: ZDF Satel Film und ORF, 1996
(00:30:58/01:07:38/00:53:56)

16–18, Wise, Robert: „The Sound of Music",
Salzburg und Umgebung: 20th Century Stu-
dios, 1965 (00:01:53/00:02:44/02:53:26)

19–21, Prochaska, Andreas: „In 3 Tagen bist du tot", Ebensee: Allegro Film, 2006 (00:31:25/01:28:00/01:25:32)

22–23, Roth, Thomas: „Tatort: Wahre Lügen", Wolfgangsee: ORF Cult Film, 2019 (00:03:14/00:03:43)

© Bernadette Wegenstein

Übersetzung:

Claire Schmartz, über Booklab GmbH, München.

FRAUENALLTAG IM SALZGEBIRG

Bildnachweis:

© Edwin Husic, www.edwinhusic.com

GEHEIMSACHE

Anmerkungen:

1 Karl Eder: Studien zur Reformationsgeschichte Oberösterreichs. Linz 1936, S. 280.

2 Franz Stüger: Aus einem Bürgerinventar 1571. In: Mitteilungen des Ischler Heimatvereins 18/1983, S. 22.

3 Vgl. Seite „Matthias Bernegger". In: Wikipedia – Die freie Enzyklopädie. Bearbeitungsstand: 28. August 2021, 17:50 UTC. URL: https://de.wikipedia.org/w/index.php?title=Matthias_Bernegger&oldid=215131458 (abgerufen: 20. August 2023, 09:36 UTC)

4 J. Wilhelm: Ein Seelsorgerleben im Barock. Pater Ignatius Querck (1660–1743). Graz: Diss. 1976.

5 Vgl. Michael Kurz: Die Salzburger Vertreibung und das Salzkammergut. In: Jahrbuch des OÖ Musealvereins 1. HJ 2007.

6 Ebd.

7 Vgl. hierzu: Michael Kurz: Die Gegenrevolution von 1853. In: Jahrbuch des OÖ Musealvereins 2004.

8 Vgl. Michael Kurz: „Nun ist die Scheidestunde da ...": die Emigration aus dem Salzkammergut im 19. Jhdt. nach Nordamerika; Geschichte einer Auswanderung. Salzburg: Dipl. 1999.

Bildnachweis:

© Edwin Husic, www.edwinhusic.com

GENIALES VERSTECK

Bildnachweis:

© Edwin Husic, www.edwinhusic.com

GLAMOUR

Quellenverweis:

Auszug aus einem unveröffentlichten Interview, das Peter Grubmüller, Kultur-Ressortleiter der *Oberösterreichischen Nachrichten*, im Juni 2023 mit Tom Neuwirth geführt hat.

Bildnachweis:

Conchita Wurst @ Lukas Feix WURSTTV.com

HABSBURG FOREVER

Quellenverweis:

Abdruck in verkürzter Form aus Le Grand Tour: Autoportrait de l'Europe par ses écrivains, herausgegeben von Olivier Guez, Edition Grasset 2022, 434 Seiten.

Bildnachweise:

© www.wirliebe.at, Shaki Korber

Flood, 2023 © Martin Kusch / Ruth Schnell

HANDWERK

Anmerkung:

1 Joseph August Schultes: Reisen durch Oberösterreich. Tübingen: I. Theil 1809, S. 33.

Bildnachweis:

© www.wirliebe.at, Shaki Korber

HIMMEL UND HÖLLE

Bildnachweis:

© Otmar Lahodynsky

JA, BITTE

Bildnachweis:

© Julia Kospach

JODELN

Anmerkung:

Audiodatei: Komponist: Trad/Hubert von Goisern Texter: Trad/Hubert von Goisern Verlag Blanko Musik GmbH

Bildnachweis:

© Julia Kospach

DES KAISERS GELD

Anmerkungen:

1 https://drw.hadw-bw.de/drw-cgi/zeige?index=lemmata&term=kammergut (Zugriff: 29.06.2023)
2 Weber, J.: Beschreibung der großen Saline in Gmunden in Oberösterreich und einige Gedanken über andere Salinen. Tübingen 1789, S. 42.

Bildnachweis:

Sammlung Michael Kurz

KERAMIK

Bildnachweis:

© Michael Maritsch, www.maritsch.com

KITSCH & KLISCHEE

Bildnachweis:

© Edwin Husic, www.edwinhusic.com

KOEXISTENZEN

Bildnachweis:

© Daniel Leitner, www.leitnerdaniel.com
Foto nach einer Idee von Julia Kospach

KREISLAUFWIRTSCHAFT

Anmerkung:

1 Marcel Proust: Auf der Suche nach der verlorenen Zeit. Frankfurt 1982.

Literatur:

Hubert Unterberger: Hallstatt im Wandel der Zeit. Marktgemeinde Hallstatt 1998.

Bildnachweis:

© Edwin Husic, www.edwinhusic.com

EINE LEDERHOSE IST EINE LEDERHOSE

Bildnachweis:

© Edwin Husic, www.edwinhusic.com

LEERSTAND & VERSIEGELUNG

Bildnachweis:

© Photographie Felix Friedmann

MA, IST DAS SCHÖN!

Quellenverweise:

Hugo von Hofmannsthal
Europa erlesen – Salzkammergut. Hrsg. v. Hubertus Czernin, Wieser Verlag 1998, S. 47

Joseph August Schultes, 1809
Joseph August Schultes: Ueber die vorteilhafteste Art das Salzkammergut zu bereisen, in: Reisen durch Oberösterreich in den Jahren 1794, 1795, 1802, 1804 und 1808. Tübingen: J. A. Cotta'sche Buchhandlung 1809, S. 1–8, gefunden in: Europa erlesen – Salzkammergut, hrsg. v. Hubertus Czernin, Wieser Verlag 1998

Peter Altenberg
Peter Altenberg: Der Landungssteg, in: Auswahl aus seinen Büchern von Karl Kraus. Neu herausgegeben von Christian Wagenknecht, Frankfurt am Main und Leipzig: Insel Verlag 1997, S. 43–45, gefunden in: Europa erlesen – Salzkammergut, hrsg. v. Hubertus Czernin, Wieser Verlag 1998

Alexander von Humboldt, 1797
Alexander von Humboldt in einem Brief an den Botaniker J. van der Schot, 28. Oktober 1797, gefunden im Salzkammergood-Blog, https://www.salzkammergood.at/alexander-von-humboldt/

Friedrich Simony, 1842
Friedrich Simony: Drei Dezembertage auf dem Dachsteingebirge (1842). In: Auf dem hohen Dachstein, Wien: Österreichischer Schulbuchverlag 1921, S. 9–27

Friedrich Torberg
Friedrich Torberg: Alt-Aussee oder Die Erfüllung eines Kindertraums (1978). In: Auch Nichtraucher müssen sterben, Wien: Langen Müller Verlag 1985, S. 133–136

Jakob Wassermann
Dietmar Grieser: Nachsommertraum, Donauland/Verlag Niederösterreichisches Pressehaus 1993, S. 37

Hugo von Hofmannsthal
Alfred Komarek: Ausseerland. Die Bühne hinter den Kulissen. Kremayr & Scheriau 2002, S. 167

Erzherzog Johann
Alfred Komarek, Ausseerland. Die Bühne hinter den Kulissen. Kremayr & Scheriau 2002, S. 9

Adalbert Stifter, 1834 über den Hallstätter See
Adalbert Stifter: Feldblumen. In: Ders.: Werke und Briefe. Historisch-kritische Gesamtausgabe. Hrsg. v. Alfred Doppler und Wolfgang Frühwald. Bd. 1/1. Stuttgart u. a. 1978 (= Studien. Hrsg. v. Helmut Bergner und Ulrich Dittmann), gefunden im Salzkammergood-

Blog, https://www.salzkammergood.at/tag/zitate/

Nikolaus Lenau, nach einer Traunstein-Besteigung am 7. Juli 1831 an seinen Bruder
Nikolaus Lenau: Sämtliche Werke. Briefe. Hrsg. v. Hermann Engelhard. Stuttgart 1959., S. 832 f., gefunden in den Oberösterreichischen Heimatblättern Heft 1/2, 62 (2008), https://www.land-oberoesterreich.gv.at/files/publikationen/KD_Heimatblatt_1_2_2008.pdf

Johannes Brahms, 1880 in einem Brief an Theodor von Billroth
Max Kalbeck: Johannes Brahms. Band 3, 2. Auflage, Berlin: Deutsche Brahms-Gesellschaft, 1913, S. 229–266, gefunden auf Zeno – Meine Bibliothek, http://www.zeno.org/Musik/M/Kalbeck,+Max/Johannes+Brahms/3.+Band/1.+Halbband/5.+Kapitel#Fu%C3%9Fnoten_14

Leo Perutz, 1950 aus dem Exil in Palästina zurückgekehrt nach Österreich, auf einer Postkarte
Salzkammergood-Blog, https://www.salzkammergood.at/st-wolfgang-der-schoenste-flecken-europas-literaten-am-wolfgangsee/

King Edward VII, 1881
(damals noch Prince of Wales)
Illustrierter Führer im Curorte Gmunden am Traunsee und dessen Umgebung, hrsg. v. Hanns Wolfsgruber, Mänhardt 1897, https://digi.landesbibliothek.at/viewer/fullscreen/AC07617484/15/, gefunden im Salzkammergood-Blog, https://www.salzkammergood.at/koenig-edward-traunsee/

Bildnachweis:
Sammlung Julia Kospach
Sammlung Otmar Lahodynsky
http://data.onb.ac.at/AKON/AK041_087,
http://data.onb.ac.at/AKON/AK060_367
© 2015 Österreichische Nationalbibliothek

NARZISSE

Bildnachweis:
© www.wirliebe.at, Shaki Korber

NEIN, DANKE

Quellenverweis:
Ausschnitt aus einem längeren Text, den Magdalena Stammler ursprünglich für eine Publikation des „Festivals der Regionen" (2021) geschrieben hat und der 2022 auch im Album der Tageszeitung *Der Standard* abgedruckt wurde. https://www.derstandard.at/story/2000136627933/aufs-landziehen-so-hab-ich-mir-das-nicht-vorgestellt

Bildnachweis:
© Edwin Husic, www.edwinhusic.com

NEXT GENERATION YOU

Bildnachweis:
© Florian Reischauer,
www.florianreischauer.com

OVERTOURISM

Anmerkungen:
Eine erste Version dieses Texts erschien 2017 im Nachrichtenmagazin *profil* https://www.profil.at/ausland/morgenpost-hallstatt-shanghai-attnang-puchheim-10862530

Bildnachweis:
© Julia Kospach

PARALLELWELTEN

Literatur:
Peter Altenberg: Das Buch der Bücher. Göttingen, Wallstein 2009.

Hermann Broch, Ruth Norden: Transatlantische Korrespondenz. 1934–1938 und 1945–1948. Frankfurt am Main, Suhrkamp 2005.

Bildnachweis:
© Maria Neumayr-Wimmer

QUEER

Bildnachweis:
Sammlung Kulturhauptstadt Europas Bad Ischl Salzkammergut 2024

DIE RÜCKKEHR

Anmerkungen:
1 Zweig, Stefan: Die Welt von gestern, Fischer Verlag, Frankfurt am Main, 1970, S. 19.

Quellenverweis:
Stephen Mautners Text ist die für dieses Buch adaptierte Fassung eines Beitrags, der in dem Sammelband „Restituiert. 25 Jahre Kunstrückgabegesetz in Österreich", hrsg. von Birgit Kirchmayr und Pia Schölnberger (Czernin Verlag 2023) erschienen ist; Schrif-

tenreihe der Kommission für Provenienzforschung 9, Wien 2023.

Bildnachweis:

© Elisabeth Schweeger

Übersetzung:

Claire Schmartz, über Booklab GmbH, München.

SALZBURG-CONNECTION

Anmerkungen:

1 Das wörtliche Zitat stammt aus: Alexander von Humboldt in einem Brief an den Botaniker J. van der Schot, 28. Oktober 1797, gefunden im Salzkammergood-Blog, https://www.salzkammergood.at/alexander-von-humboldt/

   Die Behauptung „Die Gegenden von Salzburg, Neapel und Konstantinopel halte ich für die schönsten der Erde" wird Humboldt lediglich zugeschrieben, ist aber frei erfunden, vgl. Robert Hoffmann: Die Entstehung einer Legende. Alexander von Humboldts angeblicher Ausspruch über die Stadt Salzburg. In: MGSLK 141/2001, S. 265–278, https://www.sn.at/wiki/Datei:Humboldt_Legende.pdf

2 Gefunden in: Peter Meier-Bergfeld: Volk begnadet für das Schöne? Zehn Jahre Korrespondent in Österreich. Norderstedt: Books on Demand 2003, S. 337.

3 Vgl. Walter Hermann: Das Ausseerland – Keimzelle der Salzburger Festspiele. In: Ders.: 75 Jahre Salzburger Festspiele. Bad Aussee 1995.

4 Max Reinhardts Denkschrift von 1917 zur Errichtung eines Festspielhauses, nachgedruckt in: Salzburger Nachrichten, 24. 4. 2017, https://www.sn.at/festspiele/salzburger-festspiele/max-reinhardts-denkschrift-von-1917-zur-errichtung-eines-festspielhauses-7870618

5 Martin Th. Pellner: Die Familien Redlich und Hellmann in Aussee, Teil 3. In: Alpenpost 9/2014. S. 18–19.

6 Nachzulesen in: Robert Kriechbaumer: Politiker und Impresario. Landeshauptmann Dr. Franz Rehrl und die Salzburger Festspiele. Göttingen: Vandenhoeck & Ruprecht 2021. (= Schriftenreihe des Forschungsinstituts für politischhistorische Studien der Dr. Wilfried-Haslauer-Bibliothek Bd. 78.)

7 Nachzulesen in: Salzburger Festspiele Archiv, 100 Jahre Friedensprojekt, https://archive.salzburgerfestspiele.at/blog/entryid/756

8 In: Dies.: Vom Fremdeln und vom Eigentümeln. Essays, Reden und Aufsätze über das Erscheinungsbild des Orients. Graz: Literaturverlag Droschl 2008.

Bildnachweis:

© adobe stock/Copula

SCHNEE

Bildnachweis:

© Edwin Husic, www.edwinhusic.com

SCHNÜRLREGEN, ADÉ

Bildnachweis:

© Hamish Fulton

SEE

Bildnachweis:

© Pia Fronia

SEHNSUCHT

Anmerkungen:

1 Arnold Schonberg, Notiz [ohne Titel], 1911; zitiert nach dem Manuskript am Arnold Schonberg Center, Wien, T53.26

2 Arnold Schönberg, Menschenrechte, Antwort auf eine Rundfrage der UNESCO im Vorfeld der Allgemeinen Erklärung der Menschenrechte am 10. Dezember 1948 in Paris; zitiert nach dem Typoskript am Arnold Schönberg Center, Wien, T31.01

Bildnachweis:

1 Garten
   Öl auf Pappe
   71,6 × 49,8 cm
   ca. 1906–1907
   Catalogue raisonné 141

   Arnold Schönberg Center, Wien
   © Belmont Music Publishers, Los Angeles

2 Drei Selbstportraits
   Bleistift und Tusche auf Papier
   25,8 × 31,9 cm
   ca. 1907–1909
   Catalogue raisonné 238

   Arnold Schönberg Center, Wien
   © Belmont Music Publishers, Los Angeles

3 Arnold Schönberg: Bearbeitung „Schmücke Dich, o liebe Seele", Choralvorspiel BWV 654 von Johann Sebastian Bach,

vollendet am 24. Juni 1922 in Traunkirchen

The Library of Congress, Washington, D.C. (Music Division)

4 Arnold Schönberg: Suite für Klavier, op. 25 komponiert am 24. Juli 1921 in Traunkirchen, Arnold Schönberg Center, Wien

5 Gertrude (Trudi), Mathilde und Arnold Schönberg Traunsee, 1907
Fotograf: Heinrich Schönberg
Arnold Schönberg Center, Wien

SISI 2 IM SPIEGELSAAL

Quellenverweis:

Im Spiegelsaal © Liv Strömquist & avant-verlag GmbH, 2021

TRAUNSEHER

Quellenverweis:

Hans Kienesberger, Walter Pilar, Peter Putz: Der Traunseher 1978–81 und die Bildmanufaktur Traunsee. Herausgegeben zur Ausstellung in der Kammerhofgalerie Gmunden vom 14. September bis 12. Oktober 2008 anlässlich des 80jährigen Bestehens der Künstlergilde Salzkammergut im Rahmen der OÖ. Landesausstellung SALZKAMMERGUT. Verlag Bibliothek der Provinz 2008, S. 8.

Bildnachweis:

Tableau „Walter Pilar mit Inschriften auf Soleweg", © Peter Putz, www.ewigesarchiv.at

Walter Pilar am „Solesträhn" in der Ebenseer Ortschaft Langwies mit Inschriften französischer Kriegsgefangener, die er im Jahr 1980 entdeckt hatte. Langwies | AT · 1980–2015 (© PP · Ewiges Archiv). Französische Kriegsgefangene hatten bei Ausbesserungsarbeiten am Soleweg im Jahr 1940 (s. li. ob.) in den frischen Mörtel die Jahreszahl und die Orte ihrer Herkunft eingeritzt, u.a. Paris, Cahors, Douai... Diese Inschriften wurden für den Film „Müchhoin" (Milchholen) – siehe Video „Walter Pilar – Schriftsteller" – im Jahr 1980 von Peter Putz auf 16- mm-Film dokumentiert (SW-Fotos). Jahre später fand Walter Pilar die abgefallenen „Mörtelbänder" am Weg und stellte sie sicher (Farbfotos). Diese Mörtelbänder wurden dem Zeitgeschichte Museum übergeben.

Veröffentlichter Text zu den o.g. Inschriften: III. 4.2. Die Geschichte von einem Zufallsfund. In: Walter Pilar, Lebenssee, 3. Welle, Wandelalter Ritter Verlag, Klagenfurt und Graz, 2015, S. 185ff.

ÜBERLEBEN

Literatur:

Wolfgang L. Reiter. How did Meyer survive? Wie der jüdische Physiker Stefan Meyer die NS-Diktatur überlebte, Czernin-Verlag, Wien 2022, S. 200.

Bildnachweis:

Motoi Yamamoto
Labyrinth Roppongi Art Night
Tokyo 2016
© Motoi Yamamoto

VERGESSENER SALON

Anmerkungen:

1 *Das interessante Blatt*, 3. 7. 1930, S. 20.

2 Eugen Antoine: Eine österreichische Sommerfrische. Zit. in: Hans Deichmann: Leben mit provisorischer Genehmigung. Berlin 1988, S. 175.

3 Nachlass Adele Schreiber, Bundesarchiv Koblenz, Mappe 1, Blatt 32–27, Begegnungen und Erinnerungen.

4 Das Buch steht digital zur Verfügung: https://daten.digitale-sammlungen.de/0010/bsb00104874/images/index.html?id=00104874&groesser=150%%&fip=193.174.98.30&no=&seite=14

5 Vgl. Gmundens Schätze, https://www.gmundens-schaetze.at/villen-toscana.html

6 Margarete an Hermine, o.D., ca. 1920. Zit. bei: Ursula Prokop: Margaret Stonborough-Wittgenstein. S. 145f.

Bildnachweis:

© Edwin Husic, www.edwinhusic.com

EINE VOGELGESCHICHTE

Quellenverweis:

Franz Kain: Das Schützenmahl. Geschichten. Ausgew. von Helga Thron. Berlin; Weimar: Aufbau-Verlag 1986.

© Aufbau Verlage GmbH & Co. KG. Berlin 1986, 2008

Bildnachweis:

©www.wirliebe.at, Shaki Korber

VON EINEM, DER AUSZOG, UM WIEDERZUKEHREN

Bildnachweis:

© Julia Kospach

WALD

Quellenverweis:

Bodo Hell: Begabte Bäume, Graz: Droschl 2023, S. 32–35.

WARTEN AUF FRAU WOLF

Bildnachweis:

Sigalit Landau, Salted Lake, 2011
Video, 11:05 min.
© Siglait Landau

WIDERSTAND

Literatur:

Albrecht Gaiswinkler: Sprung in die Freiheit. Wien: Ried-Verlag 1947.

Helmut Kalss: Widerstand im Salzkammergut – Ausseerland. Graz: Uni., Dipl.-Arb. 2005.

Peter Kammerstätter: Material-Sammlung über die Widerstands- und Partisanenbewegung Willy-Fred im oberen Salzkammergut – Ausseerland 1943–1945. Linz: Eigenverlag 1978.

Sepp Plieseis: Vom Ebro zum Dachstein. Lebenskampf eines österreichischen Arbeiters. Linz: Verlag Neue Zeit 1946. Neuauflagen als Sepp Plieseis: Partisan der Berge. Wien: Globus-Verlag 1987.

Christian Topf: Auf den Spuren der Partisanen. Zeitgeschichtliche Wanderungen im Salzkammergut. Wien: LIT Verlag 2018.

Bildnachweise:

© Petra Zechmeister
Japan House, S.o Paulo, Brazil, Photo by Augusto Costa © VG Bild-Kunst, Bonn 2023 und Chiharu Shiota

ZIEHHARMONIKA

Bildnachweis:

Mit freundlicher Genehmigung des Künstlers, LAYR, Wien und Galerie Thaddaeus Ropac, Paris/Salzburg/London/Seoul.
© Nick Oberthaler

Glossar

Aberseer Schleuniger ~ Der „Schleunige" – in alten Handschriften auch „Schleinige" genannt – ist eine ausschließlich im Salzkammergut verbreitete Spiel- und Tanzform. Eine spezielle regionale Variante des Schleunigen findet man rund um den Wolfgangsee, etwa in Abersee. Mit einer Dauer von zehn bis zwölf Minuten ist der Aberseer Schleunige ein sehr langer und komplexer Tanz. Er ist seit 2014 Teil des immateriellen Weltkulturerbes der UNESCO.

Ahn'l-Sonntag, auch **Ahnlsonntag** ~ Enkerlsonntag (Ahn = Vorfahr, Ahnl = Enkel), ist der erste Sonntag nach Ostern; an diesem Tag ist es Brauch, dass Kinder ihre Großeltern besuchen und von ihnen sogenannte „Ahnlkipferl" geschenkt bekommen.

Altausseer Kiritog, auch **Altausseer Bierzelt** ~ ist ein großer Kirtag, der jährlich am ersten Wochenende im September stattfindet

Ausseer Trommelweiber ~ sind Figuren des Ausseer Faschings; nämlich Männer mit Frauenmasken in weißen Gewändern

aper ~ süddeutsch, schweizerisch, österreichisch für schneefrei; z. B.: apere Wiesen

auflatteln ~ österr.-bayerisch für Latten befestigen

aufrichten ~ hier: eine Vogelfalle aufstellen

austadeln ~ Austadeln ist ein Element des Ebenseer Fetzenzuges (→ **Fetzenzug Ebensee**), der als gesellschaftliche Praktik seit 2011 Teil des immateriellen UNESCO-Weltkulturerbes ist. Unter dem Schutz des Kostüms sagen die Fetzen mit verstellter Stimme Mitbürgerinnen und Mitbürgern die Meinung und treiben Späße mit ihnen.

Båder-Jågerl, auch **Badern-Jagerl** ~ ist eine der zwei Figuren, die den Faschingsumzug in Ebensee traditionell anführt; die zweite ist seine Frau Gertraud. Beide sind Grotesk-Figuren, deren Herkunft nicht genau überliefert ist. Seine Kleidung könnte auf die Zeit der Franzosenkriege hinweisen. Seinen Namen hat der Badern-Jagerl von einem Ischler Bader (= Friseur), dessen Name Jakob (kurz: Jagerl) war und bei dem er über viele Jahre eingestellt und gepflegt wurde. Die beiden Originalfiguren befinden sich heute im Museum der Stadt Bad Ischl und werden seit 1997 beim Umzug mit Kopien ersetzt.

Blattblätschn ~ Blätsche = bayerisch-österr. für großes Blatt, hier als verstärkende Verdopplung verwendet.

Blondinenball ~ ein Bad Ischler Faschingsball im k. u. k. Hofbeisl, den es seit 2010 gibt. Viele Gäste verkleiden sich dafür als Blondinen.

brandig ~ österreichisch umgangssprachlich für durstig sein am Tag nach einem Rausch.

Bschoad-Binkerl, das ~ österreichische regionale Variante für Proviantbeutel

Dåsiger, der ~ Dialektwort für Einheimischer, Hiesiger

Dorfrichter Gößl ~ Die Bauern von Gößl am Grundlsee wählen seit dem Mittelalter jedes Jahr einen Dorfrichter aus ihren Reihen. Bei etwaigen Streitereien lädt er zu einer Zusammenkunft, wo das Problem ausdiskutiert und meist eine außergerichtliche Lösung gefunden wird. Der Dorfrichter ist auch verantwortlich für Organisation und Durchführung gemeinschaftlicher Arbeiten im Wegebau und Ähnlichem.

Er hat allerdings keine juristische Funktion im heutigen Sinn.

Echoblasen ~ Das Echoblasen am Almsee und anderen Seen des Salzkammerguts ist ein musikalischer Brauch während der Sommermonate, bei dem es darum geht, Felswänden ein Echo zu entlocken oder weit übers Wasser hin getragener langsamer Bläsermusik zu lauschen.

Echtolos ~ anderer Ausdruck für Zugereiste

Eitzerl, das ~ österreichisch für eine Kleinigkeit

Erdäpfelschmarrn ~ gekochte Kartoffeln, die blättrig geschnitten oder gestampft und dann in Fett gebraten werden (Erdäpfel = österreichisch für Kartoffel).

fesch ~ umgangssprachlich für flott, schneidig, gutaussehend

Fetzenverbrennen mit Brieftaschlwaschn ~ Das Fetzenverbrennen ist Teil des Faschings in Ebensee (→ **Fetzenzug Ebensee**) und findet am Aschermittwoch statt. Die Fetzenfigur, die den Ebenseer Fasching symbolisiert, wird unter Trauermusik in die Traun verbannt. Dabei erfolgt auch das „Brieftaschlwaschn", ein Symbol dafür, dass man den Fasching ausgiebigst gefeiert hat und wirklich kein Geld übrig geblieben ist. Im Anschluss gibt es den Heringsschmaus.

Fetzenzug Ebensee ~ Der Ebenseer Fetzenzug ist ein jährlich am Faschingsmontag in Ebensee stattfindender Faschingsumzug. Die Teilnehmer*innen, die sogenannten „Fetzen", kleiden sich in alte Frauengewänder, an die Lumpen genäht sind. Sie tragen einen Fetzenhut sowie eine kunstvoll geschnitzte Holzmaske. Wesentliches Element des Fetzenzuges ist das sogenannte „Austadeln" (→ **austadeln**) der Zuschauer*innen. Der Ebenseer Fetzenzug ist seit 2011 Teil des immateriellen Weltkulturerbes der UNESCO.

Fleckerlteppich ~ bayrisch und österreichisch für Teppich aus Stoffstreifen

Flinserl, das ~ österreichisch umgangssprachlich für Flitter; glitzerndes Metallplättchen (als Ohrschmuck)

Gamsfrack, auch **Gamsfrackl** oder **Ausseer Gamserlrock** ~ ist ursprünglich ein Männerkurzrock aus Loden, der mittlerweile auch für Damen erhältlich ist. Als ergänzende Hose trägt man zu dieser Tracht eine kurze Ausseer Lederhose mit grünen Stutzen.

Georgiritt ~ bezeichnet eine Pferde-Wallfahrt zu Ehren des heiligen Georg; sie findet alljährlich in verschiedenen Orten insbesondere in Bayern sowie in Österreich rund um den Gedenktag des heiligen Georg (am 23. April) vor allem bei diesem Heiligen geweihten Kirchen oder Kapellen statt. Festlich geschmückte Pferde und Wagen ziehen zum Gotteshaus, das dann oft (mehrmals) umritten wird.

Gfrast, das ~ bayrisch, österreichisch umgangssprachlich für Fussel; Nichtsnutz

Glöcklerläufe ~ finden jährlich am 5. Januar statt und wurden von der UNESCO 2010 als Teil des immateriellen Kulturerbes anerkannt. Glöckler sind Schönperchten, gute Lichtgeister, die in weißen Gewändern mit Kuhglocken auf dem Rücken und riesigen, farbenprächtigen, beleuchteten Kappen auf dem Kopf von Haus zu Haus ziehen und die bösen Geister in der letzten Winterraunacht vertreiben sollen. Begleitet werden sie vom Absammler sowie den so genannten Spionen, die für die Betreuung der Kappen zuständig sind. Die Lichterkappen sind die eigentliche Attraktion. Sie werden während des Jahres von den Glöcklerpassen (Passen = Gruppen) in Handarbeit gefertigt. Ausgehend von Ebensee verbreitete sich das Glöcklern über das gesamte Salzkammergut und einige angrenzende Regionen. Es gibt auch eigene Kinder- und Jugendpassen. In den letzten Jahren kommen auch immer mehr Glöcklerinnen hinzu.

Goldhauben ~ ist der Überbegriff für verschiedene zu Trachten gehörige Hauben der Frauen im Süden Deutschlands und in Österreich. Sie wurden ab dem 17. Jahrhundert von den Bürgerinnen in den Städten getragen, später auch auf dem Land. Charakteristisch sind die seidenen und goldenen eingewebten Fäden, Gold- und Paillettenstickerei, Lahn und Flitter. Wegen des hohen Arbeitsaufwands (bei einer Riegelhaube z. B. über 300 Stunden) und der entsprechend hohen Kosten werden sie fast ausschließlich in Eigenarbeit gefertigt. Die Kunst der Herstellung der Linzer Goldhaube ist seit 2016 Teil des immateriellen Weltkulturerbes der UNESCO.

Gosinger Schaftag ~ (→ **Schafmusterung**)

Griaß di, pfiat di Gott ~ Dialektausdruck für „Grüß Gott, Gott behüte dich"

Großkopferte ~ bairisch, umgangssprachlich, leicht abwertend für 1. mächtige, einflussreiche Person des öffentlichen Lebens, besonders aus den Bereichen Politik und Wirtschaft; 2. weibliche Person mit akademischer Ausbildung

gschmackig ~ österreichisch für wohlschmeckend; nett; kitschig

Gstanzln, Gstanzlsingen ~ Das **Gstanzl** ist eine bayerisch-österreichische Liedform, meist als epigrammartiger Spottgesang. Das typische Gstanzl (italienisch stanze = Strophe) ist ein Vierzeiler, wobei sich die erste auf die zweite (Paarreim) oder auf die dritte Zeile (Kreuzreim) reimen kann. **Gstanzlsingen** ist eine typische Form gesellschaftlichen Beisammenseins und reicht vom privaten oder Wirtshaussingen bis hin zu Feiern und Publikumsveranstaltungen.

Handsemmerl ~ ist ein Dialektausdruck für ein von Hand gefertigtes Brötchen (Semmel = österreichisch, bayerisch für ein aus Weizenmehl gefertigtes Brötchen)

Heimatwerk ~ selbständige, öffentlich-rechtliche Einrichtungen in den einzelnen österreichischen Bundesländern, deren Zielsetzung die Pflege „überlieferter Volkskunst, traditioneller Erzeugnisse des Handwerks und der Volkstracht" (Satzung) ist.

hinnig ~ umgangssprachliche, regionale Variante für hin, kaputt

Ist die wo an'grennt ~ österreichisch umgangsprachlich für „Ist die blöd?"

Jopperl, das ~ Verkleinerungsform von Joppe (= Jacke)

Haferlschuhe ~ Der Haferlschuh ist ein traditionelles Schuhmodell, das als Arbeitsschuhwerk der Bevölkerung der östlichen Alpenregionen gebräuchlich war und ist. In Bayern nennt man dieses Schuhmodell auch Bundschuh, in Österreich Schützenschuh. Der Haferlschuh ist zwar Teil vieler alpenländischer Trachten, aber auch ein ganz normaler Alltagsschuh.

Hahnfeder ~ Feder vom Auerhahn

Herrgottswinkel ~ süddeutsch, österreichisch, schweizerisch für Ecke, die mit dem Kruzifix geschmückt ist

hineinkraxeln ~ umgangssprachlich für mühsam in etwas hineinsteigen; hineinklettern

Holzmessen ~ Ausmessen der Kubatur von Holzstößen

kalfatiert, von kalfatern ~ Seemannssprache für (die hölzernen Wände, das Deck eines Schiffes) in den Fugen mit Werg und Teer oder Kitt abdichten

Kiah ~ Dialektform von Kühe, Plural von Kuh = weibliches Rindvieh

Kirtag, der, auch Kirtog oder **Kiritog** ~ bayrisch, österreichisch für Kirchweih

knopfert ~ Dialektausdruck für stur, zugeknöpft, hartnäckig

Kogel, der ~ ist ein niedriger Berg mit eher abgerundetem Gipfel

Koller ~ „einen Koller bekommen" ist umgangssprachlich für „einen Kollaps bekommen", ausflippen

Krambamperlbrennen ~ Krambamperl ist die regionale Variante von Krambambuli (auch: Crambambuli), einer Spirituose, bestehend aus Branntwein und Auszügen von Wacholderbeeren. Mit dem Krambamperl-Brennen bedanken sich die Wirte des Inneren Salzkammergutes bei den Stammgästen für ihre Treue. Es findet jährlich am Stephanitag (26. Dezember) statt. Das randvolle Glas (üblicherweise eine Halbe, da der Krambambuli in größerer Runde verkostet wird) wird mit einem Fichtenspreißel entzündet und über das bläuliche Flämmchen wird eine Gabel gehalten, auf der Zuckerstückchen liegen. Diese tropfen durch die Flamme in den Schnaps, wo sie als braune Klümpchen zu Boden sinken. Sobald das süße Getränk eine sattbraune Farbe erhalten hat, wird es herumgereicht und heiß getrunken. (Brauchtum)

Kripperlroas ~ Nachdem 1782 Kaiser Joseph II. den Kirchen per Hofdekret das Aufstellen von Krippen verboten hatte, wurden Krippen selbst gefertigt und zu Hause aufgestellt. Im Salzkammergut des 19. Jahrhunderts entwickelte sich eine spezifische Form des Krippenwesens: die figurenreiche, überdimensional große, raumfüllende Landschaftskrippe („Krippö"). Der alljährliche Aufbau der Krippen in Privathäusern findet meist am 8. Dezember (Maria Empfängnis) statt. Sie können im Rahmen der Kripperlroas von hausfremden Personen bis 2. Feber (Maria Lichtmess) besichtigt werden. Das Aufstellen und der Besuch der Landschaftskrippen ist seit 2015 Teil des immateriellen Weltkulturerbes der UNESCO.

Kropfband ~ Ein Kropfband ist als Schmuckstück Teil der bayerischen und österreichischen Tracht. Es zeichnet sich durch besondere Breite aus und wird eng am Hals anliegend getragen. Seinen Ursprung soll es im Salzburger Land haben. Der dortige Jodmangel führte seit Jahrhunderten gehäuft zur Vergrößerung der Schilddrüse, dem sogenannten Kropf (Struma). Mindestens seit dem 19. Jahrhundert wurden von den Frauen zu festlichen Anlässen Kropfbänder getragen, die entweder den Kropf selbst oder aber die Narben nach einer Kropf-Operation verdecken sollten.

Landler ~ Der Landler oder Ländler (Ländlertanz) ist ein Volkstanz von meist mäßig geschwinder Bewegung und heiterem Charakter, häufig mit Armfiguren, verbreitet in Süddeutschland, Schweiz, Österreich und Slowenien. Meist wird er als Paartanz getanzt, es gibt aber auch Gruppentänze. Der Ländler war bis zum 19. Jahrhundert vielerorts der wichtigste und gebräuchlichste Tanz. Der Rhythmus des Tanzes steht meist im ¾-Takt, selten im Zweiviertel-Takt (Salzkammergut-Landler, Mühlviertel) oder verzogenem 7/8-Takt (Innviertler Landler). Die Tanzschritte zum Landler werden häufig improvisiert, begleitet wird das Tanzen häufig von Gstanzl-Singen (→ **Gstanzl**), Jodeln, Paschen oder Stampfen.

Lederhose ~ meint im Sinne der bayerischen Krachledernen eine kurze, aus Leder gefertigte Hose als Teil der männlichen Tracht. Typisch für Trachtenlederhosen sind die Bestickung und der Hosenlatz, das Hosentürl, der angeblich auf die Schamkapsel, einen von 1400 bis zur 2. Hälfte des 16. Jahrhunderts in Europa allgemein üblichen Teil der Männerkleidung, zurückgeht. An beiden Seiten, oder nur einseitig, meistens rechts, ist an der Lederhose üblicherweise eine Messertasche angebracht, die den Nicker, das Jagdmesser, ein anderes Messer oder ein Fuhrmannsbesteck aufnimmt.

Leonhardi-Ritt, auch **Leonhardi-Fahrt** ~ ist eine Prozession zu Pferde, die zum Brauchtum in Altbayern und Westösterreich zählt. Sie findet zu Ehren des heiligen Leonhard von Limoges (6. Jh.) an seinem Gedenktag, dem 6. November, oder einem benachbarten Wochenende statt. Als Schutzpatron der landwirtschaftlichen Tiere, heute vor allem der Pferde, werden zu Leonhardi Wallfahrten mit Tiersegnung unternommen.

Lichtbratl-Montag in Bad Ischl ~ Der Lichtbratlmontag bezieht sich auf einen Brauch, bei dem früher Meister ihren Mitarbeitenden ein „Bratl" spendierten, da an diesem Tag erstmals wieder mit künstlichem Licht gearbeitet werden musste. Gefeiert wird er am ersten Montag nach dem Michaelistag (29. September). Heute handelt es sich beim Lichtbratlmontag in Bad Ischl um ein festlich begangenes Jahrgangstreffen mit Umzug für die runden Geburtstage (50er, 60er, 70er und älter) der Ischler*innen. Bedingung für die Teilnahme am Umzug ist, dass die runden Jubilar*innen entweder in Bad Ischl geboren wurden, dort ihren

Hauptwohnsitz haben oder dort in die Schule gegangen sind.

2011 wurde der Lichtbratlmontag in Bad Ischl von der UNESCO als immaterielles Kulturerbe anerkannt.

Liebstatt-Sonntag in Gmunden ~ wird jedes Jahr am vierten Fastensonntag begangen. Verzierte Lebkuchenherzen werden an diesem Tag als Zeichen der Liebe verschenkt („Liabb'státt'n" = Liebe bestätigen). Schon einige Wochen vor dem Liebstatt-Sonntag werden die Liebstattherzen selbst gebacken und verziert oder bei Gmundner Konditorinnen und Konditoren gekauft. Auch im übrigen Salzkammergut werden am Liebstatt-Sonntag verzierte Lebkuchenherzen verschenkt. Der Brauch wurde von der UNECO 2014 in die Liste des immateriellen Weltkulturerbes aufgenommen.

Lock, die ~ Kurzform von Lockvogel

Lysol ~ Lysol ist der Markenname eines Desinfektionsmittels, das heute von dem britischen Konzern Reckitt Benckiser vertrieben wird. Der Name wird sowohl für das ursprüngliche Reinigungskonzentrat benutzt als auch für Raumspray und Reinigungstücher.

Maridi ~ dialektale Form von Maria

Mondseeländer Weiberroas ~ ein relativ neuer Frauen-Faschingsbrauch in Form einer Tour von Lokal zu Lokal

Narzissenfest ~ Das Narzissenfest ist das bekannteste Blumenfest Österreichs und findet im Ausseerland jährlich seit 1960 im Frühjahr (Ende Mai, Anfang Juni) statt. Die Stern-Narzissen des Salzkammerguts besitzen weiße, duftende Blüten und wachsen in der Region auf den Wiesen, welche durch eine weniger intensive Landwirtschaft bewirtschaftet werden. Die Narzissenfiguren werden seit 2023 nur mehr an Land ausgestellt. Davor gab es zudem auch einen Bootkorso, abwechselnd auf Grundl- oder Altausseersee. Insgesamt dauert das Fest vier Tage.

net von do ~ Dialektform von „nicht von hier", also „nicht einheimisch"

Neujahrsblasen ~ bezeichnet einen Neujahrsbrauch, der heute vor allem in Süddeutschland, im Alpenraum und im Erzgebirge von Musikkapellen zum Jahreswechsel gepflegt wird. Insbesondere in kleineren Gemeinden gehen Gruppen von Musikern traditionell von Haus zu Haus, um den Bewohnerinnen und Bewohnern mit einer musikalischen Darbietung Neujahrsgrüße zu übermitteln sowie Zuleistungen in Form einer Spende zu erhalten. Historisch handelt es sich um eine alte Tradition der Stadtpfeifer, denen zum Jahreswechsel erlaubt wurde, mit einem Umgang von Haus zu Haus ihr Gehalt aufzubessern.

Nikolospiel mit Strohschab-Figuren in Bad Mitterndorf ~ ist ein Stuben- und Umzugsspiel, das jährlich am 5. Dezember am Mitterndorfer Hauptplatz dargeboten wird. Das Nikolospiel setzt sich aus verschiedenen Figuren zusammen, die zwischen den Aufführungsorten einen Umzug bilden. Zwischen den Aufführungsorten bilden die Figuren einen langen Maskenzug, der von in Stroh gehüllten Gestalten, mit fünf Meter langen Hörnern, den sogenannten **Schab** angeführt wird. Gemeinsam mit ihren Goaßln, im Achtertakt schnalzend machen sie den Weg frei für die einzelnen Figuren des Spiels. Das Nikolospiel Bad Mitterndorf wurde 2020 von der UNESCO in die Liste des immateriellen Weltkulturerbes aufgenommen.

Obertrauner Oaradln ~ In der Gemeinde Obertraun gilt die Nacht von Ostersonntag auf Ostermontag als Unruhnacht. Grundsätzlich wird Schabernack getrieben und zur Ordnung gemahnt. Was an Gerätschaften nicht festgemacht oder nicht versperrt ist, wird verschleppt. Das Oaradln setzt aber voraus, dass alle eingesammelten Gegenstände Räder haben müssen. Weiters dürfen die Gerätschaften nur ohne Leiter auf Dächer, Bäume etc. gesetzt werden.

Paschen ~ Unter Paschen versteht man gemeinsames rhythmisches Klatschen der Burschen und Männer im österreichisch-bayrischen Raum. Am weitesten verbreitet ist das Paschen im Salzkammergut, wobei zwischen dem steirischen, oberösterreichischen und salzburgischen Teil des Salzkammergutes gravierende Unterschiede in Rhythmik und Aufbau sowie Leitmusik bestehen. Dieses hochstilisierte Klatschen wird bis heute traditionell nur von Männern ausgeführt. Gepascht wird traditionell als Mittelteil zu einem gesungenen – oft spöttischen – Gstanzl (→ **Gstanzl**), im Rahmen eines Volkstanzes (Landler (→ **Landler**), Steirischer (→ **Steirischer**) und andere), oder allgemein im Singen von geeigneten Volksliedern, oft auch wechselweise mit Jodeln (textloser Brust-/Falsettgesang) und begleitet von Juchitzern (melodiöse Schreie). Dabei gibt es einen Vorpascher, der die Kommandos gibt und die anderen Pascher in der Rhythmik anleitet.

Patschenkino, das ~ österreichisch umgangssprachlich veraltend, auch scherzhaft für Fernsehen

pfachtlig ~ Dialektausdruck für handwerklich geschickt und versiert

Pfeifertag ~ Seit 1925 treffen sich jedes Jahr am Hohen-Frau-Tag (Maria Himmelfahrt, 15. August) Schwegelspieler*innen zwischen Bad Aussee und Ebensee. Der genaue Austragungsort wechselt jährlich und wird nur durch Mundpropaganda weitergegeben. Schwegel oder Seitelpfeife wird die hölzerne, klappenlose Querflöte mit sechs Grifflöchern und einem Mundloch genannt. Ursprünglich in der Militärmusik verwendet, ist die Seitelpfeife heute ein beliebtes Volksmusikinstrument, das im Salzkammergut zusammen mit Landsknechttrommeln den Hauptbestandteil der Schützenmusik bildet.

Piccolo, auch Pikkolo ~ Die im 19. Jahrhundert aufkommende Bezeichnung für den „Kellnerlehrling" geht auf Italienisch piccolo = „klein" zurück. Der Pikkolo ist also eigentlich „der Kleine". Der Ausdruck wird heute nicht mehr verwendet.

Plätte bzw. **Malerplätte** sowie **Malerzille** ~ Plätten (in Hallstatt auch Fuhr genannt) sind die traditionell kiellosen, hölzernen Arbeitsschiffe, die im Alpen-Donauraum für die verschiedensten Anwendungen genutzt werden.

Die Plätten zeichnen sich durch ihre unverwechselbare Spitze nach vorne aus, die man „Gransel" oder „Gansing" nennt. **Zillen** gehören zur Gruppe der Kaffenkähne, die sich durch die spitz zusammenlaufenden Rumpfenden auszeichnen. Der Unterschied zwischen Zille und Plätte besteht hauptsächlich in der Bauform: Während die Zille an beiden Enden spitz zusammenläuft, besitzt die Plätte ein ausladendes Heck. Das Bauen von Plätten/ Fuhren am Hallstätter See ist seit 2020 Teil des immateriellen Weltkulturerbes der UNESCO.

Platzlsingen ~ Unter Platzlsingen versteht man den Brauch des gemeinsamen Singens an öffentlichen Plätzen der Gemeinde (Platzl = umgangssprachliche Verkleinerungsform von Platz) von Chören und Gesangsgruppen zu bestimmten Anlässen.

Portiunkula-Markt, auch Portiuncula-Markt oder je nach Dialekt **Patschungerlmarkt/Patschunkerlmarkt** ~ ist ein Traditionsmarkt, der in mehreren Orten Österreichs, etwa in Gmunden, um den 2. August stattfindet. Er geht zurück auf die Einweihung der Kapelle Santa Maria degli Angeli (volkstümlich genannt Portiuncula), die sich drei Kilometer unterhalb von Assisi in Italien befindet, und später auf die Abschaffung der Ablassprivilegien. Alle Kirchenbesucher*innen konnten an diesem Tag den sogenannten Portiunkula-Ablass erwerben.

Priem ~ Kautabak

Ratschen-Kinder ~ Das Ratschen ist ein Brauch, der in katholischen Gegenden in der Karwoche gepflegt wird. Dabei ziehen Kinder (meist Ministranten) mit hölzernen Lärminstrumenten durch die Straßen der Dörfer und Stadtteile, um die Gläubigen mit unterschiedlichen Sprüchen an die Gebetszeiten und Gottesdienste zu erinnern. Die Ratsche ist ein hölzernes Schrapinstrument, es werden aber auch andere Bauformen verwendet. Das Ratschen in der Karwoche wurde 2015 von der UNESCO als immaterielles Kulturerbe in Österreich anerkannt.

reifige Nächte ~ meint Nächte, in denen es zur Bildung von Reif kommt

Ruabnfeldsunntag ~ Der Ruabnfeldsunntag in Gößl am Grundlsee ist eine Art Erntedankfest. Nach Abernten der Felder braten Kinder Kartoffeln (Erdäpfel) auf dem offenen Feuer und bewirten Nachbarinnen und Nachbarn, Besucher*innen und Dorfbewohner*innen mit Tee.

rupfig ~ zerrupft, zerfleddert

Schafmusterung, vor allem aber **Lamplmusterung** genannt ~ Was für die Kühe der Almabtrieb, das ist für die Schafe der Schaftag oder auch die Schafmusterung vor Michaeli, also vor dem 29. September. Sämtliche Schafe werden dabei in den großräumigen Weidegebieten ausfindig gemacht und am Sammelplatz in ein Gehege, die „Pferch", zusammengetrieben, damit alle Besitzer*innen ihre Tiere wiederfinden.

Schilper oder **Tschilper** ~ ist ein Vogellaut

Schlafende Griechin ~ ist der Volksname des Erlakogls am Ostufer des Traunsees, da seine Silhouette aus der Entfernung an ein klassisch-griechisches Frauenprofil mit wallendem Haar erinnert

Schlag ~ hat vielerlei Bedeutung, im Forstwesen meint es eine Fläche im Wald, wo Bäume gefällt worden sind, oder das Fällen einer Anzahl von Bäumen auf einmal.

schlapfen ~ schlurfend gehen. Das Verb ist eine Abwandlung des Substantivs Schlapfen, das umgangssprachlich, bayrisch, österreichisch: bequemer, hinten zumeist offener, Hausschuh oder Straßenschuh aus weichem Material meint.

Schnabel ~ Kurzform für Exemplar der Vogelgattung Kreuzschnäbel

Schnürlregen oder **Salzburger Schnürlregen** ~ bezeichnet eine spezifische Form des Sprüh- oder Nieselregens, die insbesondere im Salzkammergut – wegen der Nordstaulage – häufig vorkommt und zumeist länger anhält.

Schuhplatteln ~ Schuhplattler bzw. Schuhplatteln ist der Name eines Tanzes aus dem Ostalpenraum. Der sich durch charakteristische Handschläge auf Oberschenkel und Schuhe auszeichnende Tanz ist aus dem Ländler (**→ Landler**) entstanden. Aus dem mit regionalen Unterschieden ursprünglich in relativ freien Formen dargebotenen Einzelpaartanz, bei dem der Bursche das mit ihm tanzende Mädchen umwarb, wurde in der heutigen Praxis ein meist zu Schauzwecken aufgeführter, weitgehend standardisierter Gruppenpaartanz ohne weibliche Beteiligung.

Schützenmahl ~ Das Schützenmahl ist der Höhepunkt jedes Schützenjahres und wird meist an einem Sonntag gefeiert (dies ist allerdings jedem Schützenverein selbst überlassen). Das Schießen ist dabei eine nahezu rituelle, von der Gebärdensprache des rot-weiß gewandeten „Zielers" begleitete Handlung. Die besten Treffer belohnen die Seitel- oder Schwegelpfeifer (**→ Pfeifertag** indem sie besondere Steirische (**→ Steirische**) oder Schleunige (**→ Aberseer Schleuniger**) aufspielen. Zuletzt folgt der Schützenzug ins Gasthaus, wo es bei Musik und Tanz hoch hergeht: Manchmal muss sogar noch am folgenden Montag „blawelt" (blau gemacht) werden.

Seekargottesdienst ~ Der alljährliche Berggottesdienst findet am 15. August in der Seekarkirche, einer Höhle, in der zur Zeit der Gegenreformation geheime Gottesdienste abgehalten wurden, in Gosau am Dachstein statt und dient dem Gedenken der Vorfahren und der früheren Geheim-Gottesdienste der Evangelischgläubigen.

Sprissel ~ umgangssprachlich für kleine Holzsprossen, hier: in einem Vogelkäfig

Stahelschießen ~ heißt im Salzkammergut die Kunst, mit der Armbrust das Zentrum der Schützenscheibe zu treffen, nicht in wettbewerbsmäßiger Konkurrenz, sondern zur eigenen Vervollkommnung und im Bewusstsein, dass das Schützenglück auch vom „Reim" (vom glücklichen Zufall) abhängt. Bereits aus dem Jahre 1585 ist ein „Freischießen" überliefert, bis heute treffen sich die Schützenvereinen vom Frühjahr bis zum herbstlichen Schützenmahl (→ **Schützenmahl**) regelmäßig. Das Festschützenwesen in Oberösterreich ist genauso wie das Salzburger Festschützenwesen Teil des immateriellen UNESCO-Weltkulturerbes.

Steirer, auch Steireranzug ~ Der Steireranzug ist ein grauer Trachtenanzug mit grünem Besatz, Pattentaschen und Lampassen. Er hat sich ab Mitte des 19. Jahrhunderts in der Steiermark entwickelt und ist heute in ganz Österreich verbreitet. Entstanden ist er aus der Tracht der Jäger im Salzkammergut, in der Eisenwurzen und im Mürzer Oberland, nahm aber auch verschiedene Elemente militärischer Uniformen auf. Popularisiert wurde er von Erzherzog Johann.

Steirischer, auch Steyrischer, Steirischer Tanz, Steiermärker ~ ist eine Untergattung des Ländlers (→ **Landler**), also ein Paartanz. In volkskundlichen Erhebungen findet sich häufig der Hinweis auf die Obersteiermark (Steiermark) als Heimat dieses Tanzes, daher der Name, doch ist er auch in Kärnten sowie in Teilen Niederösterreichs, Oberösterreichs, Salzburgs, Tirols und des Burgenlandes zu Hause. Der Steirische war bis zum Ende des 19. Jh. ein Einzelpaartanz, ausgenommen im Salzkammergut, wo um 1860 Gruppentanzformen die älteren Freitanzformen ablösten.

Störibrot-Anschneiden ~ Das Störibrot-Anschneiden findet am Stephanitag (26. Dezember) statt und dient der „Brautschau". Burschen ziehen von Haus zu Haus, um ihr Glück bei den umworbenen Mädchen zu versuchen, die das Störibrot (Weizen-Roggen-Mischbrot, oft mit Anis gewürzt) selbst backen. Bestimmt ein Mädchen einen Burschen zum Anschneiden des Störilaibs, gilt es den Scherz so schmal abzuschneiden, dass er in eine Zündholzschachtel passt. Der Laib muss dabei an der Anschnittstelle stehenbleiben. Ist das Mädchen dem Burschen wohlgesonnen, verpackt es das Störibrot in der Zündholzschachtel und gibt sie dem Burschen. Das Störianschneiden war früher auch üblich, wenn die verheirateten Kinder ihre Eltern besuchten und dabei den traditionellen Störilaib anschnitten („Störibrotkosten").

Stutzen, der ~ kurzes Gewehr; Wadenstrumpf; Ansatzrohrstück; bayrisch, österreichisch auch für Kniestrumpf

Taubenschießen in Altaussee ~ Jährlich treffen sich die Mitglieder des Taubenschützenvereins ab dem ersten Sonntag nach Allerheiligen bis eine Woche vor dem Faschingssonntag beim Schneiderwirt zum traditionellen Taubenschießen – ein Gesellschaftssport mit zumindest drei Schützinnen und Schützen und einer hölzernen Taube. Das Taubenschießen in Altaussee ist seit 2016 Teil des immateriellen Weltkulturerbes der UNESCO.

Tauplitzer Miglotog ~ ist der 5. Dezember, also der Tag vor dem Nikolaustag. Beim traditionellen Nikolospiel zieht der Nikolaus vom Ortsteil Klachau zusammen mit lichten und dunklen Gestalten auf den Dorfplatz. Das Tauplitzer Nikolospiel involviert 60 Maskierte, darunter Nikolaus und Krampusse (mit menschlichen Gesichtszügen) sowie „Schab" (→ **Nikolospiel mit Strohschab-Figuren in Bad Mitterndorf**), die als Ankünder zusammen mit den Goaßln (Peitschen) und lautem Knallen dem Zug vorausschreiten. Die Vielfalt der Spielszenen und Figuren ist eine Besonderheit dieses einzigartigen Volksschauspiels.

Traunkirchner Mordsgschicht ~ Bei der Traunkirchner Mordsgschicht handelt es sich um einen musikalischen Vortrag im Stil des Moritatengesanges. Ursprünglich im ganzen Salzkammergut verbreitet, wird dieser Brauch nur mehr in Traunkirchen praktiziert. Am Faschingssonntag ziehen die acht Sänger in Frack und mit Zylinderhut von Gasthaus zu Gasthaus und präsentieren heitere Begebenheiten der Dorfgemeinschaft des vergangenen Jahres. Als Gegenleistung werden

Bewirtung, Aufwandsentschädigungen oder ein gemeinsames Essen akzeptiert. Die Traunkirchner Mordsgschicht ist seit 2014 in Oberösterreich Teil des immateriellen Weltkulturerbes der UNESCO.

verplätschern ~ umgangssprachlich für wirkungslos bleiben

Viechtauer Krupf-Krupf-Gehen ~ ist eine Art Kinder-Glöckeln **(→ Glöcklerläufe)** in Neukirchen bei Altmünster (früher: Viechtau), das am 5. Januar stattfindet. Ursprünglich durften Kinder aus armen Familien an diesem Tag um Lebensmittel betteln gehen und schrien – um unerkannt zu bleiben – mit verstellter Stimme um Krapfen: „Krupf, krupf, krupf ..." Heute ziehen Kindergruppen mit Faschingskostümen verkleidet durch den Ort, werden da und dort eingelassen und bekommen Krapfen, Getränke und auch ein wenig Geld.

Vogelausstellungen ~ sind Bestandteil des traditionellen Vogelfangs im Salzkammergut **(→ Vogelfang)** und damit Teil des immateriellen Weltkulturerbes. Sie finden am Kathreinsonntag, dem Sonntag nach dem 25. November, in verschiedenen Gasthäusern statt. Prämiert werden die schönsten Vögel (Gimpel, Zeisig, Kreuzschnabel und Stieglitz) aufgrund ihrer Farbenpracht, Unversehrtheit und ihres einwandfreien Pflegezustands.

Vogelfang ~ Der Salzkammergut-Vogelfang ist seit 2010 Teil des immateriellen Weltkulturerbes der UNESCO und umfasst den Fang einzelner heimischer Waldvögel im Herbst, die Haltung der Vögel außerhalb der Fangzeit in Volièren, und die Vogelausstellung

(→ Vogelausstellungen) Im Frühjahr werden die Vögel mit Ausnahme der Lockvögel wieder freigelassen. Rund um die Vogelausstellung organisieren sie zahlreiche Aktivitäten. Der Brauch und die Aufnahme ins immaterielle Weltkulturerbe waren und sind Gegenstand der Kritik, etwa von Tierschutzorganisationen.

Wascher, der ~ ein großes Exemplar, z. B. von einem Fisch

Weissert ~ Geschenk zur Kindsgeburt an Wöchnerin und Kind oder zur Hochzeit auch: Weisat oder Weisatgehen, oft ein Korb mit übergroßem Gebäck

Wirlinger Böllerschützen ~ Der Traditionsschützenverein Wirling ist österreichweit der vermutlich einzige Verein, der berechtigt ist, das traditionelle Böllerschießen zu betreiben. Die Böllerschützen begleiten religiöse und weltliche Feste. Die Bewahrung und Weitergabe der ausschließlich mündlich überlieferten Böllerschützentradition wird durch die Einbindung der Jugend in die Vereinsorganisation gewährleistet. Die Wirlinger Böllerschützen sind seit 2011 Teil des immateriellen Weltkulturerbes der UNESCO.

wüdan ~ Dialektform von **wildern** = Wild stehlen, ohne Berechtigung jagen

Zotten, Plural von Zotte, die; auch Zottel ~ verfilztes, durch Schmutz verklebtes Fellbüschel, Haarbüschel

Zuagroaste ~ Dialektform von Zugereiste, umgangssprachliches und gelegentlich abwertendes Synonym für Neubürger*innen und Zweitwohnsitzbesitzer*innen, in gegensätzlicher Bedeutung zu Einheimische

Zweithoisler ~ Besitzer*innen oder Bewohner*innen eines Zweitwohnsitzes

Register

Vitae

Franz Josef Altenburg, 1941–2021, war als Bildhauer und Keramikkünstler vor allem für seine konsequente Arbeit und Formensprache bekannt und gilt als einer der bedeutendsten Vertreter Moderner Keramik in Österreich. Er lebte und arbeitete vor allem im oberösterreichischen Breitenschützing nahe Vöcklabruck.

Ulrike Anton, Direktorin des Arnold Schönberg Center, Wien, zählt als Flötistin zu den führenden Interpret:innen auf dem Gebiet der Exilmusik, was sie durch ihre internationale Konzerttätigkeit und ihre CD-Aufnahmen immer wieder unter Beweis stellt. Als Musikwissenschaftlerin hält sie auf Kongressen (u. a. IMS Tokio, IMS Athen) regelmäßig Vorträge zu vom NS-Regime verfolgten Komponist*innen.

Marie-Theres Arnbom, geboren 1968 in Wien, ist eine österreichische Historikerin, Autorin, Kuratorin, Kulturmanagerin. 2004 begründete sie das Kindermusikfestival St. Gilgen und beschäftigt sich in zahlreichen Publikationen mit österreichischer Kulturgeschichte.

Bettina Balàka, geboren 1966 in Salzburg, lebt als freie Schriftstellerin in Wien. Zahlreiche Auszeichnungen, zuletzt: Georg-Trakl-Förderungspreis für Lyrik, Kinderbuchpreis der Jury der jungen Leser*innen. Zuletzt erschien ihr Roman „Der Zauberer vom Cobenzl" (Haymon 2023).

Markus Binder, Autor und Musiker. Schlagzeuger und Texter des oberösterreichischen Slangpunk-Countryfiction-Duos Attwenger, das bislang die Studioalben „most", „pflug", „luft", „song", „sun", „dog", „flux", „spot" und „drum" veröffentlichte. Im Berliner Verbrecherverlag erschienen seine Bücher „Testsiegerstraße", „Teilzeit-

revue" und „Tempoänderungen". Weitere Infos: www.markusbinder.space, www.attwenger.at.

Isolde Charim ist Philosophin, Publizistin und Kolumnistin (Falter, taz). Sie wurde mit dem Österreichischen Staatspreis für Kulturpublizistik 2022 ausgezeichnet. Zuletzt erschienen ihre Bücher „Ich und die Anderen. Wie die neue Pluralisierung uns alle verändert", für das sie den Philosophischen Buchpreis 2018 erhielt, und „Die Qualen des Narzissmus. Über freiwillige Unterwerfung" (2022).

Mareike Fallwickl, Jahrgang 1983, ist Autorin und Literaturvermittlerin. Ihre Romane spielen in Salzburg und Umgebung, im August 2023 wurde ihr Bestseller-Roman „Die Wut, die bleibt" bei den Salzburger Festspielen inszeniert. Sie ist mit dem Leben in den Bergen vertraut: Auf dem Dürrnberg nahe Salzburg aufgewachsen, lebt sie heute im Salzkammergut.

Stefan Frankenberger, geboren 1977 in Rosenheim/Oberbayern, seit 1996 dort und in Wien als Musiker, Produzent und Impresario tätig: Popmusik, Hörbücher, Film/Theater/Werbe-Musik, Performances und eben auch „Soziale Skulpturen" wie metropa. Groß angelegte Arbeiten an den Bruchlinien der Gesellschaft. Mehr dazu auf: www.studio77.at und www.metropa.eu.

René Freund, geboren 1967 in Wien, lebt seit 30 Jahren in Grünau im Almtal. Er ist Autor zahlreicher Bücher und Theaterstücke, zuletzt „Wilde Jagd" (Zsolnay Verlag) und „Corinna & David" (Thomas Sessler Verlag). www.renefreund.com.

Felix Friedmann, seine Fotografien widerspiegeln sein künstlerisches Verständnis der menschlichen Existenz im Kontext ihrer Umgebung. Dabei bleiben seine Bilder zurückhaltend abstrakt wie einzelne Worte, die es dem Betrachter ermöglichen, eigene kleine oder große Geschichten zu entdecken.

Barbara Frischmuth, geboren 1941 in Altaussee, publiziert seit 1968 Romane, Erzählungen, aber auch literarische Gartenbücher. Sie hat von den 70er bis zu den 90er Jahren eine Reihe von Hörspielen kreiert sowie Bücher für Kinder, aber auch Essays geschrieben wie „Natur und die Versuche, ihr mit Sprache beizukommen". Sie ist viel gereist, hat mehr als 35 Jahre in Wien gewohnt und lebt seit Mitte der 90er Jahre wieder in Altaussee.

Pia Johanna Fronia, geboren 1988, studierte Medienwissenschaft an der Universität Wien und künstlerische Fotografie an der Prager Fotoschule. Zu ihrem zentralen fotografischen Thema ist die Würdigung des scheinbar Gewöhnlichen geworden, welches sich bei genauerem Hinsehen doch alles andere als gewöhnlich entpuppt und so die Einzigartigkeit des fotografierten Moments nur stärker demonstriert. Neben klassischer Fotografie als Bildmedium vermischen sich die Bilder des Öfteren vor allem durch digitale Mittel auch mit überlagerndem Text oder Videoanimation zu mixed media(s). www.piafronia.com

Hamish Fulton, geboren 1946, ist ein britischer Konzept- und Landart-Künstler, Fotograf, Maler und Bildhauer. Die Basis seiner künstlerischen Arbeiten sind Wanderungen, daher auch seine Selbstbezeichnung „Walking Artist". Er lebt in Kent. Sein Beitrag zur Kulturhauptstadt 2024 ist die Walking Art Performance „No Walk No Art" zwischen Gmunden und Steeg am Hallstättersee.

Hubert von Goisern (bürgerlich Hubert Achleitner), wurde 1952 in Goisern, Oberösterreich, geboren und ist ein österreichischer Liedermacher und Weltmusiker, der mit einer Mischung aus Rockmusik und traditioneller Volksmusik zu einem der wichtigsten Vertreter der Neuen Volksmusik, genauer des Alpenrocks, gehört. Er komponiert zudem Filmmusik und hat 2020 seinen ersten Roman „flüchtig" verfasst.

Andrea Grill, geboren 1975 in Bad Ischl, lebt als Schriftstellerin und Lyrikerin in Gmunden, Wien und Amsterdam. Für ihre Romane, Lyrik, Erzählungen, Essays und Kinderbücher wurde sie vielfach ausgezeichnet, zuletzt mit dem Anton-Wildgans-Preis. Sie zählt außerdem zu den renommiertesten Übersetzer*innen aus dem Albanischen.

Rudolf Habringer ist Schriftsteller, Kabarettist und Musiker. Zuletzt erschienen: „Leirichs Zögern" (Roman, 2021), „Das Leben ist ein Hund (Kabarett, 2019) und der Erzählband „Diese paar Minuten" (2023). Zahlreiche Preise u.a.: Förderungspreis für österreichische Literatur (2009), Bühnenkunstpreis des Landes OÖ für „Monks" (2022). Er lebt in Walding bei Linz.

Gerhard Haderer, geboren 1951, ist ein österreichischer Karikaturist. Er gilt als Großmeister der Satire und kommentiert seit Jahrzehnten mit seinen messerscharf-komischen Zeichnungen das gesellschaftspolitische Geschehen, u.a für *Stern*, *profil* oder *Titanic*. Er ist Autor Dutzender Bücher, wurde vielfach ausgezeichnet und lebt in Steinbach am Attersee.

Angelika Hager ist Autorin und Journalistin sowie die Frau hinter dem Kolumnen-Pseudonym Polly Adler (www.pollyadler. at/). Sie verbrachte 17 Sommer zweitwohnsitzend in Altaussee.

Bodo Hell, geb. 1943 in Salzburg, ist Autor und seit 1979 auch Alpenhirt am Dachstein. Er studierte Orgel, Film und Fernsehen, Philosophie, Germanistik und Geschichte, schreibt – in Nachfolge der „Wiener Gruppe" – hochrhythmische Prosa mit starker Naturaffinität, die er selbst am besten vorträgt. Ebenso schreibt er Essays, fürs Theater, für Radio und Fernsehen. Er lebt in Wien und am Dachstein. Zuletzt erschien „Begabte Bäume" (Droschl 2023).

Edwin Husic, freischaffender Fotograf aus dem Salzkammergut, mit Fokus auf Reportage, Natur-, und Portraitfotografie. Passion für Brutalismus-Architektur, immer auf der Suche nach dem Schönen im vermeintlich Unschönen.

Johannes Jetschgo, Studium der Germanistik und Geschichte in Salzburg und Saarbrücken. Von 1999–2021 Chefredakteur im ORF Oberösterreich. TV-Dokumentationen und Buchveröfflichungen, u. a. „Skoda, Gablonz, Budweiser und Co. Neuer Glanz auf alten Marken. Österreichs industrielle Nachbarschaft". Herausgeber und Co-Autor der „Österreichischen Industriegeschichte" in 3 Bänden.

Michael John, studierte Geschichte und Politikwissenschaft an der Universität Wien. Er ist Kulturwissenschaftler, Kurator und Historiker, zuletzt a. Univ. Prof. am Institut für Sozial- und Wirtschaftsgeschichte der Universität Linz. Publikationen unter anderem zu „Arisierung", Restitution und NS-Aufarbeitung.

Franz Kain, 1922–1997, Schriftsteller, geboren in Bad Goisern als Bauarbeitersohn, wurde mit 14 Jahren wegen Verteilung illegaler KJV-Flugblätter erstmals verurteilt. Zimmermannslehre, Arbeit als Holzknecht. Nach 1938 setzte er seine illegale Tätigkeit fort, war jahrelang in Nazi-Haft, in der Strafdivision 999 und in US-Kriegsgefangenschaft, bevor er journalistisch und schriftstellerisch zu arbeiten begann. Autor von Lyrik, Romanen und vor allem Erzählungen. Viele seiner Texte haben starken Salzkammergutbezug, u. a. die Bände „Der Weg zum Ödensee" „Die Lawine" oder „Das Schützenmahl".

Günter Kaindlstorfer, geboren 1963 in Bad Ischl, lebt als Schriftsteller und Journalist in Wien. Er arbeitet für den Hörfunksender „Österreich 1", ist aber auch als Kultur-Korrespondent für den Deutschlandfunk, den WDR, den SWR, den BR und Radio SRF tätig. 2018 erschien sein historischer Roman „Edelweiß", der im Salzkammergut spielt.

Barbara Kern, geboren 1971 in Linz und aufgewachsen in Bad Goisern, ist Historikerin. Sie ist seit 2009 im „Auftrag des Handwerks" und beim „Hand.Werk.Haus Salzkammergut" in Bad Goisern tätig.

Edith Kneifl, aufgewachsen in Lenzing im oberen Salzkammergut, lebt und arbeitet als freie Schriftstellerin in Wien. 1992 erhielt sie den „Friedrich Glauser-Preis" für den besten deutschsprachigen Kriminalroman des Jahres, 2018 den „Ehrenglauser" für ihr Gesamtwerk. Ihre Bücher wurden in mehrere Sprachen übersetzt. Zuletzt erschien ihr Roman „Klippensturz" (2023).

Isabella Kohlhuber, geboren 1982 in Bad Ischl, lebt als bildende Künstlerin in Wien. Ihre Arbeiten handeln insbesondere von der Rolle der Schrift, der Lesbarkeit sprachlicher Zeichen und der Bedeutung von Wissen im digitalen Zeitalter. Ihre Werke wurden international ausgestellt; zahlreiche Installationen wurden im öffentlichen Raum realisiert.

Shaki Korber ist Fotografin und Künstlerin. Aufgewachsen in Hinterberg (Bad Mitterndorf), ist sie seit 2018 im oberösterreichischen Salzkammergut verwurzelt. Mit ihren künstlerischen Arbeiten will sie Bewusstsein schaffen und einen Raum eröffnen, der vom „Denkn ins Gspian" führt.

Julia Kospach, Jahrgang 1968, ist Kulturpublizistin, Literaturkritikerin, Autorin, Verlegerin und Consultant. Sie studierte Linguistik und Slawistik in Wien und Paris, arbeitete bis 2004 als Literaturredakteurin des Nachrichtenmagazins *profil*, anschließend als Mitarbeiterin André Hellers für dessen internationale Kunst- und Kulturprojekte. Seit 2006 freie Autorin, schreibt sie vor allem über Literatur, Kulturgeschichte, Natur und Garten. Zahlreiche Buchveröffentlichungen. Sie lebt in Wien und Bad Ischl.

Kerstin Kowarik, ist Archäologin, geboren 1975. Sie hat sich der Erforschung der Mensch-Umwelt-Beziehung verschrieben. Spuren des menschlichen Einflusses auf die Landschaft holt sie mit ihren Teams aus den Ablagerungen vom Boden der Seen und aus Mooren.

Sarah Kuratle, geboren 1989 in Bad Ischl. Mit Ihrem Romandebüt „Greta und Jannis. Vor acht oder in einhundert Jahren" war sie für den Literaturpreis Text & Sprache 2022 nominiert. Sie erhielt u. a. den manuskripte-Förderpreis, den rotahorn-Literaturpreis und das Wiener Literatur Stipendium.

Michael Kurz, ist Historiker, Lehrer in Bad Ischl, Fremdenführer, Archivkurator, Sachverständiger und Familienforscher. Als Historiker und Buchautor ist er auf die Regionalgeschichte des Salzkammerguts spezialisiert, zuletzt veröffentlichte er „Ischler Literatenspaziergang" und „Das Goldene Kreuz". Er lebt in Bad Goisern.

Martin Kusch, geboren 1964, leitet die digitale Performance-Gruppe kondition pluriel, Montreal, und das Fulldome VR/AR Lab an der Universität für angewandte Kunst in Wien, wo er als assoziierter Professor tätig ist. Seine Praxis konzentriert sich auf mediale, virtuelle, interaktive und performative Installationen und immersive Environments.

Otmar Lahodynsky, geboren 1954 in Linz. Redakteur beim Nachrichtenmagazin *profil*, Korrespondent in Brüssel für *Die Presse*. Lebt in Altmünster am Traunsee und Purkersdorf. Artikel übers Salzkammergut in „*profil*-History" u. a. 2019 Dr. Karl-Renner-Publizistikpreis fürs Lebenswerk.

Sigalit Landau, geboren 1969 in Jerusalem, ist eine israelische Bildhauerin, Videokünstlerin und Installationskünstlerin. Ihre komplexen Werke sprechen eine Reihe von sozialen, humanitären und ökologischen Fragen an, aber auch den alltäglichen Überlebenskampf und die Suche nach Identität. Sie greift historische sowie aktuelle Bezüge auf.

Daniel Leitner lebt in Altmünster am Traunsee. Er arbeitet seit zwei Jahrzehnten in führenden Positionen im Marketing und Kreativbereich. Durch seine Expertise in analytischem Marketing, Digitalisierung, Markenaufbau und Fotografie unterstützt und berät er mit seiner Kanzlei Klient*innen.

Albert Lichtblau, studierte Geschichte und Politikwissenschaft an der Universität Wien und war bis 2019 Universitätsprofessor am Fachbereich Geschichte der Universität Salzburg und stellvertretender Leiter des Zentrums für jüdische Kulturgeschichte der Universität Salzburg.

Jana Lüthje ist Dramaturgin für die Kulturhauptstadt Europas Bad Ischl Salzkammergut 2024 und als künstlerische Projektleitung für das Thalia Theater und Milla Koistinen tätig. Seit 2006 arbeitet sie im Bereich Produktion, Distribution und Öffentlichkeitsarbeit für zeitgenössischen Tanz und Theater.

Nicolas Mahler, geboren 1969, lebt und arbeitet als Comic-Zeichner in Wien. Seine Comics und Cartoons erscheinen in Zeitungen und Magazinen wie der *NZZ am Sonntag*, der *FAZ* und in der *Titanic*. Bekannt wurde er durch seine gezeichneten Adaptionen von Werken klassischer Weltliteratur (Bernhard, Musil, Joyce) bei Suhrkamp. www.mahlermuseum.com

Stephen M. Mautner war von 1990 bis 2020 Chefredakteur der National Academies Press bei den National Academies of Sciences, Engineering, and Medicine in Washington, D.C.; zu seinen Aufgaben gehörte die Leitung großer Kommunikationsprojekte, die darauf abzielten, den Inhalt der wichtigsten politischen Studien der Akademien für eine wissenschaftsinteressierte Öffentlichkeit aufzubereiten.

Eva Menasse, in Wien geboren, war Journalistin, ist Schriftstellerin und lebt seit über zwanzig Jahren in Berlin. Bücher (u. a.): „Vienna", „Quasikristalle", „Tiere für Fortgeschrittene", „Dunkelblum". Zahlreiche Auszeichnungen, u.a. Heinrich-Böll-Preis, Ludwig-Börne-Preis, Friedrich-Hölderlin-Preis, Bruno-Kreisky- und Österreichischer Buchpreis.

Tom Neuwirth a.k.a. Conchita Wurst, gewann 2014 als bärtige Diva den Eurovision Song Contest und wurde über Nacht zum Aushängeschild der queeren Community. Seitdem ist er um die Welt getourt, hat drei Alben veröffentlicht, moderiert TV-Shows und nutzt die Aufmerksamkeit immer wieder, um gesellschaftspolitische Anliegen zu unterstützen. Seit 2022 schreibt und veröffentlicht er seine eigene Musik und Videos und hat seine eigene Streamingplattform WURSTTV.com gestartet.

Nick Oberthaler, geboren 1981 in Bad Ischl, studierte an der Akademie der bildenden Künste Wien und der ESBA Genève und war Artist in Resident im WIELS, Center for Contemporary Art in Brüssel. Ausstellungen u.a. im KIOSK, Gent, im Museo Andersen, Rom, am Institut d'Art Contemporain, Villeurbanne, und im Museum Boijmans van Beuningen, Rotterdam. Seit 2020 ist er Professor für Malerei an der École nationale supérieure des beaux-arts in Lyon.

Walter Pilar, geboren 1948 in Ebensee am Traunsee, gestorben 2018 in Linz, war Schriftsteller, bildender Künstler sowie „KunstWandWerker & Rauminstallatör". Ab 1968 zahlreiche Lesungen, Performances unterschiedlichster Art und Ausstellungen. In seinen Wortschöpfungen werden hochsprachliche und dialektale Elemente in ein Spannungsverhältnis gebracht. Sein Hauptwerk ist die Tetralogie „Lebenssee".

Peter Putz, geboren 1954 in Ebensee am Traunsee, ist Künstler, Maler, Filmemacher und Grafiker. Er studierte an der Universität für angewandte Kunst in Wien und verbrachte Studien- und Arbeitsaufenthalte in Poznań, Montréal, Paris oder New York. Von 1978 bis 1981 gab er gemeinsam mit Hans Kienesberger und Walter Pilar den „Traunseher" heraus. Seit 1980 arbeitet er am „Ewigen Archiv", einer dynamischen Enzyklopädie zeitgenössischer Wirklichkeiten: ewigesarchiv.at

Helga Rabl-Stadler war von 1995 bis 2022 Präsidentin der Salzburger Festspiele und erlebte in dieser Zeit sechs Festspiel-Intendanten. Zudem arbeitete sie viele Jahre als Unternehmerin, Journalistin und Politikerin. Seit 2022 ist sie als Sonderberaterin für Auslandskultur für das österreichische Außenministerium tätig.

Ella Raidel arbeitet als Filmemacherin an der Schnittstelle von Theorie und Praxis. Die Region Salzkammergut bietet ihr stets Stoff für Filme und Projekte. Ihr Film „Double Happiness" (2014) über die Kopie von Hallstatt in China wurde auf über 60 (inter)nationalen Filmfestivals, Konferenzen, Workshops und Ausstellungen gezeigt. Das kollaborative Projekt mit Clemens Bauder und Felix Ganzer und der daraus entstandene Film BERG wurde im Festival der Regionen 2015 erarbeitet. Seit 2019 ist sie Assistenzprofessorin an der NTU Nanyang Technological University Singapur.

Florian Reischauer, geboren 1985 in Ried im Innkreis, lebt und arbeitet seit 2007 als Fotograf in Berlin. Er beschäftigt sich mit dem Alltag der Menschen im urbanen und ländlichen Raum. Sein Langzeitprojekt „Pieces of Berlin" (piecesofberlin.com) gibt einen tiefen Einblick ins Stadtleben der deutschen Bundeshauptstadt.

Hans Reschreiter ist Archäologe, geboren 1967. Seine Leidenschaft gilt der Erforschung, Vermittlung und Bewahrung der einzigartigen Kultur- und Industrielandschaft um den Hallstätter Salzberg. Am liebsten arbeitet er mit engagierten Kolleg:innen in inter- und transdisziplinären Projekten.

Andrea Roedig, geboren 1962 in Düsseldorf, ist aufgrund ihrer Herkunft mit dem rheinischen Karneval gut vertraut. Sie promovierte im Fach Philosophie, leitete das Kulturressort der Wochenzeitung *Freitag* in Berlin und lebt seit 2007 als freie Publizistin in Wien. Zuletzt erschien ihr autofiktionaler Roman: „Man kann Müttern nicht trauen" (2022).

Tex Rubinowitz, geboren 1961 in Hannover, lebt seit 1984 in Wien. Er zeichnet und schreibt für verschiedene Zeitungen und Zeitschriften und hat zahlreiche Bücher veröffentlicht. Tex Rubinowitz hat elf Sommer lang in Hallstatt Station gemacht.

Wolfgang Schlag, externer Kurator Musik der Kulturhauptstadt 2024, geboren in Waidhofen/Ybbs, gründete zahlreiche Festivals, darunter das Weltmusikfestival Glatt und Verkehrt in Krems. Für Peter Sellars kuratierte er im Wiener Mozartjahr 2006 eine Reihe mit sozial-engagierten Kunstprojekten. Von 2005 bis 2019 kuratierte er die Reihe Into the City im Rahmen der Wiener Festwochen. 2020 rief er das Klimakulturfestival Markt der Zukunft ins Leben. Für seine künstlerischen Projekte erhielt er 2011 das Goldene Verdienstzeichen der Stadt Wien. Er ist Redakteur von ORF Österreich 1.

Ruth Schnell, 1956 in Feldkirch geborene Medienkünstlerin und Teil der Performance-Gruppe kondition pluriel. Lebt und arbeitet in Wien. Seit 1987 lehrt sie an der Universität für angewandte Kunst Wien und leitet seit 12 Jahren die Klasse für Digitale Kunst. Zu ihrem Kunstschaffen zählen Mediale Environments, interaktive Mixed Media Arbeiten, Robotik, Kunst im öffentlichen Raum, Videoskulpturen, Lichtobjekte, Fotografie und Video.

Franz Schuh, geboren 1948 in Wien ist ein österreichischer Schriftsteller, Philosoph, Literaturkritiker und Essayist, berühmt für seine glänzenden medien-, kultur- und gesellschaftspolitischen Texte, die in Büchern, Zeitschriften und regelmäßigen Kolumnen (u. a. *Die Zeit*, Ö1) erscheinen. Er war u. a. viele Jahre künstlerischer Berater und Mitwirkender der Festwochen Gmunden. Zuletzt erschien sein Essayband „Ein Mann ohne Beschwerden. Über Ästhetik, Politik und Heilkunde" (2023).

Simon Schwartz, geboren 1982, ist einer der bekanntesten deutschen Comickünstler. Er debütierte 2009 mit „drüben!", der berührenden Graphic Novel über die Ausreise seiner Eltern aus der DDR. Sein Buch „Packeis" wurde 2012 mit dem Max und Moritz-Preis ausgezeichnet. Für die Stasi-

Gedenkstätte in Erfurt gestaltete er einen 7 × 40 Meter großen Bildfries. 2017 und 2019 ehrte ihn der Deutsche Bundestag mit Einzelausstellungen.

Elisabeth Schweeger, geboren 1954 in Wien, studierte Komparatistik in Innsbruck, Wien und Paris. Kulturmanagerin. Kuratorin (u.a. documenta 87, Ars Electronica, Kulturhauptstadt Europas Berlin, Akademie der bildenden Künste Wien, Kommissärin für den österreichischen Pavillon der Biennale Venedig 2001). Künstlerische Direktorin des Marstalls, Chefdramaturgin am Bayerischen Staatsschauspiel München. Intendantin des Schauspiel Frankfurt sowie der Kunst-FestSpiele Herrenhausen in Hannover. Geschäftsführerin der Akademie für Darstellende Kunst Baden-Württemberg. Seit November 2021 Künstlerische Geschäftsführerin der Kulturhauptstadt Europas Bad Ischl Salzkammergut 2024.

Erwin Schwentner, Keramikkünstler, geboren 1945 in Hitzendorf bei Graz, beschäftigt sich seit 1980 intensiv mit künstlerischem Gestalten, in erster Linie mit Plastiken, insbesondere keramischen Objekten. Schwentner zählt sich zu der von ihm kreierten Richtung der „Postmodernen Ludität" (Neue Verspieltheit).

Selma Selman, geboren 1991 in der Roma-Gemeinschaft von Ružica in Bosnien und Herzegowina. Studium der Bildenden Kunst in Naja Luka, MFA an der Syracuse University. Zahlreiche Ausstellungen in Europa und den USA; ihre Werke befinden sich in internationalen Sammlungen. Gründerin der Organisation „Get The Heck To School", die sich weltweit für marginalisierte Roma-Mädchen einsetzt. Teilnahme an der Biennale von Venedig 2019. Erhielt 2021 einen 2-jährigen Aufenthalt an der Rijksakademie in Amsterdam.

Elfie Semotan, geboren 1941 in Wels, Österreich, arbeitete als Mode-, Werbe- und Porträtfotografin, u.a. für Magazine wie *Elle*, *Esquire*, *Harper's Bazaar*, *The New Yorker* und *Vogue*. Sie war mit den Künstlern Kurt Kocherscheidt sowie Mar-